I edizione in lingua cinese: 1992
Revisione: Agosto 1994
Edizione in lingua inglese: Aprile 2013
Edizione in lingua italiana: Luglio 2018

©Dr Pang Ming

ISBN 978-0-244-46569-8

I METODI
DELLA SCIENZA
DEL ZHINENG QIGONG

Dr. Pang Ming

Tradotto in lingua inglese da
Wei Qi Feng e Patricia Fraser

Tradotto in lingua italiana da (in ordine alfabetico)
Amanda Carloni
Licia Quartararo
Delia Trezza

Coordinamento ed editing a cura di
Delia Trezza

CONTENUTI

PREFAZIONE

A partire dalla fine degli anni'90 iniziò a diffondersi del materiale in lingua inglese sul Zhineng Qigong, tra cui anche un piccolo numero di libri che fornivano informazioni sui metodi del Zhineng Qigong. Alcuni si focalizzavano anche sulla teoria, mentre altri descrivevano guarigioni sorprendenti dei praticanti. Essi includevano anche alcune traduzioni limitate degli scritti del Dottor Pang, ma spesso venivano inframmezzati con i testi degli stessi autori.

Il nostro obiettivo è quello di tradurre soltanto quanto scritto dal Dottor Pang nel modo più autentico possibile. Siamo fiduciosi del fatto che molte altre persone condividono il desiderio di leggere i suoi scritti per come egli ha deciso di pubblicarli. Abbiamo quindi deciso di iniziare dal libro dei Metodi che il Dottor Pang mise insieme per la Classe biennale di Addestramento per Insegnanti che iniziò nel 1992.

Nella nostra traduzione abbiamo cercato di conservare quel senso particolare che sta dietro al modo in cui il Dottor Pang ha parlato e ha scritto, seppur traducendo in un inglese quanto più semplice possibile. Per questo motivo abbiamo mantenuto il suo uso di alcuni termini tradizionali. Abbiamo inoltre mantenuto le parole in cinese laddove non vi fosse un termine equivalente in inglese, con una spiegazione sia nel Glossario posto alla fine di questo libro che all'interno del testo stesso.

Una piccola quantità di materiale è stata esclusa da questa traduzione. Parte del materiale del libro dei Metodi proveniva da lezioni tenute dal Dottor Pang sia precedentemente che specificamente per le prime due classi biennali, quelle del 1992 e del 1993, motivo per cui abbiamo tralasciato una piccola quantità di ripetizioni. Abbiamo inoltre escluso molti estratti dai Classici antichi che erano stati inseriti dal Dottor Pang come supporto al suo discorso, poiché sarebbero stati di ben poco beneficio o interesse per la maggior parte dei lettori di lingua inglese. Essi sono semplicemente un'altra versione di ciò che il Dottor Pang diceva, per cui la loro traduzione in inglese sarebbe stata letta come una ripetizione.

Abbiamo inoltre rimosso o cambiato del materiale obsoleto, poiché il Dottor Pang ha apportato alcune piccole modifiche negli aspetti di alcuni metodi dopo che il libro originario era stato pubblicato. Questi cambiamenti e aggiunzioni sono stati messi all'interno di parentesi quadre. Sempre all'interno delle parentesi quadre vi sono alcune spiegazioni di nozioni largamente conosciute in Cina ma non necessariamente fuori dalla Cina. Le parentesi standard invece si possono trovare nel testo originale oppure dove abbiamo fornito sia il termine in cinese che il suo significato in inglese.

Wei Qifeng   Patricia Fraser

IL DOTTOR PANG MING
E IL ZHINENG QIGONG

Le origini del qigong risalgono a qualche migliaio di anni fa e nel corso del tempo sono emersi molti stili e forme. Ciò che hanno in comune è che i praticanti quietano la loro mente e la rivolgono all'interno, sia che stiano eseguendo una pratica statica che una pratica in movimento. Alcuni stili di qigong si focalizzano maggiormente sulla salute fisica, altri più su uno sviluppo spirituale; alcuni hanno degli obiettivi specifici e altri apportano benefici più generici.

Negli anni ottanta venne sviluppato un nuovo importante qigong. E' stato chiamato Zhineng Qigong, che significa Qigong per la Saggezza e le Abilità, ma molte persone furono attratte da esso per i suoi benefici sulla salute. Nel 1997 l'Amministrazione Generale degli Sport dello Stato della Cina pubblicò un libro con 21 stili diversi di qigong, nel quale il Zhineng Qigong fu giudicato come il più efficace. Successivamente nel 1998 la stessa organizzazione valutò undici stili di qigong e di nuovo classificò il Zhineng Qigong come il più efficace per migliorare la salute. La sua efficacia portò 10 milioni di persone a praticarlo.

Non è un caso che il Zhineng Qigong sia così efficace. Il Zhineng Qigong è la prima pratica di qigong basata su una teoria completamente sviluppata, che è il lavoro di un uomo straordinario. Il Dottor Pang Ming ha attinto ad una vasta gamma e profondità di conoscenza per fornire una nuova comprensione dell'universo e dell'essere umano, basata sia su conoscenze e saggezze antiche sia sulla moderna comprensione scientifica.

La vita del Dottor Pang

Il Dottor Pang è nato nel 1940 in un villaggio lontano e povero nel nord della Cina. Faceva parte di una grande numerosa famiglia che includeva anche praticanti di qigong Taoista e popolare. Fu subito chiaro che egli non fosse un bambino normale. Quando aveva soltanto tre anni un Maestro di Qigong riconobbe le qualità speciali di quel bambino e usò i suoi poteri per conferirgli alcune capacità extra-ordinarie. Queste permisero al Dottor Pang di capire e imparare molto velocemente e profondamente, cosa che si rivelò importante per i suoi studi e il suo successivo lavoro.

Sin dall'infanzia il Dottor Pang apprese da Maestri di qigong tradizionale e di arti marziali, e assorbì rapidamente l'essenza dei loro insegnamenti. Per esempio, quando gli fu insegnato il taiji egli fu in grado di "aprire la parte inferiore della sua schiena" in tre mesi, mentre la maggior parte degli studenti impiegava almeno otto anni per raggiungere lo stesso risultato. Studiò sotto diciannove Maestri, alcuni dei quali si erano messi alla sua ricerca per trasmettergli la loro conoscenza.

Gli studi condussero il Maestro Pang alla Medicina Tradizionale Cinese (MTC), insegnatagli da due grandi Maestri Cinesi. Egli era in grado di utilizzare le sue capacità paranormali per imparare velocemente e curare usando la Medicina Tradizionale Cinese. Alla fine degli anni '70, egli era uno dei più conosciuti dottori di Medicina Tradizionale Cinese a Pechino, e aveva in cura gli ufficiali più anziani del governo. Nel 1978 egli fu un componente importante della prima sessione organizzata dal Ministero della Salute per unire insieme la Medicina Tradizionale Cinese e la medicina moderna, cosa che ebbe una grande influenza nel campo medico in Cina. Egli scrisse diversi libri di medicina durante gli anni '70.

Nel 1973 il dottor Pang cominciò a lavorare a fianco di un Maestro di qigong, insegnando qigong e dando lezioni. Dalla metà degli anni '70 egli arrivò alla conclusione che l'approccio medico fosse troppo limitato e che l'obiettivo non dovesse essere soltanto guarire dalle malattie, ma piuttosto quello di cambiare le persone in modo che la malattia non si ripresentasse. Durante gli ultimi anni del '70 bruciò i libri di medicina che aveva scritto e abbandonò la medicina per ricercare e diffondere il qigong. Nel 1980 egli mise insieme un gruppo importante di Maestri di qigong per discutere del qigong in Cina.

In quel periodo il dottor Pang creò un qigong moderno, basato sulle pratiche e sulle teorie Taoiste e Buddiste, sulla conoscenza medica e sulla scienza moderna, sul qigong popolare e sugli insegnamenti delle arti marziali. Nel 1980 egli creò e cominciò a insegnare *He Xiang Zhuang* (Metodo della Gru che Vola). Poi nel 1981 cominciò a insegnare *Xing Shen Zhuang* (Forma Corpo Mente) come secondo livello di pratica, e con la *He Xiang Zhuang* come primo livello (sostituito successivamente con la *Peng Qi Guan Ding Fa*, Metodo del Sollevare il Qi in Alto e Riversarlo dalla Testa). Egli chiamò questo suo nuovo stile di qigong Zhineng Qigong.

Insegnò in tutto il nord della Cina attraverso un nuovo modo rivoluzionario: egli infatti inventò l'uso del campo di *qi* per insegnare. Usando questo metodo ruppe con il modo tradizionale del Maestro che insegna a pochi discepoli, insegnando a un gran numero di persone allo stesso tempo. Molti altri insegnanti lo copiarono in un momento in cui si stavano sviluppando numerosi stili moderni di qigong.

Nel 1988 il Dottor Pang fondò il Centro di Zhineng Qigong Shijiazhuang. Poiché sempre più persone vi affluirono, nel 1991 fu fondato un altro centro a Qinhuangdao, seguito nel 1992 dal Dipartimento di Ricerca di Zhineng Qigong Hebei Huaxia e, nel 1995, dall'immenso Centro di Guarigione di Zhineng Qigong Hebei Fengrun Huaxia.

7

Durante questo periodo il Dottor Pang diede vita ad un corso biennale per fornire un livello più alto di formazione per insegnanti. Questo ebbe un profondo significato per il Zhineng Qigong perché i suoi studenti hanno fin da allora lavorato in tutta la Cina e in tutto il mondo. Le prime due classi si tennero nel 1992 – 1994 e 1993 – 1995. In queste classi il Dottor Pang diede delle lezioni di 2-3 ore in più giorni, che furono registrate e usate per la formazione degli insegnanti negli anni successivi.

Nei primi anni del 1990 il Maestro Pang pubblicò il suo libro sulla Teoria Olistica dello *Hunyuan* e diede molte lezioni su questo argomento alle prime classi di due anni. Inoltre pubblicò altri quattro libri per la classe biennale, che costituirono delle solide basi teoriche. Le sue prime lezioni furono focalizzate sulla relazione tra corpo, mente e *qi*; su come usare la mente per guarire, per regolare il *qi*, e così via; su come essere una buona persona, sul controllo delle proprie emozioni, e così via. Alla classe dei due anni venne insegnata la teoria in modo ancora più sviluppato e ad un livello più profondo. Ci furono otto classi biennali, che si conclusero nel 2001.

Per costruire delle connessioni tra il Zhineng Qigong e la conoscenza scientifica moderna, il Dottor Pang impostò una serie di seminari per esperti scienziati e dottori. Si riunirono insieme persone competenti in molti campi, generalmente per un periodo di due settimane, con 50 – 100 persone. Come risultato alcuni scienziati iniziarono a studiare il Zhineng Qigong da una prospettiva scientifica moderna.

Nel 1997 e nel 1998 il Dottor Pang diede una serie di lezioni sulla costruzione di una cultura mondiale armoniosa. Il diffondersi del Zhineng Qigong a livello internazionale può aiutare a far si che questo accada.

INTRODUZIONE AL ZHINENG QIGONG

Il Zhineng Qigong è una scienza di vita che si basa su metodi precisi e su una teoria sistematica. Delinea le leggi dell'universo, incluse quelle della vita umana. Spiega la relazione tra l'attività vitale umana e il mondo naturale, la società, ecc.

Il Zhineng Qigong è una pratica di stile aperto. Questo significa che fin dall'inizio la mente e il *qi* si aprono al mondo esterno e si dà luogo ad uno scambio di *qi* con esso. Questo principio contrasta con lo stile chiuso di molti qigong tradizionali, dove il praticante si focalizza all'interno del corpo per la maggior parte della propria pratica.

I praticanti di Zhineng Qigong usano attivamente la consapevolezza per mobilizzare il *qi* in modo da trasformare il proprio corpo, il proprio *qi* e la propria mente tanto quanto il mondo intorno ad essi. "*Zhi*" significa saggezza, e "*neng*" significa capacità. Quindi il Zhineng Qigong è un modo per regolare la mente, il *qi* e il corpo affinché possano aumentare saggezza e abilità personali.

Il Zhineng Qigong non è solo una tecnica: possiede anche un sistema teorico e dei metodi. La Teoria Olistica dello *Hunyuan* è la principale teoria sottostante. Essa afferma che ogni cosa nell'universo, sia visibile che invisibile, è una manifestazione dello *hunyuan qi*. Tipi e livelli diversi di *qi* possono influire l'uno sull'altro e persino trasformarsi l'uno nell'altro.

Tutto lo *hunyuan qi* dell'universo è connesso come in una totalità. Lo *hunyuan qi* originario è la base di ogni cosa nell'universo. Il *qi* della nostra consapevolezza umana (*hunyuan qi della yiyuanti*) è il livello più alto di *qi* nell'universo. Tra lo *hunyuan qi* originario e lo *hunyuan qi yiyuanti* ci sono molti livelli diversi di *hunyuan qi*. La *Yiyuanti* (vedi il glossario) può avere effetto su questi diversi livelli e di conseguenza migliorare la vita umana.

Il fondatore del Zhineng Qigong, il Dottor Pang, ha inoltre descritto lo *hunyuan qi* asserendo che possiede tre diversi strati. Il primo strato è la materia, che è visibile fisicamente. Il secondo strato è costituito da tutta l'esistenza invisibile nell'universo ad eccezione dell'informazione. Questo strato include i diversi tipi di energia, come il calore, la luce, l'elettricità e il magnetismo, ma va ben oltre il concetto scientifico occidentale di energia. Il terzo strato è l'informazione. Può essere descritta come l'"essere" e la caratteristica di ogni cosa, cioè ciò che distingue ogni cosa dall'altra.

Questi tre strati si manifestano nella vita umana come *xing*, *qi* e *shen*, cioè il corpo fisico, il *qi* e la consapevolezza. Il *qi* del primo strato è il nostro corpo fisico. Il *qi* del secondo strato è il nostro *qi* invisibile interno e intorno al corpo, conosciuto anche come forza vitale. Il terzo strato è il *qi* della *yiyuanti*, sul quale sono basati la nostra consapevolezza e l'attività mentale. Pone gli esseri umani a parte rispetto a tutte le altre forme di esistenza.

La teoria dei tre strati di *qi* è importante ma è troppo complessa da discutere in questa sede in maniera più dettagliata, sebbene alcuni aspetti siano menzionati dal Dottor Pang in questo libro.

I metodi del Zhineng Qigong sono composti da tre stadi e sei livelli, che sono spiegati nel Capitolo Uno di questo libro. Molti elementi delle teorie che sottostanno ad essi sono contenuti nelle descrizioni sul come praticare bene e nelle spiegazioni sul motivo per cui alcuni particolari movimenti, posture e attività della mente compongano un determinato metodo.

Negli anni Novanta fu fondato un Dipartimento di Ricerca Scientifica nel Centro Huaxia di Zhineng Qigong, con lo scopo di ricercare le leggi dell'universo e della vita umana affrontate dal Dottor Pang. Molti scienziati insieme ad una serie di esperti e di praticanti di qigong, cooperarono per portare avanti questa ricerca. Essi esaminarono come la mente umana possa avere un effetto su livelli diversi di *hunyuan qi* e possa causare cambiamenti nelle piante, negli animali e nel corpo umano, come anche negli oggetti inanimati. La ricerca più importante coinvolse i partecipanti nel mandare informazione che conducesse il *qi* dell'universo in modo da creare livelli diversi di energia, come calore, elettricità, magnetismo, luce, ecc.

La Teoria Olistica dello *Hunyuan* è basata sulle abilità extra-ordinarie, ma la si può descrivere solo utilizzando un linguaggio quotidiano. Quando però il livello dei suoi praticanti aumenterà la ricerca del Zhineng Qigong potrà andare sempre più in profondità e potrà portare ad una rivoluzione per la scienza moderna e le scienze della vita. L'obiettivo del Zhineng Qigong è quello di costruire un nuovo modello di pensiero e di vita per gli esseri umani, che possa creare libertà, pace e felicità. Le leggi che questa ricerca svelerà, per esempio come la mente lavori con il corpo, e il *qi* con l'ambiente circostante, permetterà alle persone di raggiungere un nuovo tipo di libertà. Comprendendo e lavorando con queste leggi interne di vita e consapevolezza, la vita umana evolverà in maniera naturale in accordo con esse.

Il Zhineng Qigong è un sistema aperto che può essere usato in molti modi. Per esempio può essere usato per rinforzare il corpo e le sue funzioni, per guarire e anche, più in generale, nel campo della cura della salute, per sviluppare le facoltà e le abilità mentali, per sviluppare le capacità extra-ordinarie. Può essere usato per migliorare la produttività degli animali e delle colture. Può inoltre accrescere i risultati nello sport, nelle arti, in diverse scienze – in verità in ogni cosa connessa alla vita umana.

I praticanti di Zhineng Qigong non devono soltanto praticare il metodo. Devono usare il campo di *qi* e il campo di consapevolezza per fondersi con gli altri, e contribuire con la loro vita a costruire un mondo armonioso e alla evoluzione dell'umanità. Questo è il livello di pratica del Tao più alto del Zhineng Qigong.

I METODI DELLA SCIENZA DEL ZHINENG QIGONG

刻苦律切
完美身心
造福人類

Ke ku lian gong wan mei shen xin zao fu ren lei

Ke ku lian gong significa praticare qigong in modo diligente e con impegno

Wan mei shen xin significa migliorare il proprio corpo e la propria mente/cuore

Zao fu ren lei significa portare benefici agli esseri umani

Questa frase interpreta quel processo del Zhineng Qigong in cui attraverso i propri sforzi la persona migliora se stessa così da diventare capace di aiutare gli altri

CAPITOLO UNO

RIASSUNTO METODOLOGICO DELLA SCIENZA DEL ZHINENG QIGONG

RIASSUNTO DEI METODI

L'autore di questo libro ha creato il Zhineng Qigong da una vasta ricerca e da una esperienza concreta di pratiche di qigong Confuciano, Buddista, Taoista, medico, delle arti marziali e popolare, unitamente alla medicina moderna, alla scienza e alla filosofia. Il Zhineng Qigong contiene una serie di metodi adatti ad un pubblico generico, che sono facili e apportano dei rapidi benefici. I metodi del Zhineng Qigong consistono in metodi statici, metodi dinamici e metodi misti statico/dinamici (qigong spontaneo). Questi tre tipi di pratica possono sembrare molto diversi l'uno dall'altro, ma in effetti sono concordanti: non soltanto sono basati sulla stessa teoria dello *hunyuan qi*, ma ogni tipo di pratica si muove da uno stadio dello *hunyuan* esterno ad uno di *hunyuan* interno e infine ad uno stadio dello *hunyuan* centrale.

Metodi Dinamici del Zhineng

I metodi dinamici uniscono il movimento con l'attività della mente per ottimizzare il benessere. Ci sono sei livelli nei metodi dinamici [compresi tre stadi].

Sollevare il *Qi* in Alto Riversarlo dalla Testa (*Peng Qi Guan Ding Fa*) si trova al primo livello, allo stadio dello *hunyuan* esterno. In questo metodo, i praticanti mandano il loro *qi* interno all'esterno e tirano all'interno il *qi* esterno. Questo metodo non soltanto migliora le funzioni normali del corpo e cura le malattia, ma può inoltre portare qualche sviluppo delle capacità extra-ordinarie.

La Forma per l'Integrazione di Corpo e Mente (*Xing Shen Zhuang*) e Condurre il *Qi* Lungo i Canali (*Xun Jing Dao Yin Fa*) appartengono al secondo livello, lo *hunyuan* del corpo –mente, che si costruisce sul primo livello. Esso inoltre mobilizza il *qi* nella pelle, nei muscoli, nei tendini, nei vasi sanguigni, nei canali e nelle ossa, ecc. Questi due metodi inoltre migliorano le funzioni della vita umana portandole ad un livello più alto del normale.

La Forma dei Cinque *Hunyuan* (*Wu Yuan Zhuang*) e de Il *Qi* degli Organi Interni Diventa Uno (*Zhang Zhen Gui Yuan Fa*) rappresentano il Terzo Livello, lo *hunyuan qi* degli organi interni. Essi si focalizzano nella pratica del *qi* degli organi interni e allenano l'attività dello *shen* (spirito o anima) dei cinque organi interni in modo da aumentare la capacità della persona di controllare la propria attività vitale. [L'attività vitale copre tutti i diversi livelli, delle strutture, dei tessuti, delle cellule, il movimento del *qi* nei canali, la respirazione, il battito cardiaco e gli organi interni. Attraverso la pratica diventa sempre più possibile controllare aspetti che normalmente fanno parte del sistema nervoso autonomo.]

Il secondo e terzo livello insieme appartengono allo stadio dello *hunyuan* interno.

Il Metodo dello *Hunyuan* del Canale Centrale (*Zhong Mai Hunyuan Gong*), il quarto livello, è principalmente una pratica del canale centrale e della sua connessione con il *qi* di tutto il corpo, riunisce il *qi* di tutto il corpo perché diventi un tutt'uno.

Il Metodo dello *Hunyuan* della Linea Centrale (*Zhing Xian Hunyuan Gong*), il quinto livello, pratica il *qi* del canale centrale per connettere il *qi* del Cielo e della Terra e formare la linea centrale.

Il Metodo del Ritorno dello *Hun Hua* all'Uno (*Hun Hua Gui Yuan Gong*), è il sesto livello, per unire e trasformare gli esseri umani e la natura perché diventino un uno.

I tre livelli finali appartengono allo stadio dello *hunyuan* centrale.

I metodi Statici del Zhineng

I metodi statici non sono completamente privi di movimento, ma ne contengono di meno e più semplici rispetto ai metodi dinamici che invece contengono molti movimenti complicati.

I metodi statici comprendono forme da seduti, sdraiati e in piedi. Come con i metodi dinamici, la pratica progredisce attraverso gli stadi esterno, interno e centrale, ma il processo non è così ben delineato. I metodi statici danno luogo a un cambiamento dello stato vitale principalmente attraverso l'apertura dei cancelli e dei palazzi, picchettando i denti, attraverso i mudra [vedi il glossario] e attraverso particolari attività della mente.

I Metodi Statico/Dinamici del Zhineng (metodi spontanei)

I metodi statico/dinamici si configurano come delle pratiche antiche particolari che generalmente non sono state tramandate nella forma scritta. Molti praticanti di qigong tradizionale e delle arti marziali erano a conoscenza di questi metodi. I movimenti spontanei in essi contenuti variano da movimenti più piccoli a movimenti più larghi. Dietro questi metodi sottostanno teorie particolari e quasi tutti quelli che riescono a comprendere realmente l'aspetto teorico possono raggiungere uno stato statico in 100 giorni di pratica. Se i movimenti spontanei non cessano entro i 100 giorni, è difficile per il praticante riuscire a migliorare il proprio livello di gongfu e al contrario egli consuma molto *qi*. Un consumo eccessivo di *qi* non permette di nutrire sufficientemente lo *shen* e di conseguenza la mente potrebbe divenire instabile. Proprio a causa di questi problemi noi attualmente non insegniamo tali metodi.

I TRE STADI DELLA PRATICA DEL ZHINENG QIGONG

La pratica del Zhineng Qigong innalzerà le funzioni vitali umane da uno stato normale ad uno extra-ordinario. Ponendo le basi sulle leggi dell'attività vitale, abbiamo sviluppato tre stadi di pratica con relativi metodi.

Stadio dello Hunyuan Esterno
Questo stadio rappresenta la pratica di un principiante volta a migliorare le sue funzioni normali.
• Cos'è lo *hunyuan* esterno? Lo *hunyuan* esterno arriva quando la nostra mente (*yishi*) si mescola e si trasforma (*hun hua*) con lo *hunyuan qi* del mondo naturale in modo da tirarlo all'interno e utilizzarlo nel nostro corpo. Questo processo di "*hun hua*" avviene fuori dal corpo, e quindi è detto *hunyuan* esterno. Vi sono in questo tre aspetti:

1.   La mente si mescola con il vuoto (la mente e lo *hunyuan qi* originario si mescolano insieme); l'informazione umana si mescola con lo *hunyuan qi* originario che incorpora l'informazione della mente e può essere prontamente utilizzato dagli esseri umani.
2.   La mente si mescola con lo *hunyuan qi* esterno che circonda il corpo e lo intensifica. In questo modo si allarga il campo di *hunyuan qi* intorno alla persona, cosa che porta più *hunyuan qi* naturale dentro il corpo.
3.   La mente si connette con la superficie permeabile del corpo. Questo intensifica la funzione del movimento del *qi* all'interno e all'esterno attraverso la pelle.

• Benefici della pratica dello Stadio dello *Hunyuan* Esterno:

1. Aumentano le connessioni tra il corpo umano e il mondo della natura.

2. La persona assorbe *hunyuan qi* esterno per migliorare e rafforzare lo *hunyuan qi* interno.

   o La persona sviluppa abilità dal normale all'extra-ordinario. Per esempio, attraverso la pratica dello *hunyuan* esterno si può sentire e fare esperienza dell'esistenza dello *hunyuan qi* esterno.

Perché possiamo trarre così tanto beneficio dalla pratica dello *hunyuan* esterno?

Secondo la scienza moderna i normali processi della vita umana, dalla piccola cellula alla complessità del corpo intero, devono mantenere un equilibrio fisico-biochimico. Per mantenere questo equilibrio il corpo deve scambiare materia, energia e informazione con il mondo esterno. Il processo metabolico avviene attraverso l'apertura del *qi* interno verso l'esterno, la raccolta del *qi* esterno all'interno, e l'interscambio tra i due. Questi scambi e i relativi processi hanno luogo principalmente a livello membranoso. Lo scambio di *qi* a livello membranoso può influenzare lo stato della propria vita. Lo scambio oltre un certo livello condurrà alla malattia, sebbene normalmente le funzioni del corpo si aggiustino da sole fino alla guarigione. Se queste funzioni del corpo cessano, il corpo muore. I processi vitali avvengono in maniera naturale come parte delle leggi della vita.

La scienza del Qigong ha scoperto questo sia processo vitale, sia che la mente può condurre e controllare il processo di scambio. Lo Zhineng Qigong ha sviluppato alcuni metodi che intensificano il processo attraverso il quale il *qi* interno fuoriesce e il *qi* esterno entra dentro il corpo trasformandosi l'uno nell'altro, incrementando in questo modo la vitalità. Questo processo cambia la naturale attività vitale trasformandola in attività vitale consapevole.

Stadio dello Hunyuan Interno
L'attività vitale consapevole è guidata, in questo stadio, ad un livello ancora più profondo.

- Cos'è lo *hunyuan* interno?

La mente si mescola con lo *hunyuan qi* interno e fa in modo che esso penetri più in profondità nelle diverse parti dei tessuti del corpo, fondendo pelle, muscoli, tendini, vasi sanguigni, ossa, canali e organi interni in una unità. Questa pratica è basata sui benefici guadagnati attraverso la pratica dello *hunyuan* esterno, che rende abbondante il *qi* interno del corpo. La pratica dello stadio dello *hunyuan* interno richiede che la mente sia completamente concentrata all'interno.

- Benefici dello stadio dello *hunyuan* interno:
1. Migliora la capacità della mente di dirigere e controllare il *qi*. Può portare il *qi* direttamente alle diverse parti del corpo.
2. Aumenta il controllo dei praticanti sulla loro mente; le loro emozioni diventano più stabili.

o Possono essere sviluppate le funzioni dello *Yiyuanti* in modo che si possa fare esperienza dello scambio del *qi* interno ed esterno.

o I praticanti raggiungono il primo livello di uno stato di salute ideale nel corpo e nella mente.

o Aumenta il processo di *"hun hua"* dello *hunyuan qi* del corpo e degli organi interni.

Stadio dello Hunyuan Centrale

La pratica dello *hunyuan* centrale inizia quando viene aperto il Palazzo *Hunyuan*.

- Cos'è la pratica dello *hunyuan* centrale? Vi sono due stadi.
1. Concentrare la mente nel canale centrale e formare una colonna di *qi* al suo interno, connettendo la sommità della testa e *huiyin*. Quindi far fondere e trasformare (*hun hua*) il *qi* del corpo con il *qi* del canale centrale. [Questo è il Quarto Livello della pratica. Se poi la mente riesce a concentrarsi nel Canale Centrale tanto da diventare molto sottile, allora si raggiunge la Linea Centrale, e la pratica differisce soltanto in grado].

o Concentrare la mente nel punto centrale del proprio essere; il termine punto centrale è un appellativo particolare per descrivere uno stato speciale che è molto regolare, molto puro, uno stato in cui non si avvertono distinzioni, che corrisponde alle caratteristiche dello *yiyuanti*. La mente (*yishi*) si concentra in questo particolare punto, e di fatto ritorna allo stesso *yiyuanti*. [Questo è il Livello Sei].

- Benefici dello stadio dello *hunyuan* centrale:
1. I praticanti raggiungono uno stato di abilità extra-ordinarie.

MODI DIVERSI DI PRATICARE CORPO, *QI* E MENTE NEL ZHINENG QIGONG

Nel Zhineng Qigong non possiamo separare la pratica del corpo, del *qi* e della mente.

Noi diciamo che la pratica fisica dà la precedenza al corpo. Infatti la mente e il *qi* seguono e assistono il corpo (sebbene nel processo della pratica la mente sia il Maestro). [La mente è il Maestro nel senso che essa dirige i movimenti; il *qi* e la mente allora seguono quelle direzioni, necessarie affinché il corpo possa fare la pratica.] Così dunque si migliorano le funzioni del corpo. (Anche le funzioni della mente e del *qi* vengono migliorate.) Alcuni stili di qigong delle arti marziali lavorano in questo modo.

La pratica al livello del *qi* dà priorità al *qi*. La mente e il corpo seguono e assistono il *qi* (sebbene la mente sia il Maestro nella pratica). Il Qigong Tradizionale *Dan Dao* lavora in questo modo.

Il livello della mente dà priorità allo *shen* (la mente). Il corpo e il *qi* seguono e assistono lo *shen*. Questo intensifica le funzioni dello *shen* (ma anche le funzioni del *qi* e del corpo possono essere migliorate). Le pratiche Zen Buddiste sono di questo tipo.

Il Zhineng Qigong mette in evidenza la pratica combinata di "*shen xing*" (mente e corpo) e di "*shen qi*" (mente e *qi*).

Pratica combinata di Shen e Qi

La caratteristica di base di questa pratica è che lo *shen* e il *qi* sono connessi e si aiutano l'un l'altro, avendo bisogno l'uno dell'altro e usandosi l'un l'altro.

Shen nian qi (Lo *Shen* pensa e visualizza il *qi*)

Questa pratica richiede che la mente pensi e visualizzi costantemente il *qi*. Il *qi* è invisibile e non ha forma, ma non è un nulla; piuttosto è un tipo speciale di esistenza. Quindi quando si inizia a praticare la mente ha bisogno di connettersi con questo stato particolare e invisibile dell'essere. Dopo aver praticato in questo modo per un po' di tempo, si può realmente sentire il *qi*.

"*Shen nian qi*" ha due aspetti, con la visualizzazione del *qi* interno e di quello esterno. Nella prima pratica dello Zhineng Qigong si visualizza soprattutto il *qi* esterno. Si visualizza e si pensa soprattutto allo *hunyuan qi* originario. Per esempio, quando si praticano i metodi dello *hunyuan* esterno si pensa al vuoto, essendo lo scopo quello di connettere la mente allo *hunyuan qi* originario. Occorre notare che quando si pensa al vuoto si deve comprendere che esso non è il vuoto assoluto, quanto piuttosto uno stato dell'essere che è molto regolare, senza forma né colore. Parlando in generale, è difficile poter fare esperienza di questo stato dell'essere. Il *qi* che si sente quando si pratica normalmente è il *qi* del proprio corpo esterno.

Shen guan qi (Lo *Shen* osserva il *qi*)

Guan significa sentire o osservare. "*Shen guan qi*" significa che lo *shen* sente e osserva il *qi*, includendo sia il vederlo che il sentirlo. Ci sono delle differenze tra l'osservare il *qi* interno e quello esterno. Tirare il *qi*, sentire il *qi* tra le mani, e vedere il *qi* sono modi di osservare il *qi* esterno. Quando si è davvero in grado di sentire il *qi* la mente si focalizza su esso facendolo intensificare.

L'osservazione del *qi* interno generalmente è costruita sull'osservazione del *qi* esterno, perché è un poco più difficile. Poiché il nostro corpo è una manifestazione della raccolta del *qi*, esso influenza il *qi* invisibile al suo interno. All'interno del corpo, sia il *qi* delle diverse parti che quello del corpo in generale sono influenzati non solo dalla postura e dal movimento corporeo, ma anche dai cambiamenti dell'attività della mente. Per questo motivo nei tempi antichi i praticanti allenavano il "*jing guan*", detto anche "*ji zhao*" (osservazione molto calma e tranquilla). Quando l'interno veniva osservato molto profondamente attraverso tutto il corpo, il praticante poteva sentire una forma di *qi* del corpo. Ci sono due manifestazioni del *qi* del corpo. Una è la sensazione del *qi* che circonda tutto il corpo fisico e che forma uno stato corporeo di *qi* più grande; questa è la sensazione del proprio *qi* diffuso tutto intorno al corpo. L'altra è una forma di corpo di *qi* all'interno del corpo; questa è la forma di *qi* del *qi* della membrana del corpo.

Shen ru qi zhong (Lo *Shen* all'interno del *qi*)

Al livello dello "*Shen guan qi*", lo *shen* è l'osservatore attivo e il *qi* è l'oggetto osservato. *Shen* e *qi* sono due. Ma al livello dello "*Shen ru qi*" lo *shen* va all'interno del *qi* in uno stato di '*shen* all'interno del *qi*' e di '*qi* avvolto intorno allo *shen*'.

Come raggiungere questo stato? Quando si arriva ad osservare il *qi*, allora bisogna osservare ripetutamente il *qi* di tutto il corpo dalla testa ai piedi; in questo modo il nostro *shen* si ritroverà all'interno del *qi* in maniera naturale. Il punto chiave in questo procedimento è quello di concentrare completamente la mente e osservare continuamente tutto il corpo.

Shen qi he yi (*Shen* e *qi* diventano un uno).

Al livello del "*Shen ru qi zhong*" vi è ancora una distinzione tra *shen* e *qi*; essi sono ancora due. Al livello di "*shen qi he yi*", lo *shen* e il *qi* non possono più essere distinti. Per questo motivo il *qi* del corpo deve essere continuamente rifinito finché non si trasformi in *qi* dello *yiyuanti*.

Come raggiungere questo livello? Lo *shen* osserva il *qi* di tutto il corpo, in modo che lo *yiyuanti* lo permei, si espanda attraverso di esso e modifichi tutto il *qi* del corpo. A quel punto lo *shen* e il *qi* saranno naturalmente uniti e formeranno un tutt'uno.

Il raggiungimento del livello "*shen qi he yi*" non è la fine della pratica.

Pratica combinata di Shen e Xing

La caratteristica di base di questa pratica è che mente e corpo necessitano l'uno dell'altro e si aiutano l'un l'altro. *Shen* e *xing* devono sempre rimanere connessi.

Shen nian xing (Lo *shen* pensa il corpo)

In questo livello di pratica occorre principalmente connettere l'attività della mente ai movimenti del corpo, usando la mente per dirigere i movimenti del corpo in accordo con i requisiti del metodo. La mente deve dirigere ogni movimento. Non è facile soddisfare questo requisito. Se non ci si concentra pienamente, si perderà lo stato di "shen nian xing". Se si raggiunge davvero lo stato di "shen nian xing" i pensieri distraesti svaniranno da soli.

Shen guan xing (la mente osserva il corpo)

Shen guan wai xing (lo shen osserva il corpo dall'esterno)

Quando si pratica qigong chiudendo gli occhi e guardando dentro il corpo, può sembrare di stare a guardare praticare un'altra persona. Possiamo osservare noi stessi da davanti o guardarci lateralmente, dal *dantian* inferiore o da qualche altro posto. Osserviamo una piccola ombra di noi stessi praticare. Senza una solida base della fase precedente [*shen nian xing*] non si può ottenere molto da questa pratica. Quando la mente può osservare il corpo praticare tutto il metodo, allora la mente è capace di un eccellente auto-controllo.

Shen guan nei xing (La mente osserva il corpo dall'interno)

Quando si raggiunge un certo livello di "*shen guan wai xing*", il *qi* è abbondante e la mente può sentire e permeare tutto il corpo tanto da poterlo vedere al suo interno. Per esempio, quando si muovono gli arti, la mente può osservare all'interno i movimenti fisici e del *qi*. La capacità di osservare si sviluppa passo dopo passo fino a raggiungere gradualmente una osservazione interna chiara e dettagliata. Si può vedere come il *qi* interno e il sangue si stiano muovendo, lo scambio tra il *qi* del corpo e quello della natura, ecc. E' importante comprendere che il cambiamento interno deve essere osservato in uno stato molto tranquillo e calmo, senza giudizio e senza guidare il cambiamento.

Nel qigong tradizionale questo stato veniva chiamato "*ji zhao zhi gong*". *Ji* significa la mente in uno stato tranquillo. *Zhao* significa sentire e osservare tutti i tipi di cambiamento all'interno del corpo. Più calma sarà la mente, più grande sarà la capacità di osservare in profondità e con maggiori dettagli, tanto che la mente si concentrerà ancora di più e diventerà ancora più calma. Nei tempi passati le persone dicevano "stai tranquillo e osserva", "osserva e stai tranquillo", "lo stato di osservazione e quiete sono un'unica cosa".

Quando si raggiunge "*shen guan nei xing*" si arriva già ad un livello medio di *gongfu*. Quando si pratica Sollevare il Qi in Alto, Riversarlo dalla Testa, si può usare l'osservazione per vedere come cambia il *qi* dall'interno all'esterno. Quando si pratica la Forma Corpo Mente anche qui si può osservare lo stato del *qi* che si unisce e fluisce tra la pelle, i muscoli, i tendini, i vasi sanguigni, le ossa e i canali. Anche nella pratica della Forma dei Cinque *Hunyuan* è necessario osservare il cambiamento della forma e del *qi* dei cinque organi, e come esso si unisca e si trasformi nel Palazzo dello *Hunyuan*.

Shen ru xing (Mente all'interno del corpo)

Questo livello di pratica richiede che lo *shen* vada dentro il corpo. Quando lo *shen* osserva l'interno del corpo, esso rimane separato dal corpo in quanto osservatore. Ma "*shen ru xing*" richiede che lo *shen* vada dentro il corpo. E' più difficile da raggiungere rispetto al "*shen ru qi zhong*" perché il corpo è formato da componenti molto piccole come le cellule e i loro costituenti ancora più piccoli, ed è molto difficile per la mente entrare in quelle componenti così piccole. Ma qui "*shen ru xing*" si riferisce al livello macro del corpo [non a tutti i piccoli dettagli]. E' basato su "*shen guan nei xing*". Quando si riesce ad osservare l'interno del corpo, per prima cosa occorre focalizzarsi e tenere la mente in un certo punto, che poi bisogna mantenere, guardandolo come il centro che osserva i suoi dintorni. Quando si sta in questo punto e si può osservare lo stato intorno ad esso, lo *shen* è in grado di entrare in quella parte del corpo.

Shen xing he e Shen xing miao

Questo è un livello di pratica più alto, che non può essere descritto usando un linguaggio semplice.

Qui occorre una spiegazione semplice del Capitolo Uno. I diversi passaggi nella Pratica combinata di *Shen* e *Qi* e nella Pratica Combinata di *Shen* e *Xing* sono stati distinti in maniera semplice così come sono stati descritti. Ma nella pratica attuale i diversi passaggi, soprattutto i passaggi uno e due, sono intrecciati. Inoltre la pratica combinata di mente e corpo e la pratica combinata di mente e *qi* si mescolano sempre.

Il Zhineng Qigong è un sistema aperto. Sebbene ci siano sei livelli di pratica, ciascuno di essi può essere praticato a tutti i diversi livelli. Dato che la qualità del corpo e della mente delle persone differisce, il beneficio che esse riceveranno sarà enormemente vario. Alcune persone praticando soltanto il Livello Uno [Sollevare il Qi in Alto, Riversarlo dalla Testa] possono aprire la pelle, i muscoli, i tendini e le ossa; alcune possono persino aprire gli organi interni e il canale centrale, e fondere insieme totalmente l'interno e l'esterno. Ma alcune persone pur praticando la Forma dei Cinque *Hunyuan* non possono allenare bene lo *hunyuan* esterno. Quindi se si pratica anche uno solo dei sei livelli si può ottenere alla fine anche un alto livello di capacità extra-ordinarie.

空空蕩蕩　恍恍惚惚

Kong kong dang dang, huang huang hu hu

Questa frase descrive ciò che è un buono stato di qigong,
vuoto ma non vuoto.
Non può essere tradotto in modo adeguato

CAPITOLO DUE

Sollevare il Qi in Alto, Riversarlo dalla Testa
Peng Qi Guan Ding Fa

Sollevare il Qi in Alto, Riversarlo dalla Testa è il primo stadio dei metodi dinamici del Zhineng Qigong. E' un metodo base per guarire dalla malattia e coltivare lo stato di salute. Le sue caratteristiche sono:

- La mente si combina con il *qi* e viene usata per condurre il *qi*. Il praticante guida il *qi* interno ad aprirsi all'esterno e raccoglie il *qi* esterno all'interno del corpo attraverso una combinazione di apertura e chiusura della mente con i movimenti e le direzioni. Ciò apre le connessioni tra lo *hunyuan qi* umano e lo *hunyuan qi* della natura. Questa pratica può aumentare la sensibilità nei confronti delle funzioni del proprio corpo, ed appartiene allo stadio esterno dei metodi dinamici del Zhineng.

- Questo metodo è molto efficace per la raccolta del *qi*. Attraverso questa pratica una persona può rapidamente padroneggiare la capacità di mandare *qi* esterno per trattare e guarire le malattie.

RIASSUNTO DEL METODO DEL SOLLEVARE IL *QI* IN ALTO, RIVERSARLO DALLA TESTA.

Spiegazione del nome Peng Qi Guan Ding Fa

Il nome Sollevare il Qi in Alto, Riversarlo dalla Testa, cattura l'essenza di questo metodo del primo stadio. '*Peng qi*' significa usare le mani per tenere e sollevare lo *hunyuan qi* della natura. '*Guan*' significa riversare giù, '*ding*' significa sommità della testa; '*guan ding*' significa riversare il *qi* in basso attraverso la sommità della testa dentro e attraverso tutto il corpo. Il suo scopo è quello di aprire completamente la testa e l'intero corpo. ['*Fa*' significa metodo]. Il movimento del sollevare il *qi* in alto e riversarlo dalla testa è il punto chiave di questa pratica di primo livello.

Sollevare il Qi in Alto, Riversarlo dalla Testa è composto da cinque sezioni: una sequenza di apertura; muovere dalla parte frontale, sollevare il *qi* dalla parte laterale; muovere dalla parte laterale, sollevare il *qi* dalla parte frontale; sollevare il *qi* diagonalmente; una sequenza di chiusura. Nelle sequenze di apertura e chiusura i movimenti sono gli uni l'inverso degli altri. Sebbene ci siano tanti movimenti nel metodo di Sollevare il Qi in Alto, Riversarlo dalla Testa, l'essenza è semplicemente quella di tirare e riversare il *qi*; tirare il *qi* è una preparazione per il riversare il *qi*.

I diversi modi di tirare il *qi* nel metodo Sollevare il Qi in Alto, Riversarlo dalla Testa, includono gli elementi essenziali usati nel qigong tradizionale per raccogliere il *qi*. Il Riversare il Qi dalla Testa contiene in sé due aspetti: riversare il *qi* dentro la testa e riversare il *qi* in tutto il corpo. Questi due aspetti provengono dal *Guan Ding* e dal *Wei Qi* del qigong tradizionale. *Guan Ding* è altresì chiamato *Kai Ding* o *Mo Ding*; veniva usato dai Maestri per mandare *qi* ed aprire il Cancello Celeste dei propri allievi, sempre in combinazione con un salmodiare o con la visualizzazione in modo da trasmettere una esperienza interna al discepolo. Questo aumentava la loro fiducia nella pratica e la loro attitudine mentale verso di essa. *Wei Qi* era un modo attraverso cui i Maestri aiutavano i loro discepoli a migliorare il loro livello di qigong. Il Maestro mandava il *qi* ai punti energetici principali o *dantian*, cambiando in questo modo il *qi* interno dei discepoli. Sollevare il Qi in Alto, Riversarlo dalla Testa è un modo per i praticanti per riversare e mandare il *qi* a se stessi. Ha lo stesso effetto del *Guan Ding* e del *Wei Qi* del qigong tradizionale, e i praticanti possono rapidamente padroneggiare la tecnica del mandare *qi* per guarire dalle malattie.

Sollevare il Qi in Alto, Riversarlo dalla Testa è una pratica dello hunyuan esterno.

Con *hunyuan* esterno ci si riferisce al mescolarsi e trasformarsi (*hun hua*) della mente con lo *hunyuan qi* esterno. Ma lo *hun hua* non è l'obiettivo; *hun hua* è un mezzo attraverso cui il corpo raccoglie al suo interno maggiore quantità di *hunyuan qi* esterno per usarlo per se stesso. La teoria dello *hunyuan qi* spiega che il *qi* del corpo si diffonde tutto intorno ad esso; questo *qi* corporeo esterno è lo stesso di quello che si trova all'interno del corpo. Questo *qi* è influenzato dalla nostra attività vitale, inclusa ogni attività in qualsiasi parte del corpo [dal movimento del nostro braccio al battere del nostro cuore]. Lo *hunyuan qi* corporeo si diffonde intorno attraverso i pori, i punti energetici e i cancelli, ecc., e forma uno strato di *qi* intorno al corpo [*qi* corporeo esterno]. La nostra attività vitale influenza direttamente questo strato di *qi*. Quando l'attività vitale si apre all'esterno, come per esempio con l'espirazione o quando si esercita una forza verso l'esterno [per esempio compiendo un movimento verso l'esterno], il *qi* del nostro corpo si apre e si diffonde dall'interno all'esterno, aumentando in questo modo lo strato del *qi* corporeo esterno. Quando l'attività vitale si chiude, come per esempio quando si inspira o si porta la forza all'interno, lo *hunyuan qi* interno si raccoglie ancora più internamente, e lo strato di *qi* che circonda il corpo lo segue verso l'interno, facendo ridurre lo strato di *qi* circostante. [Ogni qual volta facciamo un qualsiasi movimento verso l'esterno, come per esempio spingere o prendere qualcosa, usiamo la forza interna per eseguire quel movimento, e il *qi* si apre e si espande esternamente. Quando tiriamo indietro un oggetto, il *qi* si raccoglie e si chiude, sia intorno che all'interno del corpo].

Questo processo non è un semplice movimento di *qi* interno che esce e *qi* esterno che viene portato dentro, ma è anche un processo di 'hun hua' dello *hunyuan qi* umano (mescolarsi e trasformarsi) con lo *hunyuan qi* della natura. Durante questo processo, quanto più *hunyuan qi* interno si diffonderà, tanto più la sua qualità e quantità più elevata influenzerà il *qi* naturale che lo circonda. Si potrà quindi connettere con una maggiore quantità di *hunyuan qi* naturale, così che quando si porterà questo qi all'interno del corpo si potrà tirare anche una maggiore quantità di *hunyuan qi* naturale e aumentare così la propria vitalità.

La mente può controllare e condurre il *qi* e l'attività vitale. Sollevare il Qi in Alto, Riversarlo dalla Testa usa la mente e i movimenti per guidare l'apertura e la chiusura, dirigendo l'entrata e l'uscita dello *hunyuan qi*, aprendo i passaggi che connettono l'essere umano e la natura, ed intensificando il processo dello 'hun hua' all'interno e all'esterno del corpo e tra i due.

E' importante sapere che il processo attraverso il quale il *qi* interno viene rilasciato all'esterno e il *qi* esterno entra all'interno è un processo naturale, non bisogna usare la mente per guidare il *qi* forzandone il processo di entrata e di uscita. Quando la mente si espande all'esterno e si connette con lo spazio o con l'orizzonte, questo aprirsi fa sì che anche l'attività vitale si apra in maniera naturale, guidando lo *hunyuan qi* interno ad andare all'esterno. Anche se non si pensa al *qi*, esso segue la mente in modo naturale. Il *qi* si apre e si estende in tutte le direzioni e fa espandere lo strato di *qi* intorno al corpo. Quando la mente si unisce al vuoto, in realtà essa si unisce con lo *hunyuan qi* originario. Questo è un processo in cui la mente e lo *hunyuan qi* della natura 'hun hua' (si mescolano e si trasformano) in modo attivo. Il ritorno della mente all'interno del corpo permette di raccogliere il *qi* esterno all'interno.

Qualcuno potrebbe chiedere: tale uso della mente, ossia il portarla all'esterno nello spazio vuoto, non contraddice la caratteristica del qigong di rivolgere la mente all'interno? La risposta è 'no'.

- Un requisito del rivolgere la mente all'interno è quello di concentrare la mente in una cosa soltanto. Quando la mente si unisce allo spazio raggiunge questo requisito.

- L'obiettivo del rivolgere la mente all'interno è quello di aiutare le persone ad entrare in un buono stato di qigong. Lo stato della mente unita allo spazio è una manifestazione di uno stato di qigong di alto livello. Il Maestro di Qigong Huang Yuan Ji della Dinastia Qing disse: 'Se la mente può connettersi con lo *hunyuan qi* originario, essa sta lavorando con la fonte dell'universo; questo è detto Mente e Qi diventano Uno'.

Le Caratteristiche della Pratica del Sollevare il Qi in Alto, Riversarlo dalla Testa

- Il principio fondamentale del Sollevare il Qi in Alto, Riversarlo dalla Testa è che la mente sia connessa al *qi* e che la si usi per condurlo, con un uguale risalto sulla mente e sul *qi*. Il *qi* di cui si sta parlando è sia lo *hunyuan qi* della natura che il *qi* all'interno e all'esterno del corpo, ma soprattutto il *qi* naturale esterno e del corpo.

- L'apertura e la chiusura dei movimenti del corpo supportano e intensificano l'apertura e la chiusura della mente.

- Requisiti per la pratica:

1. La mente è rilassata, in quiete, in pace, sicura e tranquilla. Si può anche dire che vi è una bellissima sensazione di appagamento nel proprio cuore e nella propria mente.

2. Anche la postura deve essere aperta, libera e naturale. Non bisogna essere artificiosi, ma i movimenti verso l'esterno e verso l'interno devono essere ben controllati.

3. I movimenti sono gentili, leggeri, rotondi e continui, sia che la pratica venga svolta più velocemente che più lentamente. I movimenti sono morbidi e scorrevoli.

4. Il punto chiave di questo metodo è l'apertura e la chiusura della mente. Quando si apre all'esterno, la mente deve andare lontano; quando si chiude all'interno del corpo, si avrà maggiore efficacia quanto più essa andrà in profondità.

Benefici di questo Metodo

• La pratica di questo metodo può aprire le membrane di tutto il corpo, i punti energetici, i canali del qi e i '*guan qiao*' [all'interno delle articolazioni, in particolare lo spazio tra le ossa dove il *qi* si raccoglie e viene trasmesso da una parte all'altra del corpo]. Questo fa si che il *qi* di tutto il corpo possa fluire bene e possa rinforzare le funzioni vitali.

• La pratica di questo metodo dà la possibilità di sentire rapidamente il *qi*. Essa permette infatti di sviluppare una forte sensazione del *qi*, che porta buoni benefici nella guarigione dalle malattie e nel miglioramento della propria salute.

• Attraverso la pratica di questo metodo si possono sviluppare alcune abilità straordinarie come la capacità di sentire il *qi* dei fiori, dell'erba, degli alberi, delle montagne, dei fiumi, dei laghi, degli oceani, del sole, della luna, delle stelle, della pioggia, dei lampi e dei tuoni, e si possono avvertire i cambiamenti del qi che hanno luogo.

• Questo metodo è un modo efficace per raccogliere il *qi*. Attraverso questa pratica una persona può apprendere velocemente come trasmettere il *qi* per trattare le malattie. Oppure, per esempio, si può creare un campo di informazione per fare delle guarigioni o per condurre la pratica.

I MOVIMENTI DEL SOLLEVARE IL QI IN ALTO, RIVERSARLO DALLA TESTA.

Preparazione

Piedi uniti, corpo centrato e dritto, mani che pendono lungo i fianchi in modo naturale. Guardare dritto davanti nell'orizzonte, chiudere gli occhi delicatamente, raccogliere lo sguardo all'interno. (Fig. 2-1)

Ripetere le Otto Frasi: *Ding tian li di, xing song yi chong, wai jing nei jing, xin cheng mao gong, yi nian bu qi, shen zhu tai kong, shen yi zhao ti, zhou shen rong rong.*

2-1   2-2   2-3

Apertura

1. Guidando con i mignoli, [ruotare le mani] lentamente sollevare i palmi che sono rivolti verso il basso, la punta delle dita guarda in avanti. Pensare al centro dei palmi connesso con il qi della Terra. Con le mani spingere il *qi* in avanti di 15°, tirare il *qi* indietro di fianco al corpo, tre volte in tutto (Fig. 2-2). Il movimento inizia dalla spalla, e muove tutto il braccio.

2. Guidando con i mignoli, rilassare i polsi, girare i palmi l'uno di fronte all'altro. Aprire la Bocca di Tigre[1], rilassare le braccia che sono aperte alla larghezza delle spalle, sollevare il *qi* dalla parte frontale del corpo, fino al livello del *duqi* (ombelico), il centro dei palmi rivolto verso l'interno. Portare quindi il centro dei palmi leggermente all'interno e muovere appena un poco palmi e braccia verso l'interno per irradiare l'ombelico; mandare il *qi* dentro il *dantian* inferiore (Fig. 2-3). Ruotare i palmi in giù. Immaginare le braccia che si estendono nel lontano spazio infinito, quindi aprire esternamente al livello dell'ombelico fin dietro la schiena. Ruotare i palmi verso l'interno, incavare leggermente il centro dei palmi e irradiare *mingmen*, il punto energetico opposto al *duqi* (Fig. 2-4). Sollevare gli avambracci in alto, palmi rivolti in su; usare la punta delle dita medie per premere il punto energetico *dabao* (*dabao* si collega ai canali di milza e si trova tra la sesta e la settima costola); mandare il *qi* al suo interno (Fig. 2-5).

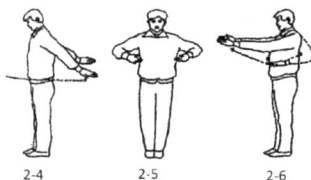

2-4   2-5   2-6

[1] La parte del dorso della mano compresa tra pollice e indice, *n.d.t.*

33

3. Spingere le braccia in avanti alla larghezza ed altezza delle spalle. Tirare leggermente indietro palmi e braccia, portare il centro dei palmi appena un po' all'interno, con le dita medie irradiare il punto energetico *yintang* tra le sopracciglia (Fig. 2-6). Ruotare appena i polsi fino a formare un angolo con i palmi, guidando il movimento dai gomiti ruotare le braccia ed aprirle completamente (Fig. 2-7). Le braccia formano una linea orizzontale. I palmi intanto gradualmente ruotano in modo da guardare in avanti mentre si posizionano lateralmente al corpo. Guidando con i mignoli, girare i palmi in basso e poi in alto. Immaginare che i palmi si estendano fino all'orizzonte, poi dall'orizzonte sollevare il *qi* in alto disegnando un arco fin sopra la testa, riunire i palmi (Fig. 2-8). Far scendere le mani lungo parte frontale della testa fino ad arrivare davanti al petto, in posizione di Mani *Heshi* [2]. Le braccia formano un angolo di 45° con il corpo, gli avambracci formano una linea orizzontale con la punta delle dita medie drizzata in alto. La base dei pollici si trova di fronte al punto energetico *tanzhong* (Fig. 2-9).

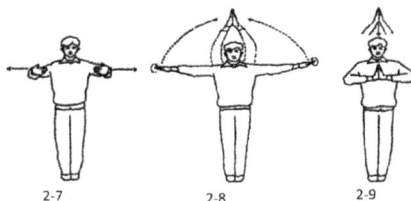

2-7   2-8   2-9

Sezione Uno: Iniziare dalla parte frontale, poi sollevare il qi dalla parte laterale.

1. Ruotare le dita in avanti mentre si spingono anche le braccia in avanti finché non sono quasi dritte all'altezza delle spalle (Fig. 2-10). Separare gradualmente le dita iniziando dai mignoli. I palmi sono rivolti verso il basso, gli indici e i pollici sono ancora uniti. Sollevare i palmi, flettere indietro le dita, il centro dei palmi spinto in avanti. Separare le mani [gli indici prima e poi i pollici], palmi spinti in fuori fino alla larghezza delle

---

[2] Mani unite in posizione di preghiera, *n.d.t.*

spalle. Pensare che i palmi e le braccia si estendano fino all'orizzonte. Tirare e spingere per tre volte.

Mentre si esegue il movimento di tirare/spingere, le spalle, i gomiti e i polsi sono uniti come se fossero un'unica cosa. Le spalle vanno su, indietro, giù, avanti, disegnando un cerchio. Quando si spinge in avanti, guidare con la base dei palmi; spingere il centro dei palmi in avanti. Quando si tira indietro, guidare con le spalle, i gomiti verso il basso, il centro dei palmi che si porta verso l'interno. Pensare di tirare il *qi* dall'orizzonte dentro il proprio corpo (Fig. 2-11).

Spingere fuori; pensare che i propri palmi e le braccia raggiungono l'orizzonte. I palmi quindi guidano le braccia lungo l'orizzonte nel tirare il *qi* orizzontalmente per tre volte. Aprire di 15° e chiudere alla larghezza delle spalle (Fig. 2-12).

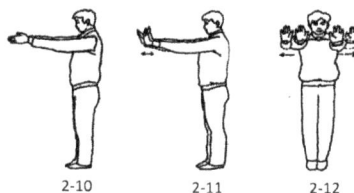

2-10   2-11   2-12

2. Tenere i palmi sollevati e spingere delicatamente. Aprire le braccia lateralmente e all'esterno fino ad arrivare in linea con le spalle. Spingere dolcemente, pensare che palmi e braccia si estendono fino all'orizzonte; eseguire il movimento di spingere/tirare per tre volte lungo l'orizzonte, poi spingere. Guidare con la base dei palmi e spingere in fuori il centro dei propri palmi. Quando si raccoglie indietro, il movimento è guidato dalle spalle, i gomiti si abbassano leggermente, il centro dei palmi viene tirato un poco all'interno, la mente ritorna dall'orizzonte dentro il corpo (Fig. 2-13). Tenere quindi sollevati i palmi e spingere delicatamente nell'orizzonte. Palmi nell'orizzonte, spingere il *qi* in alto e in basso per tre volte. Andare in alto di circa 15° e scendere all'altezza delle spalle (Fig. 2-14).

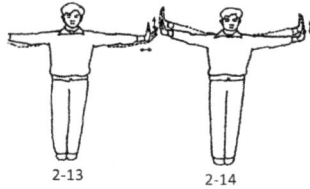

2-13   2-14

3. Rilassare i polsi, ruotare i palmi in alto, pensare che le proprie mani si estendono fino all'orizzonte; sollevare il *qi* lungo il cielo infinito fino a sopra la testa. Le braccia leggermente curve, i polsi alla stessa larghezza delle spalle, incavare leggermente il centro dei palmi verso l'interno; irradiare la sommità della testa. Riversare il *qi* dentro la testa per il tempo di un respiro (Fig. 2-15). Far scendere le mani lungo la parte frontale del corpo fino all'ombelico. Unire le punte dei medi, premere l'ombelico (Fig. 2-16).

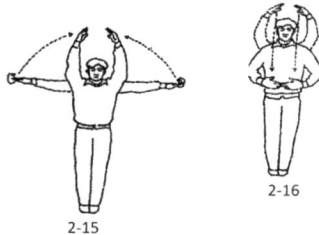

2-15   2-16

4. Immaginare di unire le dita medie con il centro del *dantian* inferiore; aprire indietro lungo la linea della vita fino a *mingmen*. Unire la punta delle dita medie e premere *mingmen*. Far scendere le mani giù lungo i canali di vescica, giù fino a i piedi (Fig. 2-17) [I pollici sono aperti mentre scendono in basso percorrendo la parte laterale delle gambe, mentre i palmi scendono giù percorrendo la parte posteriore delle gambe]. Le mani si muovono lungo la parte esterna del piede fino alla punta delle dita dei piedi; porre i palmi sopra i piedi con le dita delle mani in linea con quelle dei piedi. Spingere in giù e tirare in su tre volte. Quando si spinge giù le ginocchia si muovono in avanti e il baricentro si sposta in avanti fino alla mani; pensare che il centro dei palmi vada fino all'interno della Terra attraverso il centro dei piedi. Quando si tira

36

su, raddrizzare leggermente le ginocchia, guidando dal *mingmen*, spostare il baricentro nei piedi, raccogliere la mente all'interno del corpo (Fig. 2-18).

Sollevare leggermente le mani, ruotate i palmi in modo che siano l'uno di fronte l'altro come se stessero tenendo una sfera di *qi*. Portare su il *qi* della Terra, tenendolo tra le proprie mani, ruotare quindi i palmi in modo che guardino i tre canali yin delle gambe [davanti alla parte interna delle gambe, i pollici inversi rispetto alle mani]. Tirare su il *qi* fino all'ombelico (Fig. 2-19). Premere l'ombelico con la punta delle dita medie. Separare le mani lateralmente, lasciandole pendenti in maniera naturale lungo i fianchi.

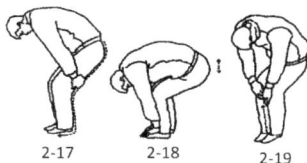

2-17   2-18   2-19

Sezione Due: Iniziare dalla parte laterale, poi sollevare il qi dalla parte frontale.

1. Sollevare le braccia dalla parte laterale del corpo con i palmi che guardano in basso, tirare il *qi* in alto lungo una linea orizzontale (Fig. 2-20). Sollevare i palmi, spingerli in fuori, pensare che le mani e le braccia raggiungano l'orizzonte. Eseguire il movimento di spingere e tirare per tre volte (Fig. 2-21). Quando si spinge, il movimento viene guidato dalla base dei polsi, il centro dei palmi spinto in fuori. Tirando indietro, guidare il movimento dalle spalle; i gomiti affondano leggermente, il centro dei palmi si ritira un poco verso l'interno, la mente dall'orizzonte ritorna all'interno del corpo. Sollevare i palmi, spingerli in fuori, immaginare che i palmi raggiungano l'orizzonte; tirare il *qi* orizzontalmente lungo il cielo tre volte, in avanti circa di 15° e indietro fino a dove le braccia sono nuovamente in linea (Fig. 2-21, 2-22).

2-20   2-21   2-22

2. Palmi sollevati, spingere gentilmente. Immaginare che i palmi si estendano fino all'orizzonte. Chiudere le braccia in avanti lungo la linea dell'orizzonte fino alla larghezza delle spalle. Eseguire tre volte il movimento di tirare e spingere sull'orizzonte. Quando si spinge, il movimento è guidato dalla base dei palmi, con il centro dei palmi spinto in fuori. Quando si tira indietro, si guida dalle spalle; i gomiti si piegano leggermente, il centro dei palmi appena un po' convesso; la mente dall'orizzonte si ritira all'interno del corpo. Spingere leggermente, pensare che i palmi e le braccia raggiungano l'orizzonte. Muovere le mani sull'orizzonte per tirare il *qi* in alto e in basso. Portarle in alto per circa 15°, e poi in basso fino all'altezza delle spalle (Fig. 2-23).

3. Rilassare i polsi, ruotare i palmi in modo che si guardino l'un l'altro, alzarli, sollevando il *qi* dallo spazio fino a sopra la testa. Tirare leggermente all'interno il centro dei palmi, irradiare la sommità della testa; riversare il *qi* attraverso la sommità della testa per la durata di un respiro. Le mani scendono fino a *yintang*, ruotare i palmi all'interno, le estremità delle dita medie si uniscono e premono *yintang* (Fig. 2-24). Le mani si aprono lungo le sopracciglia, proseguono indietro fino a sotto l'osso occipitale, arrivando al punto energetico *yuzhen*, premere. Le mani scendono giù lungo il collo fino alla parte superiore del dorso; premere sotto la terza vertebra toracica con la punta delle dita medie (Fig. 2-25). Muovere le mani girando intorno alle spalle, passando sotto le ascelle fino ad arrivare al dorso, alzarle il più possibile (Fig. 2-26). Con i palmi che toccano il corpo, fare scendere le mani lungo i canali di vescica biliare e vescica fino a *mingmen* (Fig. 2-27). [I pollici devono essere ben aperti per correre lateralmente al corpo e in basso, mentre le dita e i palmi scendono lungo la schiena]. Premere *mingmen*. Con le dita medie, aprire lungo la linea della vita fino all'ombelico; premere l'ombelico con le dita medie.

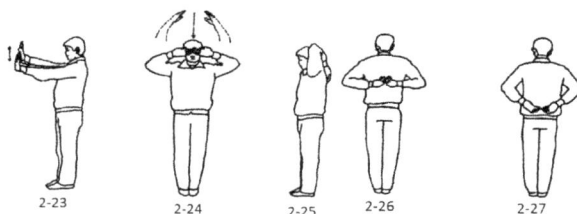

2-23   2-24   2-25   2-26   2-27

4. Fate scendere le mani lungo i canali interni delle gambe giù fino ai piedi. Le mani si muovono lungo la linea interna del piede fino alla punta delle dita (Fig. 2-28). Ponete i palmi sopra i piedi, spingere in giù e tirare in su tre volte. Mentre spingete giù le ginocchia si muovono in avanti e il peso si sposta anteriormente sulle mani; pensate che i centri dei palmi vanno giù dentro la Terra passando attraverso il centro dei piedi. Quando tirate su, alzate leggermente le ginocchia, guidando da mingmen, spostate il peso sui vostri piedi, portate la mente all'interno del corpo.

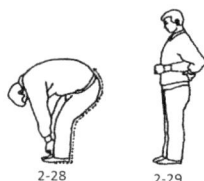

2-28   2-29

Sollevare un poco le mani, ruotare i palmi in modo che si posizionino l'uno di fronte all'altro come se tenessero una sfera di *qi*. Tirare in su il *qi* della Terra, tenendolo tra le mani. Le mani si muovono lungo la linea esterna dei piedi fino ai talloni, poi posteriormente lungo i canali di vescica fino a *mingmen*; premere *mingmen* con le dita medie (Fig. 2-29). Aprire le mani lungo la linea della vita fino all'ombelico; le dita medie premono l'ombelico. Separare le mani lateralmente, facendole pendere lungo i fianchi in maniera naturale.

Sezione Tre: Sollevare il qi in alto diagonalmente.

1. *Sollevare il qi.*

Aprire la Bocca della Tigre, le mani come se tenessero qualcosa, le braccia formano un angolo di 45° con il corpo (Fig. 2-30). Sollevare il *qi* dallo spazio fin sopra la testa. Tirare leggermente all'interno il centro dei palmi delle mani, irradiare la sommità della testa per il tempo di un respiro, riversare il *qi* in basso attraverso la sommità della testa. Le mani scendono, oltrepassano le orecchie, continuano a scendere fino a posizionarsi davanti alle spalle con i palmi che guardano in avanti e i gomiti piegati in basso (Fig. 2-31, 2-32)

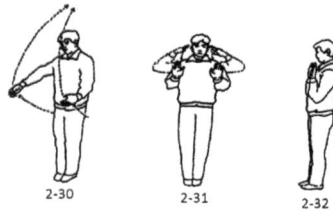

2-30   2-31   2-32

2. *Riportare il qi*

Spingere in avanti la mano destra. Con il braccio quasi dritto, rilassare il polso; guidando con il dito mignolo, girare il palmo verso sinistra, portandone il centro leggermente all'interno (Fig. 2-33). Ruotare verso sinistra, disegnando un arco per raccogliere il *qi*. A circa 90° premere *zhongkui* con la punta del pollice, le dita chiuse delicatamente (Fig. 2-34). Continuare a raccogliere il *qi* fino alla parte posteriore del corpo, a circa 180°. Da qui, tornare indietro sul punto *qihu* a sinistra, premerlo, mandare *qi* nel punto *qihu* (*Zhongkui* è il punto al centro della seconda falange del dito medio. *Qihu* si trova sotto il punto centrale della clavicola, direttamente sopra la linea dei capezzoli) (Fig. 2-35).

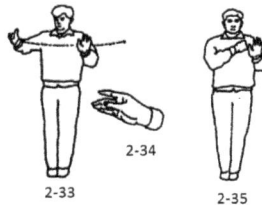

2-34

2-33   2-35

40

Spingere la mano sinistra in avanti, tirare il qi dal lato destro fino alla parte posteriore del corpo a circa 180°; ripetere lo stesso movimento fatto con la mano destra ma nella direzione opposta.

Incrociare gli avambracci davanti al petto, le braccia formano un angolo di 45° con il corpo (Fig. 2-36). Respirare in maniera naturale tre volte. Inspirando, le dita medie premono *qihu*; espirando, si rilassano. Aprire le dita, spingere le mani in avanti, ruotare i polsi a formare i Palmi a Fiore di Loto, poi ruotare in Mani Heshi (Fig. 2-37).

2-36   2-37

Chiusura

Sollevare le mani sopra la testa, allungarle; immaginare che le mani vanno su fino alla sommità del cielo (Fig. 2-38). Separare le mani, ruotare i palmi in avanti, le braccia scendono lateralmente fino ad essere in linea con le spalle, i palmi ruotano in su e chiudono in avanti lungo l'orizzonte fino alla larghezza delle spalle (Fig. 2-39). Portare leggermente all'interno i palmi e le braccia, le dita medie irradiano *yintang*. Ritrarre i gomiti indietro, con la punta delle dita premere lo spazio tra la sesta e la settima costola; la punta delle dita medie manda qi nel punto *dabao*. Spingere le mani indietro, aprire lateralmente, ruotare i palmi in avanti, chiudere in avanti (Fig. 2-40). Porre i palmi sull'ombelico (gli uomini vi posizionano sopra la mano sinistra, le donne quella destra). Raccogliere il qi in quiete per nutrire l'interno (Fig. 2-41). Aprire gli occhi lentamente.

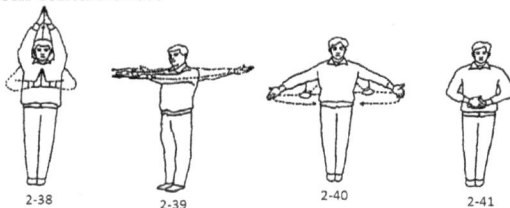

2-38   2-39   2-40   2-41

COME PRATICARE CORRETTAMENTE IL METODO DI SOLLEVARE IL QI IN ALTO E RIVERSARLO DALLA TESTA

Il metodo Sollevare il Qi in Alto Riversarlo dalla Testa sembra molto semplice ma include al suo interno molti metodi e pratiche importanti e caratteristici tratti dal qigong tradizionale. Se praticato in maniera corretta, è possibile raggiungere velocemente alti livelli. Di seguito verrà fornita una spiegazione sui punti chiave dei movimenti e sull'uso della mente.

Usare correttamente la consapevolezza

Riconoscere il valore della pratica del metodo Sollevare il Qi in Alto, Riversarlo dalla Testa

- Come menzionato precedentemente, questo metodo include un contenuto di pratica di alto livello. Il metodo del Sollevare il Qi in Alto Riversarlo dalla Testa è stato concepito da pratiche importanti appartenenti al qigong tradizionale, come quello di raccogliere e riversare il qi. I movimenti sono organizzati in modo completo e dettagliato, e tutti usano le leggi del fluire del qi e del sangue. Il punto di inizio della pratica di questo metodo è quello di focalizzarsi sulle membrane della pelle. Senza curarsi del fatto che sia sano o meno, tutto il *qi* deve penetrare dall'esterno attraverso la pelle, entrando prima dentro i piccoli canali superficiali (*song mai*), poi più in profondità dentro i canali più grandi (*luo mai*) e poi in quelli maggiori (*jingmai*), raggiungendo quindi gli organi interni. Il metodo conduce e riversa *qi* salubre in tutto il corpo.

Inoltre in questo metodo vi è celata la pratica segreta dei Nove Palazzi Tredici Cancelli. Nel qigong tradizionale questo è un metodo particolare di pratica (nel qigong tradizionale alcune sono pratiche dei Nove Palazzi Tredici Cancelli nella testa, altre dei sedici cancelli; ci sono anche due pratiche dei nove palazzi e dei tredici cancelli lungo tutto il corpo e una di esse viene usato in questo metodo). I nove palazzi e i tredici cancelli sono: *tian men*, *huiyin*, *yuzhen*, *shenzhu* (sotto la terza vertebra toracica), *mingmen* (sotto la seconda vertebra lombare), *yintang* (tra le sopracciglia), tra *tanzhong* e *yutang*, *duqi*, *dabao* (sotto le ascelle tra la sesta e la settima costola), *jingmen* (la punta della dodicesima costola), e un punto che può trovarsi più in alto o più in basso rispetto al centro tra *yintang* e *yuzhen* in alto, al centro tra *duqi* e *mingmen in basso*, ma che normalmente è nel Palazzo dello Hunyuan. Questo metodo rimuove i complicati modi tradizionali di praticare usati nel metodo Nove Palazzi Tredici Cancelli, ma mantiene i punti energetici importanti per mandare *qi* al loro interno. Quando si pratica questo metodo, il concentrare la mente per penetrare il *qi* in quei punti energetici non soltanto migliora la pratica più velocemente, ma può anche apportare dei notevoli benefici.

- Sollevare il Qi in Alto, Riversarlo dalla Testa contiene un alto livello di pratica di. Quest'ultima sottolinea il fondersi con lo spazio, che è la base della pratica di tipo aperto del Zhineng Qigong. Se si riesce realmente a fare esperienza dello stato della mente che si fonde con lo spazio infinito, si potrà raggiungere facilmente una pratica di alto livello. Dato che lo spazio è uno stato di vuoto, se la mente si connette con esso, può essere guidata in uno stato purissimo ed efficace di non attaccamento. In questo stato, se la mente si muove in maniera leggera può mobilizzare lo *hunyuan qi* e portare un cambiamento chiaramente evidente. Gli antichi dicevano che quando inspiriamo, il Cielo e la Terra inspirano insieme a noi; quando espiriamo, espiriamo insieme al Cielo e alla Terra. Cielo e Terra sono come enormi polmoni. In effetti questo è uno stato di qigong. Se si osserva direttamente all'interno mentre si è in questo stato, si può fare esperienza diretta della stessa *yiyuanti*. Gli antichi sostenevano che questo stato puntasse direttamente alla radice e alla fonte. Naturalmente non tutti lo possono raggiungere, ma se lo si capisce, lo si ricerca ripetutamente e lo si comprende seriamente, esso migliorerà enormemente il proprio livello di qigong.

- Questo è un metodo di alto livello di raccolta e nutrimento del *qi*; quando con il centro dei palmi si esegue il movimento 'hantu' e lo si combina con l'apertura e chiusura della mente, questo diventa un metodo eccellente per raccogliere e nutrire il *qi*. In particolare, la connessione della mente con lo *hunyuan qi* dello spazio nel qigong tradizionale è in assoluto il metodo di più alto livello di raccolta del *qi* ['*Hantu*' significa che il centro dei palmi delle mani viene tirato in dentro e spinto in fuori. Soltanto i praticanti di alto livello dovrebbero tentarlo].

Approfondire la comprensione della pratica dello *hunyuan* esterno.

- La pratica dello *hunyuan* esterno è basata sull'attività vitale umana ordinaria, che usa semplicemente le leggi dello *hunyuan* esterno naturale. Normalmente queste leggi si applicano in modo naturale, ma occorre usarle consapevolmente in modo da rinforzare l'attività vitale e migliorarla più velocemente.

- La pratica dello *hunyuan* esterno enfatizza il tirare il *qi* esterno all'interno del corpo. Quando si pratica qigong si deve usare la consapevolezza per pensare allo spazio senza però visualizzarlo come realmente vuoto – perché c'è una forma di esistenza molto sottile, uniforme, trasparente, che è lo *hunyuan qi*. Per usarlo, dobbiamo costantemente tirare questo qi all'interno del corpo.

- La pratica dello *hunyuan* esterno richiede che sia data importanza ad una piena e profonda apertura di tutto il corpo. Occorre approfondire la capacità di tutto il corpo di aprire e chiudere. Usando la consapevolezza, si conduce il *qi* nell'andare sempre più in profondità finché esso non raggiunga la linea mediana (la mente non solo deve tirare il qi dall'esterno all'interno, ma deve anche rimanere all'interno e tirare attivamente il qi all'interno dall'esterno). Attraverso tale pratica, qualcuno potrebbe aprire direttamente il canale centrale e raggiungere un livello più alto. Anche se non si riesce a raggiungere il livello superiore, si può nondimeno aprire bene il *qi* del corpo e aumentare le personali capacità percettive.

- In questo metodo si deve comprendere ed utilizzare Lo Shen Combinato con la Pratica del Qi. Abbiamo precedentemente descritto come sia organizzata questa pratica quindi non ne parleremo oltremodo in questa occasione.

Usare la consapevolezza (shen) quando si pratica il metodo

Qui discuteremo prevalentemente dell'attività della consapevolezza nelle Otto Frasi, dato che l'attività della mente mentre si pratica il metodo verrà descritta insieme ai movimenti.

Si dovrebbero recitare le Otto Frasi prima di praticare il metodo. Mentre le si recitano bisogna entrare nello stato delle Otto Frasi. Occorre sperimentare in profondità lo stato di ogni singola frase. Questo è molto importante poiché è un modo per regolare la mente in accordo ai requisiti della pratica. Segue una breve descrizione dettagliata.

Eseguire correttamente i movimenti

Occorre eseguire correttamente tutti i movimenti, ma i requisiti cambiano leggermente a seconda dei diversi livelli di pratica. I principianti devono praticare secondo i requisiti standard descritti in questo libro. L'esecuzione di ogni pratica dovrebbe durare circa diciassette minuti. Una volta diventati familiari con la pratica, occorre accordare bene i movimenti con l'attività della mente. Una volta che entrambi sono ben integrati, occorre sviluppare i movimenti ad un livello più dettagliato e sottile. Per esempio, quando si esegue il movimento di aprire e chiudere, spingere e tirare, si dovrebbe eseguire il movimento *hantu* con il centro dei palmi. Gli arti e il corpo dovrebbero eseguire dei movimenti in modo flessibile come dei bruchi.

Preparazione e le Otto Frasi
* *Postura durante la Preparazione*

La posizione dei piedi uniti si differenzia da molti altri stili di qigong. Viene usata perché l'unione della punta dei piedi, dei talloni, ed anche delle gambe, permette di unire insieme i canali del rene con il canale di *yin qiao* [uno degli otto canali straordinari o '*qi qing ba mei*'] avendo come effetto particolare quello di nutrire il *qi* del rene. Inoltre, le gambe chiuse insieme possono aiutare ad uniformare il *qi* di tutto il corpo. Il corpo è centrato e dritto. Per prima cosa si solleva il *baihui* e si rilassa tutto il corpo dalla testa ai piedi. Si sposta il peso di tutto il corpo sulla parte anteriore dei piedi. Partendo dal punto *baihui* si guida tutto il corpo in una oscillazione molto gentile in modo da rilassarlo e bilanciarlo, quindi si mobilizza e si costruisce il campo di qi intorno. Questo processo è molto utile per la pratica.

Guardare dritto davanti verso l'orizzonte. Chiudere delicatamente e lentamente gli occhi con velocità costante, fino al centro tra la sommità e la base (parte superiore e inferiore delle palpebre), mentre si raccoglie indietro la mente. Questo è il procedimento attraverso cui si ritira la mente all'interno.

La mente si unisce allo sguardo per raccogliersi all'interno della testa nel punto in cui la linea che scende da *baihui* si interseca con la linea che parte da *yintang*; nel qigong tradizionale questo punto viene chiamato *Zu Qiao* (Palazzo Ancestrale). Quando la mente e lo sguardo conducono in questo punto lo *hunyuan qi* dello spazio, il cuore e il qi vengono unificati e si entra in un buono stato di pratica. Quando si chiudono gli occhi, fare un sorriso non troppo accentuato, in modo da rilassare i muscoli facciali.

- *Le Otto Frasi*

Si recitano le Otto Frasi per preparare il proprio stato mentale prima della pratica del metodo Sollevare il *qi* in Alto Riversarlo dalla Testa: *Ding tian li di, xing song yi chong, wai jing nei jing, xin cheng mao gong, yi nian bu qi, shen zhu tai kong, shen yi zhao ti, zhou shen rong rong*. L'obiettivo principale delle Otto Frasi è l'uso della consapevolezza (*yishi*). Quando si inizia il metodo, il praticante usa le Otto Frasi per condurre il corpo in uno stato di rilassamento e la mente in uno stato di quiete e di concentrazione, mentre egli si fonde con il mondo naturale e con lo spazio in un tutt'uno olistico. La mente e il qi di tutto il corpo entrano nello stato della pratica.

Ding tian: *Baihui* si spinge in alto nel vuoto del cielo azzurro. Non si deve quantificare quanto sia alto il cielo. Quando il praticante pensa al vuoto del cielo azzurro, il cielo azzurro contiene il *qi* per nutrire e accrescere ogni cosa; può aumentare la vitalità e il vigore del praticante.

Li di: i piedi si radicano in profondità nel vuoto della Terra, come se non stessero sulla terra o sul pavimento. Se il praticante rimane a sentire la superficie, questo limiterà la sua mente e il *qi* del Cielo verrà bloccato dalla superficie della terra. Le persone stanno sulla Terra, che è circondata e supportata dal *qi*. Il praticante deve mettersi al posto della Terra e immaginare che intorno a lui ci sia uno spazio vuoto pieno di *qi*. In questo modo la sua mente connetterà il *qi* umano e il *qi* del vuoto in un intero. Solo se si fa in questo modo si può costruire una base per praticare 'ren tian hun hua', l'unirsi e il trasformarsi dell'essere umano con l'intero universo. All'inizio della pratica usate la mente per pensare alla vostra testa che si fonde con il cielo, ai piedi che si fondono con la Terra; i limiti del cielo e della Terra scompaiono e l'essere umano si fonde con lo spazio vuoto del mondo naturale; il Cielo, l'uomo e la Terra diventano un insieme olistico. Se si pensa in questo modo si sarà in grado di percepire il *qi* in modo molto forte.

Nella pratica del Zhineng Qigong non abbiamo bisogno di pensare a *yin/yang* o al *qi* del Cielo e della Terra. Gli esseri umani vivono sulla Terra e sono connessi con ogni cosa. Quando pratichiamo, raccogliamo *hunyuan qi* originario. Questo *qi* si trova nella Terra e in ogni cosa, e tutto sulla Terra proviene da questo livello di *qi*. Quindi quando iniziamo a praticare ci fondiamo con il cielo e con la Terra; questo è il motivo per cui si recita '*ding tian li di*' all'inizio della nostra pratica.

Xing song yi chong: '*Xing song*' significa 'rilassare il corpo', '*yi chong*' significa che la mente si espande nello spazio. Il significato più profondo di '*xing song yi chong*' verrà descritto nella *Essenza della Scienza del Zhineng Qigong*; qui invece verrà affrontato in maniera semplice in modo da integrarlo con questo metodo.

'*Xing song*' significa rilassare la pelle, i muscoli, i tendini, i vasi sanguigni, le ossa, gli organi interni, ecc. Occorre per prima cosa rilassare la mente; questa è la base. Si può immaginare di rilassare e aprire i pori della pelle, immaginare di rilassare le fibre muscolari; questo permette al *qi* di entrare e uscire con maggiore facilità.

'*Yi chong*'ha due livelli di significato:
- Mentre si rilassa il corpo, la mente si espande all'interno nella parte rilassata. La mente guida il rilassamento, poi da quel posto si espande ovunque nel corpo. Anche il *qi* si espande seguendo l'espansione della mente.
- La mente si espande in tutte le direzioni nello spazio fuori dal corpo. Questo richiede sempre il supporto della visualizzazione, per esempio pensare a se stessi come una persona gigantesca '*ding tian li di*' con il corpo che si espande fino a riempire tutto lo spazio. Si può anche immaginare che la propria mente riempia tutto lo spazio. Facendo in questo modo si permette di allargare il cuore e la mente, in modo che essi possano contenere il cielo e la Terra e la mente si possa connettere in modo ottimale con lo *hunyuan qi* dell'universo.

'*Xing song*' e '*yi chong*' si influenzano e si supportano vicendevolmente. In particolare, la mente che si espande all'interno del corpo ha una chiara relazione con '*yi chong*'. Se ci fosse soltanto '*xing song*' senza '*yi chong*' il rilassamento sarebbe senza vita [cioè non ci sarebbe *qi* o forza interna, né forza vitale interna]. Se ci fosse solo '*yi chong*' senza '*xing song*' il corpo sarebbe in tensione e duro. Soltanto attraverso la combinazione di '*xing song*' e '*yi chong*' si può raggiungere uno stato leggero, flessibile, armonioso e rilassato.

'Xing song yi chong' è l'elemento chiave per una pratica corretta del metodo Sollevare il Qi in Alto Riversarlo dalla Testa. La sua pratica corretta rende il cuore calmo e la mente quieta, e permette al *qi* di fluire bene, rafforzando l'apertura del corpo. Questo è un processo di rilassamento, penetrazione, apertura ed espansione. Tramite il rilassamento del corpo la mente penetra attivamente nella parte rilassata. Nello stesso tempo, il *qi* segue la mente in modo da essere abbondante in quella parte. Quando la mente e il qi permeano il corpo, se ne possono percepire i dettagli maniera più chiara, e se ne può osservare e conoscere lo stato interno.

Wai jing nei jing: '*Wai jing*' significa rispettare le persone ed ogni cosa; '*nei jing*' significa che all'interno la mente è focalizzata e calma. Molti praticanti sanno soltanto che la calma è molto importante per il qigong ma ignorano l'importanza del rispetto. In realtà lo stato del rispetto può aiutare a condurre in uno stato di quiete. Pensate: quando incontrate delle persone che rispettate profondamente, avete ancora dei pensieri distraenti? Questo stato speciale della mente e questo particolare cambiamento interno sono il risultato dell'essere in uno stato di rispetto?

Nel qigong noi crediamo che il rispetto possa portare la mente a concentrarsi: questo può essere chiamato uno stato di *jing*, che avvia l'attività vitale. Anticamente i Maestri di qigong pensavano che lo stato di *jing* potesse portare la mente direttamente alla sua fonte; pensavano inoltre che uno stato di rispetto aiutasse a mantenere stabile il proprio *qi*. Quindi esigevano il rispetto dai loro discepoli. In realtà, questo requisito serviva per migliorare il livello di pratica degli allievi. Il Zhineng Qigong si oppone all'idolatria nei confronti delle persone. Non pone l'accento sul rispetto come richiesto dai

Maestri dei tempi antichi, ma tutti praticanti devono rispettare la scienza del Zhineng Qigong e la pratica cui prendono parte. Se si ha uno stato di rispetto si può praticare diligentemente e seriamente, e si può entrare più facilmente in un buono stato di qigong.

Xin cheng mao gong: '*Cheng*' significa chiaro, puro e trasparente. '*Gong*' significa umile nell'aspetto. '*Xin cheng mao gong*' è una estensione di '*wai jing nei jing*'. '*Cheng*' è una estensione di '*jing*' che descrive uno stato di quiete, come l'acqua calma, puro e trasparente senza alcun movimento della mente, come acqua chiara o uno specchio lucente. Anche '*gong*' è una estensione di '*jing*'. *Jing* fa più riferimento ad un sentimento interno profondo; *gong* è uno stato interiore manifestato esteriormente. Interno ed esterno, tutto è in uno stato di rispetto; questo rende più profondo lo stato di qigong.

Yi nian bu qi, shen zhu tai kong: queste due frasi hanno un significato congiunto. Basandosi sul rispetto e sulla quiete, la mente del praticante diventa più concentrata, senza più pensieri distraenti. Le persone normalmente non possono raggiungere uno stato di non pensiero, per cui la mente deve unirsi con lo spazio vuoto e concentrarsi su quello. Questo è un alto metodo di pratica. Spiegheremo adesso in dettaglio queste due frasi per comprenderle più profondamente.

Il Zhineng Qigong è uno stile di pratica aperto. Bisogna connettere e fondere il corpo e la mente con l'ambiente circostante. Queste due frasi, attraverso l'attività della mente, connettono l'uomo e la natura in un insieme olistico. Nel qigong tradizionale si ritiene che il modo più elevato per praticare sia quello di usare lo *hunyuan qi* dello spazio per lavorare nel corpo e nella mente, per rendere la mente sempre più pura. Il punto chiave di questo metodo di pratica è non soltanto quello di concentrare la mente nel corpo, ma anche di connettersi con l'esterno, fondersi con il mondo naturale e assorbire all'interno sempre più *hunyuan qi*. Attraverso questa pratica soltanto alcune persone anziane raggiungevano '*ren tian hun hua*' (l'essere umano si mescola e si trasforma con l'universo).

Quindi quando si recita '*shen zhu tao kong*' la mente si connette con lo stato del cielo azzurro del '*kong kong you you*', senza un punto fisso, senza blocchi, vuoto e trasparente; questo può portare la mente ad uno stato di non attaccamento ma '*xu ling ming jing*' [lo stato di '*Kong kong you you*' è uno stato molto sereno, molto vuoto e naturale. '*Xu ling ming jing*' descrive un ottimo stato di qigong: '*xu*' – vuoto ma come se non fosse vuoto; '*ling*' – la mente è capace di ricevere informazione senza difficoltà ed è efficiente nel mandare informazione senza rimanere attaccata ad essa o al risultato, molto flessibile e sensibile; '*ming*' – molto chiaro e puro; '*jing*' – molto calmo, tranquillo e sereno.].

Shen yi zhao ti, zhoushen rong rong: una volta poste le basi del '*shen zhu tai kong*', dallo spazio si riporta la mente indietro per illuminare l'interno del corpo. Quando la mente si connette con il vuoto, si connette anche con lo *hunyuan qi* in esso contenuto. Quando poi la mente illumina l'interno del corpo, al suo interno viene anche tirato in modo naturale lo *hunyuan qi* dello spazio, rendendone lo *hunyuan qi* abbondante e fluido, permettendo la percezione dell'armonizzarsi del corpo intero con il qi.

Per riuscire a riportare indietro in miglior modo la mente nel corpo e portarvi quindi più *hunyuan qi* si può recitare '*kong qing lai li*'(o si può recitare '*ong lan lai li*'). [*Kong* – spazio vuoto del cielo, *qing* – azzurro, *lai* – arrivare, *li* – all'interno; *ong* per la sua vibrazione, *lan* – azzurro, *lai* – arrivare, *li* – all'interno.]. L'efficacia di queste parole proviene dalla loro vibrazione e dalla loro informazione, che porta dentro il corpo il *qi* più puro dello spazio vuoto. Recitare le parole può aiutare la mente a ritornare dal suo stato di concentrazione nel vuoto per illuminare l'interno del corpo.

Le otto frasi sono un metodo eccellente. Una loro seria esperienza è di per sé una metodologia di pratica. Il praticarle può regolare la mente e il corpo da uno stato di non-qigong ad uno stato di qigong, e portare la mente concentrata in uno stato in cui l'uomo e la natura sono armonizzati e uniti. Per lavorare sul miglioramento del proprio livello di vita bisogna creare in modo attivo questo stato armonioso tra l'uomo e la natura, portare attivamente la mente all'interno a illuminare il corpo, unire mente e corpo per praticare il metodo. Tutto ciò aiuta a mantenere lo stato di '*ren zai qi zhong, i zai ren zhong*' (noi dentro il *qi*, il qi dentro noi), di '*ren tian hun hua*' (gli esseri umani e l'intero universo si mescolano e si trasformano).

I Movimenti

Apertura

Guidando con i mignoli ruotare i palmi indietro. Le braccia e le spalle ruotano insieme alle mani. Sollevare i palmi. Premere in basso, spingere in avanti di circa 15°, tirare indietro. Quando si è nella fase di apprendimento del movimento di spingere/tirare, si deve semplicemente andare in avanti e indietro direttamente. Una volta acquisita dimestichezza con la pratica, spingere in avanti e indietro lungo un ovale, e usare il movimento di *hantu* – il centro dei palmi tirato in dentro e poi spinto in fuori, guidando i palmi leggermente verso l'alto e verso il basso; quando i palmi vengono spinti in basso si avverte in essi una piccola tensione, e un rilassamento invece quando vengono tirati verso l'alto. Quando si spinge in avanti, spingere il centro dei palmi in fuori, tirare poi all'interno il centro dei palmi [quando si trovano in avanti di 15°] e spingerli nuovamente in fuori non appena le mani ritornano di fianco al corpo, poi tirarli nuovamente in dentro. Quando il centro dei palmi viene spinto in fuori la mente arriva nello spazio della Terra in modo da rilasciare il *qi* del proprio corpo e unire quest'ultimo con il *qi* dello spazio. Rilassare il corpo.

[Quando le mani sono davanti al corpo e di nuovo indietro di fianco] portare verso l'interno il centro dei palmi mentre ruotano leggermente e disegnano un piccolo arco per raccogliere il *qi* della terra all'interno del corpo. Sebbene questo movimento sembri semplice, effettivamente questo piccolissimo movimento di spingere in basso e tirare all'interno è di fatto un aprire e chiudere. Tutto il corpo sta aprendo e chiudendo insieme al movimento di apertura e chiusura delle mani.

Dopo aver eseguito spingere/tirare per tre volte, i polsi si rilassano, guidando il movimento con i mignoli i palmi ruotano in un arco, con tutte le dita che lo disegnano; girare i palmi in modo che guardino le gambe. Contemporaneamente ai palmi ruotano tutte le braccia, in unione con il *qi* di tutto il corpo. Si avverte che il *qi* di tutto il corpo diviene un insieme olistico. Quando le mani si rilassano in basso, la mente va direttamente nella profondità del vuoto della Terra. Sollevare quindi una grande incorporea sfera di qi con una ampia coda di qi. Flettere leggermente le mani all'interno per riflettere l'ombelico; attraverso l'ombelico la mente manda la sfera di *qi* senza interruzione all'interno del *dantian* inferiore e ancora più all'interno fino a *mingmen*. Questo può far raccogliere all'interno del corpo il *qi* della Terra e rendere abbondante il *qi* del *dantian* inferiore.

Guidando con i mignoli, ruotare i palmi rivolgendoli verso il basso, con le braccia che si muovono insieme a loro. Estenderle al livello dell'ombelico senza mai interrompere il movimento, che deve essere leggero e rilassato. Le mani premono nella Terra e si estendono fino all'orizzonte; ci si mescola con il vuoto, e dal vuoto il *qi* entra incessantemente dentro il corpo. Aprire fino alla schiena, piegare i gomiti e portare le braccia leggermente all'interno; ruotate i palmi fino a irradiare *mingmen*; la mente si pone dentro *mingmen* e nel *dantian* inferiore.

Sollevare le mani in alto fino alle ascelle; premere *dabao* con le dita medie. *Dabao* è un punto importante: il corpo umano ha quindici canali collaterali, ciascuno con un punto energetico, *dabao* si connette con i canali collaterali della milza. Per allenare lo *hunyuan qi* [aprire il *qi* del corpo e tirare all'interno una maggiore quantità di *hunyuan qi* esterno] dobbiamo aprire i canali collaterali e la pressione del punto *dabao* può aiutare ad aprirli tutti. Quindi quando si preme dabao, occorre concentrare la mente e premere le dita medie in modo che le loro punte sembrino unirsi all'interno del petto; in questo modo si potrà facilitare l'apertura dei canali collaterali. Tutto il corpo avrà una forte sensazione del *qi* che si connette con gli organi interni. Alcune volte il *qi* si aprirà dall'interno all'esterno, altre volte andrà dall'esterno all'interno; il *qi* fluirà scorrevolmente. Se si vuole, prima di premere il punto si può anche disegnare un cerchio dalla parte posteriore a quella anteriore e poi premere *dabao*.

Estendere le mani in avanti, come se si tenesse qualcosa, per connettersi e portare il *qi* del Cielo, la mentre la mente connette mani e braccia insieme come se qualcosa le legasse le une alle altre. Irradiare *yintang*. I principianti possono sollevare leggermente i palmi per mandare *qi* dentro *yintang*; dopo un certo periodo di pratica si possono muovere leggermente soltanto le dita medie, meglio se il movimento è minore. E' come se due linee di *qi* andassero dentro *yintang*. Si può avvertire su *yintang* una leggera sensazione di formicolio, pressione, tensione, espansione o battito; si può persino avvertire qualche movimento alla base delle orecchie. Il *qi* entra dentro la testa e apre il *dantian* superiore, sveglia il *dantian* e rende sensibile il Palazzo all'interno; ciò è buono per aprire *tianmu* e sviluppare le capacità straordinarie di ricezione dell'informazione.

Quando le braccia si aprono, occorre guidare dalle spalle per aprire i gomiti verso l'esterno, ciò permette di ruotare i palmi leggermente all'interno mentre aprono esternamente. Una volta che si diventa più bravi con la pratica, occorre fare esperienza di tre forze:

- Usare le scapole e la parte laterale esterna delle braccia per spingere in fuori, avvertendo resistenza al movimento:
- Guidare con le spalle, aprire i gomiti, avvertire una forza di attrazione tra le braccia come se non si riuscisse ad aprirle;
- Avvertire la sensazione di avere una grande sfera di *qi* tra le braccia che si espande all'esterno, e lo spazio tra le braccia che si riempie di *qi*; anche l'interno delle braccia viene riempito con il *qi*.

Le mani colpiscono l'orizzonte. Questi movimenti fanno in modo che il *qi* interno e quello esterno si connettano e diventino un insieme olistico.

.

Quando le mani sono quasi in linea retta lateralmente al corpo, guidare con i mignoli ruotando i palmi in giù e poi in su, mentre si inizia a sollevarli in unico movimento continuativo. Il movimento è rotondo e ininterrotto e il *qi* non si ferma. Quando si girano i palmi, la mente è nello spazio e questo movimento fa ruotare anche il *qi* e lo solleva. Le mani e i palmi sollevano il *qi* dallo spazio, le braccia dritte ma rilassate come se tenessero qualcosa di un certo peso. Questo peso mostra che il *qi* è abbondante e che le braccia sono connesse con il *qi* dello spazio. Mentre si solleva verso l'alto pensare al *qi* che si sta raccogliendo più in alto possibile nel cielo e che ci sia già una gran quantità di qi che sta scendendo all'interno del corpo mentre le braccia si sollevano. Chiudere i palmi.

Abbassare i palmi fino ad arrivare vicino alla sommità della testa, poi muoverli in avanti mentre scendono in posizione di Mani Heshi. Rilassare le spalle, gli avambracci in linea. Dall'interno espandere le scapole leggermente verso l'esterno, le ascelle incavate. La base dei palmi e degli avambracci non è più in basso della base dello sterno. I pollici si trovano tra i punti energetici *tanzhong* e *zigong*. Le braccia sono a 45° rispetto al corpo. All'interno di ciascun gomito si ha la sensazione che una sfera di *qi* si stia espandendo all'interno del braccio. Questa posizione non soltanto permette al *qi* di circolare tra le mani, ma ha anche lo straordinario effetto di portare all'interno la mente e il cuore.

L'apertura sembra semplice ma riversa il *qi* nei tre *dantian*. Si irradia l'ombelico per versare *qi* nel *dantian* inferiore; si preme *dabao* per riversare il qi nel *dantian* centrale; si irradia *yintang* per riversare il *qi* nel *dantian* superiore; si chiudono i palmi sopra *baihui* e poi li si fanno scendere per riversare il *qi* su *baihui* e *tianmen*; li si abbassano poi in posizione di Mani Heshi davanti al petto per tirare il *qi* nel *dantian* centrale. L'intera sequenza dell'apertura unisce insieme il *qi* della Terra, del Cielo e dell'uomo per armonizzarli in un tutt'uno.

Sezione Uno: iniziare dalla parte anteriore e sollevare il qi dai lati
Ruotare le dita in avanti, spingerle dritte in avanti. Separare le dita, i mignoli, poi gli anulari, quindi i medi, tenendo i pollici e gli indici ancora uniti a formare un triangolo. Sollevare i palmi. (Se si vuole, aprire leggermente gli occhi, concentrarsi all'interno del triangolo per osservare il *qi*). Separare gli indici, poi i pollici, portare le braccia alla larghezza delle spalle; separare lentamente i pollici e avvertire la sensazione di aspirazione tra essi. Quando si eseguono i movimenti di spingere/tirare, non bisogna prestare attenzione al *qi*, piuttosto occorre focalizzarsi soltanto sulla mente e usarla, portandola esternamente e facendola rientrare all'interno, per condurre il *qi* fuori e all'interno in modo naturale. Quando si spinge, la mente va nello spazio; non bisogna pensare a come il *qi* vada nel vuoto, poiché esso segue in modo naturale la mente andando all'esterno. Quando si raccoglie all'interno, la mente va all'interno del corpo e il *qi* la segue in maniera naturale nell'entrare dentro il corpo. Questo è l'uso della mente per condurre il *qi*: occorre usare soltanto la mente, senza pensare al *qi*, poiché quest'ultimo la seguirà. Questo è il modo in cui noi usiamo la mente per condurre il *qi*. Attraverso i movimenti di spingere/tirare e riversare il *qi*, la mente conduce

all'esterno il *qi* interno e lo fa unire con lo *hunyuan qi* della natura, creando in questo modo un campo di *qi* molto forte intorno al praticante. Quando la mente si unisce al movimento di raccolta pensando l'interno del corpo, lo *hunyuan qi* della natura e il *qi* del campo di *qi* entrano dentro il corpo, arricchendo in questo modo lo *hunyuan qi* interno.

Quando si eseguono i movimenti di spingere/tirare, la mente per prima cosa conduce il *qi* a rilasciarsi all'esterno e connettersi con lo *hunyuan qi* della natura, poi lo tira all'interno. Quando si raccoglie all'interno, si guida il movimento con le spalle. Esse ruotano in alto e all'indietro; i gomiti seguono, rilassandosi e piegandosi leggermente. Rilassare i polsi, non più in basso dell'altezza delle spalle. Tirare all'interno il centro dei palmi, visualizzare il pollice e il mignolo che si estendono per 10 cm e si connettono tra loro come per tenere una sfera di *qi* in ciascuna mano. Quando si spinge all'esterno, si ruotano le spalle in basso e in avanti, e muovendo da queste si spingono le braccia in avanti; i palmi sono sollevati (in modo da aprire il punto energetico *shenmen*). Spingere quindi all'esterno guidando il movimento da *shenmen*. Portare in fuori il centro dei palmi e flettere indietro le dita. Non bisogna movimenti di spingere/tirare troppo grandi. Bisogna sentire come se si tenesse una palla morbida di *qi* che si preme e che ritorna indietro; se il movimento è troppo grande la palla cade. Il movimento dovrebbe essere piccolo e lento, gentile e ondulatorio. Questo permette al *qi* interno ed esterno di rimanere attaccati e integrarsi in modo ottimale così da poter essere mobilizzati facilmente. I movimenti di spingere/tirare in avanti e spingere/tirare laterale posseggono gli stessi requisiti. Se si eseguono i movimenti in questo modo, si potrà raggiungere gradatamente una sensazione di *qi* e di resistenza lungo le braccia.

Eseguire quindi il movimento aprire/chiudere orizzontalmente aprendo e chiudendo non più di 15°. Mentre lo si esegue, spingere il centro dei palmi all'esterno e flettere indietro le dita, permettendo in questo modo al *qi* di liberarsi all'esterno e circolare posteriormente. Una volta acquisita dimestichezza con la pratica, i movimenti di aprire/chiudere non vanno più eseguiti lungo una linea retta ma piuttosto con il movimento *hantu* dandogli una forma di "∞". Tutto il corpo segue il movimento di apertura e chiusura *hantu*, permettendo così al *qi* di andare all'esterno e ritornare all'interno.

Eseguendo ciascun movimento con questo uso della mente si può tirare maggiore quantità di *qi* all'interno del corpo e incrementare il proprio stato di salute.

Allargare le mani estendendole verso l'esterno con i palmi ben alzati, in modo che spingano leggermente. Il *qi* segue, si espande ed aumenta. La mente segue, le mani accarezzano l'orizzonte mentre aprono; ci si fonde nel cielo. Mani in linea, eseguire spingere/tirare come descritto precedentemente. Accentuare in particolar modo il tirare all'interno. Tirare il *qi* in modo verticale su e giù per 15°. Un praticante con maggiore esperienza può anche eseguire il movimento hantu e disegnare un lungo ovale. Ma i principianti non devono provare troppo presto, perché il farlo in maniera forzata potrebbe influenzare il flusso del *qi*.

Rilassare i polsi, immaginare le cinque dita come delle grandi colonne che stanno in piedi sull'orizzonte, e lentamente abbassarle quasi all'altezza delle spalle, quindi ruotarle in un mezzo giro come se si stesse scavando l'acqua dentro la Terra; sollevarle in alto. Questo movimento con la mano che si rilassa in giù, gira e scava l'acqua, permette di raccogliere e portare il *qi* dall'orizzonte, per sollevarlo in alto come se si stesse alzando tutto lo spazio intorno. Quando si sollevano le mani occorre rilassare tutti i muscoli, alzando da *dazhui*. Le braccia si sentono pressate in giù da un grande peso di *qi*, tanto che si avverte in esse un leggero indolenzimento.

Mentre le mani si sollevano sopra la testa raccolgono verso l'alto il *qi* che penetra ininterrottamente dentro il corpo. I palmi ruotano e si abbassano leggermente; il centro dei palmi irradia *baihui*, i polsi sono alla larghezza delle spalle. Si ha la sensazione che una grande colonna di *qi* stia scendendo dal cielo e penetri attraverso tutto il corpo dalla sommità della testa. La mente va ai punti *huiyin* e *yongquan*, senza però pensare al percorso seguito dal *qi*. Mani sopra la testa, si rimane per la durata di un respiro; seguendo il respiro, il *qi* scende, la mente guida lo guida nel riversarsi dentro il corpo. Mentre si espira, le mani scendono e riversano il qi verso il basso, passano davanti al volto, le cinque dita come un rastrello scendono attraverso il corpo fino ad arrivare di fronte al petto. Ruotare i palmi all'interno senza toccare la pelle – le mani sono a circa un centimetro dalla pelle. La mente conduce il *qi* in basso all'interno dell'ombelico; le mani, scendendo esternamente verso il basso, si connettono all'interno con la pelle, i muscoli e le ossa. Premere l'ombelico con le dita medie, si manda il *qi* dentro mingmen, *qi* che si incontra con quello riversato in basso dalla testa; le persone sensibili avranno una percezione particolare.

Questo punto di incontro è il nucleo del livello base del Zhineng Qigong; è molto importante costruire queste fondamenta. Anticamente si pensava che questo punto fosse la base sulla quale era stata costruita la vita. Da questo punto si può gradatamente fare esperienza dello spazio interno in corrispondenza del punto vuoto; questo punto viene detto '*xuan guan*' o '*zhong dian*'. Durante la pratica si può usare la mente per condurvi il *qi* e gradatamente fare esperienza di questo spazio interno senza però cercarlo. Se lo si cerca infatti ci sarà del movimento nel punto di incrocio e il qi non sarà puro.

Dopo che le dita medie premono l'ombelico e la punta delle dita si connette con quel punto, le mani si muovono intorno alla vita. Il movimento delle mani deve essere naturale e regolare; se ci si ferma si spezzerà il qi del *daimai*. Occorre essere rilassati quando si preme *mingmen* e si manda *qi* dentro l'ombelico. Portare quindi il *qi* giù sotto le anche, lungo la parte posteriore delle gambe con la Bocca di Tigre aperta, quattro dita nella parte posteriore delle gambe, i pollici lateralmente alle stesse. Connettere tutti i canali delle gambe.

Quando ci si accovaccia occorre rilassare tutto il corpo. Non si deve sollevare la testa. Usare le mani per sentire all'interno delle gambe e fare esperienza del *qi* che vi penetra all'interno, meglio se più in profondità. L'ideale è avvertire il *qi* che penetra all'interno della linea centrale di ogni gamba; si avverte come se il *qi* fosse spinto dentro le ossa. Se si pratica lentamente in questo modo, si può sentire il *qi* andare attraverso i muscoli, le ossa e i vasi sanguigni ed anche quale sia il loro stato. Sembra quasi di poterli toccare, di poterli vedere. Inoltre si possono avvertire eventuali problemi nell'area, si possono percepire le differenze tra il tessuto normale e quello anomalo. Allora non si avrà bisogno di aprire l'occhio celeste per diagnosticare la malattia.

Quando si pongono i palmi nei piedi, si preme in basso. Le ginocchia si toccano e i talloni rimangono a terra. Se i talloni si sollevano da terra, la parte posteriore della testa sarà in posizione scomoda e il *qi* risulterà instabile. Quando si spinge in giù si deve spingere in fuori il centro dei palmi e rilassare il centro dei piedi. Il peso si sposta in avanti, la parte superiore del corpo tocca le cosce. Quando ci si solleva il peso si sposta indietro e il centro dei palmi e dei piedi viene tirato all'interno. Quando si preme verso il basso la mente deve andare nel vuoto della Terra. Quando ci si solleva, si pensa all'interno del corpo. Attraverso i movimenti di premere in giù e andare in su la mente si connette con lo *hunyuan qi* del vuoto della Terra e lo tira all'interno del corpo.

Il movimento di tirare in su il *qi* della Terra richiede che prima di tutto si separino le mani ai lati dei piedi con i palmi che si guardano l'un l'altro [e poi si continua a tirare il *qi* verso l'alto]; la mente immagina di tirare una grande rapa dalle profondità della Terra. Il movimento si accorda con la mente per muovere in modo lento e uniforme; in questo modo il qi resterà connesso. Tirare il *qi* in alto attraverso il centro dei palmi, che si sollevano lungo la linea centrale delle ossa delle gambe; le persone sensibili potranno avvertire il *qi*. Le mani guidano il *qi* su dall'interno delle gambe fino all'ombelico. Un principiante potrebbe non avvertire il *qi* che si solleva attraverso il centro dei piedi e per questo è necessario che si usino le mani insieme all'attività della mente, guidando il *qi* per farlo andare su. Quando le dita medie premono l'ombelico, lo *hunyuan qi* del Cielo e della Terra si mescolano al suo interno. Il *qi* del corpo e il *qi* della natura circolano dentro l'ombelico. L'essere umano e la natura si fondono per diventare un tutt'uno.

Sezione Due: iniziare dalla parte laterale, poi sollevare il qi dalla parte frontale.

Alcuni movimenti della Sezione Uno e Due sono gli stessi, ovvero spingere/tirare e muovere il qi, l'ordine è però invertito. La Sezione Uno inizia dalla parte frontale, poi dai lati, quindi si solleva il qi e lo si riversa in basso. La Sezione Due inizia dalla parte laterale, poi la parte frontale, ed infine si solleva il qi in alto e lo si riversa in basso. Qui spiegheremo nel dettaglio le differenze tra le due sezioni.

Quando le braccia si sollevano dalla parte laterale del corpo, le spalle guidano i gomiti, i polsi, i palmi e le dita nel sollevarsi in alto. Si ha la sensazione che i palmi siano tirati in su dalle spalle, e che la parte più vicina al cuore si muova per prima. La mente pensa alle mani che sollevano in alto il *qi* dal vuoto della Terra. Quando le braccia sono in linea si rilassano. E' possibile trovare la giusta misura del livello delle braccia attraverso la sensazione del loro peso. Guidare dal dito mignolo per alzare i palmi. Dopo aver eseguito spingere/tirare, portare in fuori il centro dei palmi, chiudere in avanti lungo l'orizzonte, la mente immagina che le mani siano incollate al *qi* dell'orizzonte. Usare le spalle per chiudere e raccogliere il *qi* circostante all'interno del corpo. Quando le mani sollevano il *qi* dalla parte frontale, immaginare due mani e due braccia sul dorso, che stanno sollevando il *qi* come le braccia davanti. Unire insieme il *qi* frontale e posteriore, e riversarlo in basso dalla testa. Il *qi* penetra all'interno; davanti la testa, premere *yintang*. Mandare il *qi* all'interno, mentre la mente lo guida in profondità. Due colonne di *qi* si incontrano nella testa, una che scende verso il basso e l'altra che entra da *yintang*. Le persone sensibili possono avvertire un movimento particolare in questo punto di incontro. Nel qigong tradizionale questo è un Palazzo importante nella testa, chiamato *Yuan Shen Zu Qiao*.

Nella Sezione Uno, due colonne di *qi* si incontrano nel '*duqi xuan guan*'; in questa sezione le due colonne di *qi* si incontrano in '*yuan shen zu qiao*' (Il qigong tradizionale ritiene che il punto '*yuan shen zu qiao*' sia *xing* [correlato alla consapevolezza] e che il punto '*duqi xuan guan*' sia *ming* [correlato al corpo fisico e al *qi* interno]. L'unione di questi due punti potrebbe fornire una base per la pratica combinata di *xing* e *ming*. Si credeva che xing e ming fossero un'unica cosa prima della nascita e che si separassero soltanto ad un certo stadio dopo la nascita. Il Zhineng Qigong non discute su questo argomento; più semplicemente, attraverso il movimento di riversare il *qi* all'interno del corpo si avranno dei benefici in maniera naturale. Se non si riesce ad avvertire questi due punti, occorre semplicemente continuare con il proprio allenamento dello *hunyuan* esterno passo dopo passo senza cercarli). Dopo aver premuto *yintang*, le dita medie si connettono con il centro della testa, quindi si muovono lungo la linea delle sopracciglia fino a sotto il punto *yuzhen*, sotto l'osso occipitale. Premere verso l'interno pensando di arrivare fino a *yintang*. In alcune persone, quando si pratica questo punto, il *qi* può andare nella direzione sbagliata e si possono avere delle allucinazioni; occorre non prestare loro attenzione e continuate la propria pratica.

Le mani portano il qi in basso lungo il collo, poi scendono giù come un rastrello attraverso i muscoli, le ossa e all'interno, in profondità. Le dita medie premono il punto energetico *shenzhu*, sotto la terza vertebra toracica. La mente manda il *qi* in basso, preferibilmente oltre le scapole. Le mani si muovono intorno alle spalle fino alla schiena. Aprire la Bocca di Tigre in modo che guardi la parte laterale del corpo; nella schiena, i palmi guardano la schiena e non l'esterno. La mente connette il *qi* nella parte superiore e poi lo tira in basso fino a *mingmen*. Premere *mingmen*.

Sezione Tre: Sollevare il Qi Diagonalmente.
La Sezione uno e Due sollevano il qi dalla parte frontale, posteriore e laterale per penetrarlo nella testa. Questa sezione serve per sollevare il *qi* diagonalmente dalle quattro direzioni e riversarlo nella testa. All'inizio la punta delle dita è rivolta verso il basso, come cinque grandi colonne di *qi* che provengono dalle profondità della Terra, con la Bocca di Tigre aperta. Si solleva una grande sfera di *qi* con una ampia coda di *qi* che si estende all'esterno nello spazio. Le spalle guidano il movimento. Aprire ed espandere le ascelle. I palmi guardano leggermente all'interno come se tenessero un grande bacile. Braccia quasi all'altezza delle spalle, gradualmente i palmi ruotano verso l'alto mentre si solleva il *qi* fin sopra la testa. La mente immagina due mani che crescono dalla schiena e sollevano il *qi* diagonalmente insieme alle altre. Le mani rimangono sopra la testa per il tempo di un respiro, che deve essere naturale, profondo, delicato, costante e lento. Riversare il *qi* in basso oltrepassando le orecchie. I palmi ruotano in avanti, si pongono davanti alle spalle. Rilassare i gomiti, abbassarli.

Ritorno del *qi*: aprire *shenmen*, alzare i palmi e spingerli in avanti. Quando il braccio è quasi dritto rilassare il polso; le dita sono come cinque grandi colonne di *qi*, che si abbassano giù nello spazio, il palmo ruota lateralmente [il palmo destro ruota voltandosi a guardare la parte sinistra, il palmo sinistro ruota a guardare la parte destra]. Guidando dalla parte inferiore della schiena, ruotare la parte superiore del corpo, muovendo appena le articolazioni delle anche. Rilassare le spalle; la mano tira il *qi* verso la parte laterale del corpo; a 90° i pollici premono *zhongkui*, quindi si tira il *qi* posteriormente intorno alle spalle. Questo movimento deve essere continuo e senza interruzioni al suo interno; il corpo smette di ruotare ma le braccia continuano come se fossero una frusta che disegna un cerchio e torna indietro sopra le spalle. La forza motrice del movimento proviene dalla parte inferiore della schiena. Le spalle devono essere rilassate in modo che la vita, le spalle, i gomiti e i polsi siano un intero.

I movimenti della Sezione Tre sono molto semplici. Il punto principale è che la mente immagini che dietro il corpo vi siano altre due mani o persino molte mani intorno in cerchio, che sollevano il *qi* in alto da tutte le direzioni fin sopra la testa. Quando si pratica questo metodo la mente va all'esterno, e questo permette di formare un ottimo campo di *qi* intorno al praticante; il Ritorno del *Qi* usa la mente per portare questo campo di *qi* all'interno del corpo.

Nei tempi antichi il mudra del pollice che preme il punto energetico *zhongkui* era detto Mudra del *Yu Qing*. In una mano vi sono 24 articolazioni; *zhongkui* si trova nella linea centrale della mano; la pressione di questo punto energetico con il proprio pollice apre tutti i punti energetici delle mani; quando viene pressato il centro dei palmi si ritrae e il *qi* segue penetrando all'interno del corpo. La teoria dei meridiani insegna che i pollici appartengono al meridiano del polmone, le dita medie al meridiano del pericardio; i polmoni governano il *qi* e il cuore governa il sangue, quindi questo mudra permette di connettere il *qi* ed il sangue. La teoria degli organi interni insegna che il pollice appartiene alla milza e il dito medio al pericardio; la milza governa la mente e il pericardio governa lo shen (spirito o anima); questo mudra connette la mente e lo shen e li rende stabili, ed aiuta il ritorno del *qi* all'interno del corpo ed inoltre innalza il *qi* interno.

Quando le dita medie premono *qihu* (il cui significato è "porta del *qi*") permettono di tirare il *qi* all'interno del corpo; occorre premere il punto con precisione. Si respira in modo naturale per tre volte. Quando si inspira si preme gentilmente *qihu* usando le dita medie. Quando si espira si rilassano le dita. Bisogna seguire il movimento di apertura e chiusura condotto dal proprio respiro; aprire il *qi* dei polmoni e del petto. La parte superiore delle braccia non tocca il corpo e dovrebbe essere arrotondata e stesa verso l'esterno.

Il movimento successivo è quello di spingere i polsi in avanti, la punta delle dita si stende in alto insieme ai palmi a formare i "palmi a fiore di loto". La mente segue il movimento. La punta delle cinque dita disegna un cerchio lungo l'orizzonte. Le mani si chiudono, iniziando dalla base dei palmi. La punta delle dita porta il *qi* indietro dall'orizzonte; si chiude nella posizione di Mani Heshi.

Queste tre sequenze di movimento con il sollevare il *qi* in alto e riversarlo in basso, penetrano il *qi* nei tre *dantian*. La Sezione Uno riversa il *qi* nel *dantian* inferiore; la Sezione Due riversa il *qi* principalmente nel *dantian* superiore, ma anche nel *dantian* inferiore; la Sezione Tre riversa il *qi* nel *dantian* centrale. Quando le mani premono *qihu* mentre si incrociano di fronte al petto, raccolgono il *qi* proprio davanti al punto energetico *tanzhong*, che si trova davanti al *dantian* centrale; questo forma il *qi* del dantian centrale. Le tre sequenze di Sollevare il Qi in Alto, Riversarlo dalla Testa, raccolgono il *qi* della Terra, del Cielo e dell'uomo, li fonde insieme rendendo abbondante il *qi* nei tre *dantian*. Ogniqualvolta si riversa il *qi* all'interno del corpo si deve avere sempre in mente di riversarlo nei *dantian*. In questo modo il proprio livello di *gongfu* migliorerà.

Chiusura

La funzione della Chiusura è quella di raccogliere all'interno del corpo sia lo *hunyuan qi* della natura che quello del campo di *qi* costruito durante la pratica. Non la si deve considerare come una cosa poco importante, perché questa serve a unificare il *qi* di tutto corpo. Il Zhineng Qigong si focalizza maggiormente sulla pratica dei *dantian* superiore e centrale, quindi la Chiusura inizia dal *dantian* centrale. Le Mani Heshi si sollevano in alto dal *dantian* centrale lungo la linea centrale del corpo fino al *dantian* superiore e poi sopra la testa. Occorre allungarle il più possibile verso l'alto in modo che il *qi yang* leggero dei canali di vescica biliare posti nella parte laterale del corpo possa sollevarsi facilmente. Il movimento del tirare in alto il *qi* del corpo attraverso le mani dona la sensazione di toccare la sommità del cielo. Quando poi si ruotano i palmi in avanti e li si abbassano, si ha la sensazione che le mani stiano separando il cielo. Quando sono quasi in linea, i palmi girano in su e si chiudono in avanti lungo l'orizzonte. Irradiare *yintang*, mandare *qi* nel *dantian* superiore. Rilassare le spalle, abbassare i gomiti, tirare indietro le mani, premere *dabao*. I principianti premono con la punta delle dita medie. I praticanti avanzati usano le dita medie per disegnare un piccolo cerchio in avanti, in alto, indietro, in basso, e poi premono all'interno del cerchio e inviano *qi* dentro il *dantian* centrale. Spingere le mani indietro, senza andare più in basso del *mingmen*. Aprire lungo l'orizzonte, tirare il *qi* indietro nel *dantian* inferiore. La Chiusura riversa il *qi* nei tre *dantian*. Infine in tranquillità si nutre il *qi* per qualche momento. Separare le mani lateralmente, aprire gli occhi lentamente.

E' possibile praticare isolatamente alcune parti del Metodo Sollevare il Qi in Alto, Riversarlo dalla Testa e fare esperienza dell'attività mentale ad essa correlata. Per esempio, si può eseguire lo spingere/tirare e riversare il *qi*. Si possono eseguire i movimenti più lentamente, cosa che rende più facile l'uso della mente. Qualunque cosa si faccia, non bisogna pensare a come il *qi* entri o esca. Se ci si sofferma troppo a pensare al movimento di entrata e uscita del *qi* e se la mente è troppo forte, questo disturberà la pratica e potrà portare dei problemi.

Flessibilità nell'uso del Metodo del Sollevare il Qi in Alto, Riversarlo dalla Testa.

Dopo la pratica del Metodo Sollevare il Qi in Alto, Riversarlo dalla testa, lo *hunyuan qi* del corpo sarà aumentato e di qualità migliore. La malattia può essere guarita, la vita può fiorire e si può sviluppare anche la saggezza. Se si vuole regolare meglio e più velocemente qualche parte del corpo si può semplicemente riversare il *qi* in quella parte. Se si vuole curare un problema in un posto particolare, vi si può riversare il *qi*. Sotto sono riportati alcuni esempi di modi semplici e facili per aiutare a immaginarne le possibilità.

Per Sviluppare la Saggezza

Si può utilizzare sia la posizione seduta, che quella in piedi, sia quella coricata. Sollevare il *qi* sopra la testa. Riversare il *qi* nella testa, con la mente che lo manda all'interno. Riversare il *qi* in basso e tenere le mani una sull'altra vicino la sommità della testa, senza che tocchino la pelle o i capelli, gli uomini pongono sotto la mano sinistra, le donne la mano destra. Le mani disegnano un cerchio in avanti, sinistra, dietro, destra, per tre volte. Occorre disegnare il cerchio lentamente e uniformemente con la mente concentrata. Immaginare che una grande colonna di *qi* stia ruotando all'interno della testa. Poi premere in giù tre volte per penetrare il *qi* all'interno della testa ed aprire il cervello. Sollevare quindi in alto tre volte. Si può sentire all'interno della testa una vibrazione che cambia il flusso di *qi* e sangue; il *qi* del cervello fluirà meglio. Adesso disegnare tre cerchi nella direzione opposta – davanti, destra, dietro, sinistra; premere in basso tre volte e poi sollevare tre volte.

Le mani si aprono per connettere la punta delle dita medie. Si sollevano e si abbassano tre volte. Poi si separano e si muovono in basso in modo che la punta delle dita si trovi appena sopra le orecchie (la mente intanto apre la sommità della testa dall'interno), poi tornano su per unire le dita medie; ripetere tre volte. Spostare le mani davanti alla fronte e chiuderle, gli uomini la mano sinistra all'interno, le donne invece quella destra, i palmi che guardano la fronte ad una distanza di circa 1-2 cm e mai più di 5 cm. Ruotare in basso, sinistra, in alto, destra, disegnando un piccolo cerchio. Premere all'interno tre volte, tirare all'esterno per tre volte, senza toccare la pelle. Ruotare in basso, a destra, in alto, a sinistra, per tre volte. Premere tre volte, tirare all'esterno tre volte. Lentamente i palmi scendono davanti a *yintang*, ripetere gli stessi movimenti eseguiti davanti alla fronte. La pratica di questo metodo può migliorare la funzione del cervello.

Migliorare la Vista.

Seduti, in piedi o distesi, le mani che si guardano l'un l'altra ad una distanza di circa 5 cm. Porle in maniera naturale davanti all'ombelico. Sollevare il *qi* davanti agli occhi, la base pollici allo stesso livello degli occhi. Eseguire il movimento di tirare il *qi* per poterlo sentirlo. Ruotare i palmi in modo che guardino gli occhi, a circa 3-5 cm da loro. Spingere e tirare il *qi* 7-10 volte. Quando si spinge la mente va in profondità all'interno degli occhi; quando si tira ci si connette con il *qi* esterno. Le mani disegnano un cerchio verso l'interno, in basso, fuori, in alto, per 7-10 volte. Spingere e tirare per 7-10 volte; quindi ruotare le mani nella direzione opposta per 7-10 volte. Questo costituisce un ciclo. Si possono effettuare tre cicli ogni volta che ci si allena con questo metodo. La sua pratica quotidiana può curare ogni genere di problemi agli occhi.

Riversare il *Qi* per Curare le Malattie

La guarigione nel Zhineng Qigong non richiede una diagnosi; semplicemente si invia *qi* nell'area che presenta un problema. Per prima cosa occorre eseguire il movimento di "tirare il *qi*" e dopo, quando lo si riesce a sentire, si inizia a mandarlo nell'area in cui è presente la malattia. La mente pensa che la malattia è scomparsa, che le funzioni sono tornate ad essere normali. Attraverso il "tirare il *qi*" e il mandarlo ripetutamente, la malattia può essere curata. La pratica precedentemente descritta per guarire i problemi agli occhi può essere usata anche per trattare altri problemi.

BREVE RIASSUNTO DEL CAPITOLO DUE

Il metodo Sollevare il Qi in Alto e Riversarlo dalla Testa costituisce le fondamenta della pratica del Zhineng Qigong, poiché lavora sullo *hunyuan* esterno. Attraverso la sua pratica si possono curare le malattie, rafforzare il corpo e persino sviluppare le capacità extrasensoriali. Parlando in generale, la pratica di un principiante dovrebbe durare circa 20 minuti. Una volta diventati più familiari con la pratica, se si desidera elevare velocemente il proprio livello di qigong, occorre praticare per circa 30-40 minuti. Quando si allena questo metodo si può usare la visualizzazione, senza che sia però troppo dettagliata, come una foto. Nella propria pratica occorre padroneggiare i seguenti punti chiave:

La Pratica dello Hunyuan Esterno

Questo metodo lavora con lo *hunyuan* esterno e differisce dal '*ren tian hun hua*' e dal '*fa mo*' del qigong tradizionale.

Nel qigong tradizionale, 'ren tian hun hua' rappresenta un livello più alto di qigong in cui il praticante chiude la mente all'interno del corpo, unisce il qi del corpo e della mente in un insieme, poi va oltre per dissipare le fissazioni sottili della mente e raggiungere in questo modo uno stato senza alcuna sensazione di sé, degli altri, uno stato di longevità, di assenza di distinzioni; il sé è vuoto così come lo è il mondo esterno; vuoto come lo spazio. Usando la teoria del Zhineng Qigong per spiegarlo, è uno stato in cui le fissazioni dello yiyuanti vengono dissipate e il proprio yiyuanti si fonde con lo hunyuan qi originario. Questa fusione è una connessione profonda, diversa dal 'ren tian hun hua' dello hunyuan esterno del Zhineng Qigong. Nella pratica dello hunyuan esterno del Zhineng Qigong usiamo la visualizzazione per fonderci con lo hunyuan qi dello spazio; in questo modo possiamo muovere lo hunyuan qi originario. Ma siamo lontani dal livello in cui la mente si unisce veramente con lo hunyuan qi originario, o da quello in cui corpo, qi e mente si uniscono in questo modo. I praticanti del Zhineng Qigong devono capire chiaramente che stanno praticando 'ren tian hun hua' dello hunyuan esterno e che non hanno raggiunto un livello di gongfu più alto.

Nel qigong tradizionale la pratica del 'fa mo' si riferisce alla raccolta del qi yang nella pelle in modo da proteggersi dal qi insalubre. Ciò sembra essere simile alla pratica dello hunyuan esterno a livello del sistema membranoso, ma nel qigong tradizionale 'fa mo' usa soltanto il qi yang interno, laddove invece la pratica dello hunyuan esterno del metodo di Sollevare il Qi in Alto e Riversarlo dalla Testa unisce il qi interno e quello esterno – quindi essi sono due modi diversi di praticare.

I Benefici dello Hunyuan Esterno

Nel Zhineng Qigong all'inizio la pratica avviene principalmente con lo hunyuan esterno. Questo perché la vita umana è un sistema aperto, e lo hunyuan esterno si accorda con questo principio. Un secondo motivo è che se si pratica prima lo hunyuan esterno se ne possono trarre facilmente dei benefici.

- La pratica principale dello hunyuan esterno è quella di rilasciare il qi interno all'esterno e di raccogliere il qi esterno all'interno, per aprire i passaggi tra gli esseri umani e lo *hunyuan qi* della natura, raccogliendo in questo modo lo *hunyuan qi* esterno per trasformare il *qi* interno in maniera più veloce.

• Quando si allena il *qi* esterno la mente deve fondersi con lo spazio. Questo può aiutare il praticante a raggiungere uno stato rilassato e di quiete. Lo spazio è vuoto; tramite il suo fondersi con esso, la mente entra in maniera naturale in uno stato vuoto e di quiete. Il vuoto non ha forma ed è molto uniforme. Quando la mente si unisce con il vuoto il corpo si rilassa più facilmente. In questo modo *qi* e sangue fluiscono bene e la mente e il *qi* diventano un tutt'uno.

• Nella pratica dello hunyuan esterno quando la mente si fonde con lo spazio infinito, in qualunque modo lo si pensi, essa diviene chiara e focalizzata, senza pensieri casuali. Di conseguenza, il movimento del *qi* è regolare. Si crea uno stato in cui la mente si unisce con il *qi* per aprire e chiudere in maniera ordinata.

• La Pratica dello *Hunyuan* Esterno può essere fatta ad un livello più profondo oppure più superficiale. E' il primo stadio del Zhineng Qigong ma cionondimeno può puntare direttamente alla fonte dell'universo e raggiungere un livello più alto.

Il Processo della Pratica dello Hunyuan Esterno

La mente si fonde con lo spazio; il praticante deve anche immaginare lo *hunyuan qi* dello spazio, pensare al *qi* invisibile, meglio se in quantità maggiore e di maggiore densità. Una volta che si riesce a sentire il *qi*, occorre unire la mente con il livello membranoso, iniziando con la pelle. Da un lato si sente che il *qi* esce ed entra. Ma bisogna comprendere che questa è anche la mente che si fonde con lo spazio. Ciò perché vi è spazio all'esterno delle membrane e vi è spazio nei percorsi tra le membrane. Dall'altro, occorre pensare allo *hunyuan qi* dello spazio e a quello del corpo come intrecciati, questo significa che il *qi* può entrare ed uscire facilmente dal corpo. Se si riesce a fare esperienza dello stato del vuoto all'interno del corpo significa che il proprio livello di gongfu è migliorato.

Modi semplici per eseguire la Pratica dello Hunyuan Esterno

Il metodo del riversare il *qi* può essere usato in diversi modi. Si può tirare il *qi* della terra con le mani mentre si cammina. Con le mani che si guardano l'un l'altra, si può eseguire il movimento del tirare il *qi*. Si può fare esperienza della sensazione del qi tra le mani. E ricordarsi sempre di raccogliere il *qi* dentro il proprio corpo di tanto in tanto.

虛靈明靜

Xu ling ming jing

Xu significa vuoto senza essere vuoto
Ling si riferisce alle capacità della yiyuanti di ricevere e mandare
informazione in modo flessibile, veloce, preciso ed efficace
Ming significa puro e chiaro
Jing significa calmo e immobile

Questo detto descrive lo stato richiesto ai praticanti

CAPITOLO TRE

Metodo per l'Integrazione di Corpo e Mente
Xing Shen Zhuang

Il metodo per l'Integrazione di Corpo e Mente (*Xing Shen Zhuang*) rappresenta il secondo stadio di pratica del Zhineng Qigong ed appartiene alla fase dello *hunyuan* interno. Esso allena lo *hunyuan* di corpo e mente, riempiendo di *qi* tutto il corpo a livello di pelle, muscoli, tendini, vasi sanguigni, ossa, ecc. che si fondono insieme per diventare un insieme olistico. Le sue caratteristiche sono:

• Movimenti semplici ma di difficile esecuzione. La maggior parte delle posizioni può essere praticata singolarmente.

• I movimenti lavorano principalmente sui legamenti e sulle piccole articolazioni, in genere quelle che normalmente non vengono utilizzate molto. Questo metodo attiva velocemente il *qi* interno e può mobilizzarlo fino alle estremità dei capelli, della pelle e delle dita. Anche per questo motivo esso risulta difficoltoso.

• La pratica di questo metodo richiede: che la mente si unisca al corpo, l'uso di movimenti che mobilitino il *qi*, corpo e mente rilassati ed espansi, movimenti omogenei, lenti e morbidi, posture apparentemente angolari ma percepite arrotondate all'interno, movimenti come quelli di un serpente o di un bruco, con il corpo come un insieme, l'esperienza dell'immobilità all'interno del movimento.

I benefici di questo metodo sono:

• Allunga i tendini e le ossa, aumenta la vitalità e la forza, rende il corpo sano e bello.

• Permette di rilassare il corpo in modo da aprire i canali e mobilitare il *qi* interno per aprire i cancelli del *qi*, i punti ed altri percorsi.

• Trasforma il corpo e la mente, sviluppa la saggezza e permette di esplorare le leggi della vita in profondità.

Insieme alla Preparazione, Apertura e Chiusura (quasi identici al metodo del Sollevare il Qi per Riversarlo dalla Testa) il Metodo per l'Integrazione di Corpo e Mente comprende dieci sezioni, che sono:

Testa di Gru, Testa di Drago, il Qi si impenna in alto nel Cielo; Contrarre Spalle e Collo, Tong Bi; Alzare i Palmi, Separare le Dita, Aprire Jingmai(i canali del qi); Qi e Mente si impennano, si rinforzano le Braccia e le Costole; Flettere il Corpo, Arcuare la Schiena, Aprire Dumai [un grande canale energetico *yang* che scorre dal punto *huiyin*, passa dal punto *weilu*, sale in alto lungo la colonna vertebrale fino al *baihui*, poi scorre scendendo dietro la parte superiore ed anteriore dei denti]; Girare la Vita, Far vorticare le Anche, Far Tornare il Qi al Dantian; Piedi lungo una Linea, Aprire le Anche e le Articolazioni Sacro-iliache; Inginocchiarsi in giù verso i Piedi, le Tre Articolazioni Connesse; Spingere la Gamba all'Esterno, Puntare il Piede, Disegnare il Taiji; Ritorno del Qi all'Uno, Ruotare lo Hunyuan.

RIASSUNTO DEL METODO PER L'INTEGRAZIONE DI CORPO E MENTE

Introduzione al Metodo per l'Integrazione di Corpo e Mente

Il significato del Metodo per l'Integrazione di Corpo e Mente

Il Metodo per l'Integrazione di Corpo e Mente si trova al secondo livello dei metodi dinamici del Zhineng Qigong. Il nome indica che il corpo si unisce alla mente e la mente dirige il corpo, cosicché si pratica in un'unità di corpo e mente. La pratica del Primo Livello apre i passaggi tra lo hunyuan qi umano e quello della natura in modo che il proprio qi diventi abbondante e le proprie funzioni vitali e il livello di salute migliorino. Il Metodo per l'Integrazione di Corpo e Mente parte da questo punto ed è un modo per continuare a migliorare il proprio livello di *gongfu*.

Il Metodo per l'Integrazione di Corpo e Mente allena lo Hunyuan interno di Corpo e Mente

La pratica dello *hunyuan* interno dei metodi dinamici del Zhineng Qigong è costituita dal Metodo per l'Integrazione di Corpo e Mente e il Metodo dei Cinque Hunyuan. Il Metodo per l'Integrazione di Corpo e Mente allena lo *hunyuan* di corpo e mente, mentre il Metodo dei Cinque Hunyuan allena lo *hunyuan* del *qi* degli organi interni.

Che cos'è lo hunyuan di corpo e mente?

Il significato di questa espressione fa riferimento al fatto che in questo metodo l'attività della mente è saldamente integrata ai movimenti, la mente è totalmente concentrata e osserva la sensazione proveniente dai movimenti. (Si richiede che si abbandoni il pensiero logico). Sebbene anche le persone comuni [vedi glossario] controllino i loro movimenti con la mente, esse non ne sono consapevoli e non si concentrano sui movimenti del proprio corpo, quanto piuttosto sull'obiettivo di quei movimenti. Questo è un uso della consapevolezza rivolto all'esterno. Quando si pratica il Metodo per l'Integrazione di Corpo e Mente, ci si deve focalizzare completamente sui movimenti del corpo e sulle parti del corpo pertinenti con la pratica. In questo modo la mente può penetrare gradualmente nei diversi tessuti della pelle, dei muscoli, dei tendini, dei vasi sanguigni e delle ossa. Poiché è la mente a guidare il *qi*, quando essa penetra in ogni parte del corpo, il *qi* la segue e cambia il suo stato in quei tessuti. Il *qi* delle persone comuni è distribuito principalmente a livello delle membrane. Tuttavia, attraverso la concentrazione e la penetrazione della mente, il *qi* interno aumenta e segue la mente per andare in profondità all'interno dei tessuti, dove gradualmente diventa abbondante, dissolvendo le differenze tra la superficie e i tessuti più profondi. Si crea così uno stato di interezza del *qi*, in cui i diversi strati di tessuto di *qi* si uniscono e si trasformano in un insieme olistico. Questo stato è detto *hunyuan* di corpo e mente.

Usare la pratica integrata di Corpo e Mente per creare lo hunyuan di corpo e mente

Quando si allena il Metodo per l'Integrazione di Corpo e Mente, quest'ultima deve concentrarsi sui movimenti. Inizialmente si pratica a livello dello *"shen nian xing"* (la mente pensa al corpo). Se sono state erette delle buone fondamenta con lo *hunyuan* esterno - per esempio si può percepire il *qi* interno durante la pratica, la mente pensa al corpo e può persino percepire e osservare il *qi* della parte in movimento - si è quindi a livello dello *"shen guan xing"* (la mente osserva il corpo). In realtà, molti praticanti nel Metodo per l'Integrazione di Corpo e Mente usano la mente per pensare e nello stesso tempo osservare il corpo.

All'inizio la pratica del Metodo per l'Integrazione di Corpo e Mente richiede uno sforzo per raggiungere le posizioni corrette. Col tempo si acquisisce la capacità di praticare nel modo richiesto e in uno stato rilassato e naturale, segno questo di un certo equilibrio interno. Da questa base si possono allenare diversi punti energetici durante i movimenti. Con questa scorciatoia si può allenare tutto il corpo praticando con solo una parte di esso.

E' importante comprendere che la pratica dell'unione di mente e corpo è una pratica di alto livello nel qigong tradizionale, ed è diversa dalla pratica congiunta di corpo e mente eseguita da un principiante di Zhineng Qigong.

Le *caratteristiche del Metodo per l'Integrazione di Corpo e Mente*

I movimenti sono difficili da fare

In questo metodo molti movimenti derivano dal qigong delle arti marziali e da quello tradizionale e lavorano su parti piccole del corpo. Molti di essi raramente vengono eseguiti nella vita quotidiana, quindi la pratica di questo metodo si integra con l'attività quotidiana del corpo e del *qi*. Quando si è all'inizio, se i movimenti sono eseguiti correttamente si può avvertire dolore o fastidio. Per alcuni di essi i principianti devono forzare per raggiungere la posizione corretta, cosa che li rende alquanto faticosi. Ma i praticanti devono comprendere che questo sforzo è essenziale se si vogliono allungare i tendini e le ossa, se si vuole cambiare, perfezionare e rinforzare il corpo, aprire i cancelli attraverso cui il *qi* fluisce.

I movimenti lavorano sul corpo in modo completo da cima a fondo

Il Metodo per l'Integrazione di Corpo e Mente enfatizza movimenti particolari che sono organizzati in un ordine molto preciso e completo, in modo da lavorare su quasi ogni parte del corpo. Vi è una completa copertura di testa e collo, petto, schiena, costole, addome, area pelvica, *weilu* e *huiyin*. Per le braccia l'ordine è dalle spalle fino ai gomiti, polsi, mani e dita. Nelle gambe si va dalle articolazioni dell'anca fino alle ginocchia, caviglie, piedi e dita. C'è simmetria tra sinistra e destra, ed equilibrio tra la parte anteriore e posteriore del corpo. Le parti superiori ed inferiori del corpo sono connesse. I muscoli sono allungati e contratti, qualche volta contemporaneamente e qualche volta alternati, in un modo armonioso. Questo tipo di allenamento può aiutare a contrarre, estendere o torcere le articolazioni per aprirle e renderle più flessibili. Viene allenata la maggior parte dei tessuti di tutto il corpo, con la direzione dalla mente. Di conseguenza, la pratica di questo metodo può equilibrare il *qi* interno e migliorare la salute portando ad un livello più alto.

Per mobilitare il *qi* viene utilizzato principalmente il movimento

La pratica del metodo Sollevare il Qi in Alto e Riversarlo dalla Testa utilizza la mente per mobilitare lo *hunyuan qi* esterno, ma è più difficile mobilitare il *qi* dei meridiani usando la mente. Il *qi* dei meridiani possiede le proprie leggi di movimento e può essere influenzato dal movimento e dall'attività degli organi interni. In effetti questi due modi di mobilizzare il *qi* vengono usati insieme in modo naturale nell'attività quotidiana. Di seguito si descrive il processo in dettaglio.

Quando invia le istruzioni per il movimento, l'attività della mente si rivolge alla parte del corpo che deve essere mossa; nello stesso tempo lo *hunyuan qi* si raccoglie in quel posto. Noi diciamo "dove va la mente, il *qi* segue". Questo può accadere in un istante. Una volta iniziato il movimento, esso dà luogo a dei cambiamenti nel corpo, e questi cambiamenti influenzano il *qi* dei canali, facendolo circolare meglio all'interno dei canali energetici e incrementandolo con il movimento. Questo è un lento processo di correzione in cui il movimento si unisce con la mente per mobilitare il *qi*. Questa unione di mente e movimento che insieme mobilizzano il *qi* mantiene la normale attività vitale.

Nella pratica del Metodo per l'Integrazione di Corpo e Mente, i movimenti mobilitano il *qi* che principalmente è quello dei meridiani. Attraverso la pratica si incrementa il *qi* dei canali energetici facendolo espandere anche all'esterno di essi; espandendosi all'esterno si trasforma con il *qi* del corpo per diventare *hunyuan qi* del corpo. [Il *qi* del canale energetico è diverso dallo *hunyuan qi* del corpo e la maggior parte delle persone non può muoverlo usando la mente]. Una volta trasformato in *hunyuan qi*, può essere diretto e trasformato dalla mente.

Nel Metodo per l'Integrazione di Corpo e Mente il processo completo per la mobilizzazione del *qi* è quello in cui la mente guida il *qi*, il *qi* guida i movimenti del corpo, i movimenti del corpo poi guidano il *qi* e il *qi* influenza la mente. Questo significa che la mente guida il *qi* verso il posto dove il movimento deve essere eseguito; la mente si unisce al *qi* per causare quel movimento; il movimento del corpo mobilita il *qi* dei canali per aumentare *qi* e sangue in quella zona, creando una sensazione di *qi* che fluisce o che si espande; questa sensazione influenza la mente e fa si che essa si concentri ancora più profondamente in quel posto; la mente focalizzata guida ancora più *hunyuan qi* a raccogliersi in quella zona. Questo è il motivo per cui noi sentiamo il *qi* così chiaramente quando pratichiamo il Metodo per l'Integrazione di Corpo e Mente.

Teoria dei Canali Energetici nella Medicina Tradizionale Cinese
I canali si collegano con gli organi interni e con gli arti. Il *qi* fluisce lungo ciascun canale e tutti sono connessi tra loro. I canali *yang* e *yin* delle mani si congiungono nelle mani e nella punta delle dita. I canali *yang* delle mani e dei piedi si collegano nella testa. I canali *yang* e i canali *yin* dei piedi si connettono nei piedi. I canali *yin* dei piedi e delle mani si connettono nel petto. Le punte delle dita dei piedi e delle mani sono vie del *qi* che servono per lo scambio del qi interno ed esterno e vengono chiamate punti pozzo. Per

queste ragioni tradizionalmente si pensava che le estremità degli arti fossero le radici dei canali, la testa ed il tronco invece fossero i loro punti di termine.

Il metodo per l'Integrazione di Corpo e Mente si fonda su questa teoria, e lavora soprattutto sui punti finali degli arti e della testa. Per esempio, le sezioni Due e Tre lavorano più sulle estremità degli arti superiori. Le sezioni Sette, Otto e Nove lavorano sugli arti inferiori e sui loro punti finali. La sezione Uno lavora sulla testa, dove si unisce un certo numero di canali che hanno le loro radici nelle estremità degli arti. Il movimento della testa può guidare il movimento negli arti, e quando gli arti si muovono questo mobilita tutti i canali e il sangue. La teoria dei canali energetici è la base del Metodo per l'Integrazione di Corpo e Mente, che usa il movimento per mobilizzare il *qi*.

L'allenamento del Metodo per l'Integrazione di Corpo e Mente può mobilitare il *qi* di un canale connettendolo internamente agli organi interni ed esternamente al *qi* delle membrane, fondendo il *qi* di tutto il corpo in un insieme. Gli effetti di questo metodo sono ampi ed esso riveste un ruolo centrale nel Zhineng qigong dinamico. Deve essere praticato con grande dedizione e sforzo.

Caratteristiche della pratica del Metodo per l'Integrazione di Corpo e Mente

Riassumendo, i punti principali della pratica del Metodo per l'Integrazione di Corpo e Mente sono: movimenti e posture corretti, la mente nei movimenti e nelle posizioni, il *qi* che segue i movimenti. Di seguito verranno trattati punti specifici.

La mente si unisce con il corpo; una combinazione di tensione e rilassamento

I movimenti del metodo per l'Integrazione di Corpo e Mente sono difficili da eseguire e, quando si pratica all'inizio, è impossibile tenere le posizioni in modo appropriato senza forzare; l'uso della forza rende il corpo teso e rigido, contrariamente al requisito del rilassamento e della morbidezza. Quindi per risolvere questa contraddizione si deve usare una combinazione di rilassamento e tensione. Questa combinazione presenta due aspetti:

• Quando si pratica le prime volte si può usare la forza per raggiungere la posizione corretta. Una volta abituatisi ai movimenti, si raggiunge in maniera naturale uno stato rilassato, morbido e libero. Certamente si può sentire una tensione nel momento dell'estensione e della contrazione dei muscoli, ma si deve fare del proprio meglio per rilassare il corpo attraverso la mente che a sua volta deve essere totalmente rilassata. In questo modo la posizione sarà corretta e con la mente rilassata, per questo si dice "corpo in tensione e mente rilassata".

• Mentre le singole parti del corpo sono in tensione, ogni altra parte del corpo deve essere il più possibile rilassata. Per mantenere la corretta postura, le parti del corpo interessate devono essere relativamente tese mentre quelle che non sono coinvolte nel movimento devono mantenere la corretta posizione e rilassarsi. Bisogna comprendere che questa tensione non deve provenire da una grossa forza muscolare ma è tuttavia una parte necessaria in un certo stadio della pratica. I principianti devono utilizzare la forza per praticare; una volta che si è in grado di eseguire facilmente i movimenti, la pratica rilassata diventerà naturale.

Il movimento sembra angolare ma all'interno si sente arrotondato; una combinazione di linee dritte e curve

Molti movimenti sono angolari e passano bruscamente dall'uno all'altro. Anche i passaggi tra le posizioni sono bruschi. È facile mobilizzare il *qi* del canale attraverso tali movimenti, ma i passaggi non soddisfano il requisito che prevede una pratica dinamica arrotondata e agevole. Come risolvere questa contraddizione? Innanzi tutto, sebbene l'apparenza sia angolare, l'interno è arrotondato. Per esempio, quando si compiono movimenti angolari con le braccia, all'esterno i gomiti appaiono come un angolo evidente, ma con la mente e la forza il praticante deve eseguirli dall'interno in modo arrotondato, di modo che sembri angolare ma venga percepito rotondo. Un altro modo per risolvere questa contraddizione è far si che i movimenti siano una combinazione di linee dritte e curve. Le posizioni quindi devono essere dritte ma non rette; non bisogna estendere sino al limite e occorre mantenere le articolazioni rilassate. Persino i movimenti rettilinei possono essere uniti ai movimenti come quelli del serpente e del bruco, ma potranno essere eseguiti solo dopo che si saranno costruite delle buone fondamenta nella pratica.

Combinazione di movimenti grandi e piccoli, con consapevolezza

I movimenti sono flessibili e naturali. Si lavora su tutte le parti del corpo, utilizzando movimenti sia grandi che piccoli. (Per esempio, Flettere il Corpo Arcuare la Schiena e il Ritorno dello Hunyuan all'Uno comporta grandi movimenti mentre Flettere i Palmi, Separare le Dita, Ruotare i Polsi e Fare vorticare le Anche sono movimenti piccoli). Persino in ciascuna sezione ci sono sia grandi che piccoli movimenti. (Per esempio, i movimenti delle spalle, dei gomiti, delle anche e delle ginocchia sono più grandi mentre i movimenti dei polsi, dei palmi, delle dita, delle caviglie, dei piedi e delle dita dei piedi sono piccoli. Il movimento della vita è grande mentre il movimento della colonna vertebrale è piccolo, ecc). In ogni fase, il movimento visibile è più grande ed è sentito in modo forte, mentre il movimento invisibile del *qi* viene percepito come piccolo paragonato ad esso.

Si dovrebbe inoltre sentire una connessione tra il pollice e il mignolo, che sono leggermente chiusi come se si volesse catturare qualcosa; tuttavia essi non si uniscono fisicamente, ma si usa la mente per immaginarli connessi 15-20 cm davanti ai palmi. Questa posizione è importante per raccogliere il *qi* e portarlo all'interno. (Si può anche usare nella pratica di altri metodi).

Perché abbinare grandi e piccoli movimenti ed esserne consapevoli mentre si pratica il Metodo per l'Integrazione di Corpo e Mente? Innanzitutto, per correggere le abitudini delle persone comuni, che notano soltanto i grandi movimenti mentre ignorano i piccoli. In secondo luogo, quando si compiono piccoli movimenti è necessario che la mente dia istruzioni più precise, per facilitare la sua concentrazione ed entrare in uno stato quieto di qigong. In terzo luogo, l'associazione di grandi e piccoli movimenti è più efficace per la mobilizzazione del *qi* dei meridiani e per promuovere un buon flusso di *qi* e sangue.

Corpo unito; immobilità all'interno del movimento
Questo metodo lavora dalla testa ai piedi passo dopo passo. Ma mentre si esegue ciascun movimento, la mente deve essere cosciente dell'intero corpo. Una volta acquisita familiarità con la pratica, ciascun movimento può mobilitare il *qi* in ogni parte del corpo. Per esempio, quando si pratica Testa di Gru Testa di Drago inizialmente si usa *dazhui* (sotto la C 7) come perno, ma con la pratica *dazhui* può anche seguire il movimento della testa in avanti e indietro, e ad un livello persino più avanzato la testa può guidare il corpo nel muoversi leggermente in avanti e indietro lungo tutta la colonna vertebrale fino alle gambe, caviglie, piedi e *yongquan* (vicino al centro della pianta del piede). Ogni movimento di questo metodo è strutturato in tal modo, con una connessione con tutto il corpo.

Immobilità all'interno del movimento significa che durante la pratica la mente rimane quieta e concentrata. Essa si focalizza sui movimenti, è consapevole dei punti, dei cancelli e dei Palazzi del *qi* [dove quest'ultimo si raccoglie] (*guan qiao*) e fa esperienza del fluire del *qi*. Gradualmente la mente e il corpo si fondono per diventare un tutt' uno. Quan Jing dice, "il pugno non è un pugno; la mente non è la mente; all'interno della non-mente vi è la mente reale (*wu yi zhi zhong you zhen yi*)". Questo è uno stato di quiete nel movimento; movimento e quiete sono un tutt'uno. Quando si pratica il Metodo per l'Integrazione di Corpo e Mente quest'ultima deve entrare dentro ciascuna posizione in totale concentrazione, osservando e illuminando internamente tutto il corpo. Gradualmente si avvertiranno sempre di più i cambiamenti che avvengono all'interno. Per ciascun movimento, i cambiamenti nei punti energetici e nei canali variano tra le persone e nel tempo. Non si deve immaginare il loro cambiamento sulla base delle esperienze degli altri praticanti, perché può essere fuorviante per la propria pratica e può creare falsi canali tramite l'attività della mente. Una volta che i punti di energia sono aperti e il *qi* scorre libero nei canali, si può fare esperienza dei cambiamenti interni in modo naturale.

Alcune persone, quando praticano il Metodo per l'Integrazione di Corpo e Mente, si concentrano intensamente, cosa questa che può fermare il movimento naturale e portare ad una forma eretta. Quando ciò avviene è ottimo. Non è una quiete nel movimento, è il movimento che va nella quiete. Se si verifica questo fenomeno, il *qi* può fluire molto bene e si possono sviluppare alcune capacità extra sensoriali.

I MOVIMENTI DEL METODO PER L'INTEGRAZIONE DI CORPO E MENTE

Preparazione

1. Piedi uniti, corpo centrato e dritto, le braccia cadono lungo i fianchi in maniera naturale. Guardare dritto in avanti verso l'orizzonte, raccogliere lo sguardo all'interno, chiudere gli occhi delicatamente. (Fig. 3-1) Guidando con i mignoli, girare e sollevare i palmi, il centro dei palmi rivolto verso il basso, le dita in avanti, le mani formano un angolo retto con le braccia. Utilizzando le spalle come perno, spingere le mani avanti e indietro per tre volte. Spingere in avanti di 15°, tirare indietro ai lati del corpo. (Fig. 3-2)

 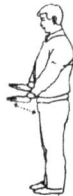

图 3—1   图 3—2

2. Guidando con i mignoli, rilassare i polsi, ruotare i palmi l'uno di fronte all'altro. Aprire la Bocca di Tigre, rilassare le braccia, sollevare il *qi* dalla parte anteriore del corpo con le braccia alla stessa larghezza delle spalle

fino al livello del *duqi* (ombelico), delicatamente portare all'interno il centro dei palmi. Con il centro dei palmi appena incavato, i palmi e le braccia si spostano leggermente verso l'interno per irradiare il *duqi*; mandare il *qi* all'interno del *dantian* inferiore. (Fig. 3-3) Girare i palmi verso il basso. Immaginare le braccia che si estendono infinitamente lontano, poi a livello del *duqi* aprire verso la schiena, i palmi girano a guardare il corpo con il centro leggermente incavato, irradiare *mingmen*, il punto energetico opposto al *duqi*. (Fig. 3-4) Sollevare gli avambracci, i palmi verso l'alto. Utilizzare la punta dei medi per premere il punto energetico *dabao* (*dabao* si collega ai canali di milza); mandare il *qi* all'interno. (Fig. 3-5)

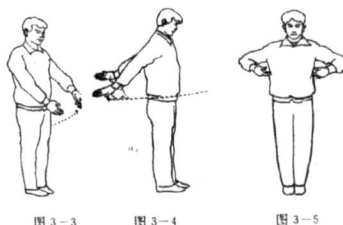

图 3－3   图 3－4   图 3－5

3. Spingere le braccia in avanti alla larghezza e all'altezza delle spalle. Mentre si porta all'interno il loro centro, tirare i palmi e le braccia leggermente indietro e con i medi irradiare il punto energetico *yintang* tra le sopracciglia. (Fig. 3-6) Girare i polsi per piegare i palmi leggermente ad angolo, e guidando dai gomiti ruotare le braccia ed aprire all'esterno. (Fig. 3-7) Braccia in linea; i palmi gradualmente ruotano in avanti mentre raggiungono i lati. Guidando il movimento con i mignoli ruotare i palmi prima in basso poi, continuando, in alto; visualizzare i palmi estendersi all'orizzonte, poi dall'orizzonte sollevare il *qi* in alto in un arco fin sopra la testa; chiudere i palmi. (Fig. 3-8) Le mani scendono lungo la parte frontale della testa fino a disporsi davanti al petto in posizione di preghiera. La parte superiore delle braccia forma un angolo di 45° con il corpo; gli avambracci formano una linea orizzontale con la punta delle dita medie verso l'alto. La base dei pollici si posiziona di fronte al punto energetico *tanzhong*. (Fig. 3-9)

80

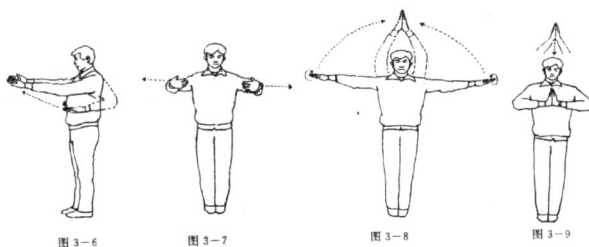

图 3—6   图 3—7   图 3—8   图 3—9

Sezione Uno: Testa di Gru e Testa di Drago, il Qi si Impenna al cielo
He Shou Long Tou Qi Chong Tian

"Testa di Gru" prende il nome dal modo in cui la testa della gru si muove avanti e indietro, mentre il movimento della Testa di Drago descrive l'oscillazione da un lato all'altro. Questa sezione esprime lo spirito del Metodo per l'Integrazione di Corpo e Mente. La gru ha le caratteristiche di *yin*, *yang* e di armonia. Vive sulla terra ma ama camminare nell'acqua. Il suo stato è tranquillo; può facilmente volare in alto nel cielo. Così, quando si pratica Testa di Gru si dovrebbero sperimentare queste caratteristiche per raggiungere una mente tranquilla, che si sente a proprio agio insieme a movimenti aggraziati, leggeri, liberi e naturali che devono però possedere stabilità e forza.

In passato il drago simboleggiava l'anima e la mente (*shen*). [Nella cultura Cinese il dragone simboleggia l'armonia, la giustizia e la pace]. Così quando si esegue la testa di drago, lo *shen* ha bisogno di stare in uno stato di pace ed il *qi* di fluire bene. Tutti i movimenti vengono eseguiti fluidamente in uno stato stabile, usando la forza del *qi* [non la forza fisica] insieme ad una forte attività mentale.

Requisiti del movimento
Testa di Gru
Separare le mani, farle scendere lungo le costole, palmi in vita; le punte dei pollici premono i punti energetici *jingmen* nella parte bassa della schiena (all'estremità della 12a costola), le dita sulle anche. (Figg. 3-10, 3-11)

81

图 3—10   图 3—11

Testa di Gru in avanti

Mento ritratto, spingere indietro il collo e tirarlo in alto. (Fig. 3-12) Testa indietro. (Fig. 3-13) Spingere il mento su. Rilassare il collo. Mento in avanti, in basso, all'interno; disegnare un cerchio lungo il petto. (Fig. 3-14) Ripetere il movimento per nove volte.

图 3—12   图 3—13   图 3—14

Testa di Gru all'indietro

Invertire il movimento. Il mento disegna un cerchio in basso lungo il petto, in avanti, in alto, testa indietro; sollevare la testa dal *baihui*, mento indietro, spingere il collo indietro e sollevarlo in alto. Ripetere per nove volte.

Testa di Drago

Inclinare il corno sinistro del drago in basso verso sinistra (Fig. 3-15) poi tornare su in un arco. Inclinare il corno destro del drago verso destra (Fig. 3-16) poi tirare su disegnando un arco. Ripetere per un totale di 18 volte in entrambi i lati.

图 3—15   图 3—16

Punti chiave dei movimenti

"Testa di Gru" non è un semplice movimento in avanti e indietro, bensì un cerchio che da dietro va in avanti. Per eseguire correttamente il movimento i principianti devono utilizzare il punto energetico *dazhui* (sotto la C7) come perno ed estendere e contrarre il collo quando la testa si muove. Una volta acquisita familiarità con la pratica, bisogna rilassare *dazhui* e usare l'apertura e la chiusura delle spalle in combinazione con il petto che si muove all'interno e poi si apre, in modo da guidare tutta la colonna vertebrale in un movimento in avanti e indietro, come quello di un serpente.

"Testa di Drago" non è un semplice movimento a sinistra/destra, piuttosto è la forma del simbolo dell'infinito questo: ∞ . Nella mente ci si solleva in modo da formare una "s", che va sempre più in alto. Nell'esecuzione di questo movimento occorre concentrarsi sulle corna del drago che si abbassano e si alzano e nello stesso tempo rilassare le spalle, le costole e tutto il corpo. Guidando il movimento con la testa, la colonna vertebrale e gli arti inferiori si muovono a destra e a sinistra come un serpente.

Benefici

I palmi sono posti sulla vita con la punta dei pollici che preme i punti energetici *jingmen* (che appartengono ai canali di vescica biliare e si connettono con i reni). Le dita premono sui punti energetici *zhangmen* (che appartengono ai canali del fegato e si connettono con la milza) e i punti energetici di *daimai* (sul canale *daimai* intorno alla vita). Il posizionarsi in questi punti energetici produce quattro effetti:

• Premendo i punti energetici *jingmen* e *zhangmen* si attiva il *qi* della milza e del rene.

• Premendo i canali di fegato e vescica biliare si uniscono insieme il *qi* del fegato e della vescica biliare e il *qi yang* aumenta e si solleva.

- Premendo i punti energetici *daimai* si migliora il funzionamento del meridiano *dai*, che controlla le funzioni degli altri canali energetici.
- Dato che i punti energetici *zhangmen* si connettono alla milza, la loro pressione permette di portare il *qi* della vescica biliare all'interno della milza, migliorandone così le funzioni. Per queste ragioni questa viene usata come la posizione base nel metodo per l'Integrazione di Corpo e Mente.

Lo scopo principale di Testa di Gru Testa di Drago è quello di guidare il *qi* nel sollevarsi. Quando lo si esegue le prime volte, muovendo le vertebre cervicali si fa aumentare il flusso del *qi* direttamente nel punto energetico *dazhui*. Dazhui è posizionato sul *dumai*, il Canale Governatore che scorre lungo la colonna vertebrale. Esso è inoltre un punto centrale per i meridiani *yang* dei piedi e delle mani, quindi questo movimento permette al *qi* puro *yang* di sollevarsi. La pratica della Sezione Uno è ottima per problemi alle vertebre cervicali e per problemi relativi al cervello, soprattutto ai vasi sanguigni. Ancora, essa porta il *qi* ad impennarsi in alto in modo da aprire il Cancello Celeste. La pratica di questa sezione rende inoltre la colonna flessibile e apre il *dumai*. È una pratica fondamentale per il *Qing Gong* [per rendere il corpo molto leggero in modo da poter saltare molto in alto].

Inoltre, non bisogna trascurare la Preparazione e l'Apertura. L'Apertura mobilita il puro qi yang dell'intero corpo così come il qi dei cinque organi. Le mani in posizione di preghiera aiutano a concentrare la mente. I pollici davanti a tanzhong connettono il qi e il sangue per trarne beneficio entrambi. Il proprio stato interno viene cambiato, in questo modo la propria pratica entra in modo naturale più in profondità.

Sezione Due: Contrarre le Spalle e il Collo, Tong Bi
Han Jian Suo Xiang Tong Bi Jian

Questo movimento prende spunto dalla gru mentre apre le sue ali per intraprendere il suo volo. [*Tong Bi* sta ad indicare l'aprire in alto le strutture delle braccia e il flusso di *qi* attraverso loro].

Requisiti del movimento
1. Rilassare le mani, girare i palmi in alto, le dita in avanti e i gomiti indietro. Spingere gli avambracci in avanti con i gomiti verso il basso attaccati alle costole, a formare un angolo retto con la parte superiore delle braccia. Sollevare la parte superiore delle braccia all'altezza delle spalle, mantenendo l'angolo retto; gli avambracci in verticale con le dita che puntano

verso il cielo. (Fig. 3-17)

2. Aprire le braccia all'esterno in una linea. Ruotare i palmi all'esterno senza muovere la parte superiore delle braccia. Abbassare gli avambracci in linea orizzontale. Con i medi che conducono il movimento e con i gomiti come perno sollevare gli avambracci in modo che formino un angolo retto con le braccia. Abbassare quindi gli avambracci in modo che le braccia formino una linea orizzontale. Ripetere su/giù per tre volte. Questo movimento è detto *Zhan Bi*. (Fig. 3-18)

图 3-17 图 3-18 图 3-19

3. Le braccia in linea con i palmi rivolti verso il basso, allungare le dita. Guidando il movimento con i medi, ruotare le mani usando i propri polsi come perno. Ruotare in avanti e poi indietro tre volte per ciascun senso di rotazione. (Fig. 3-19)

4. Contrarre le spalle e il collo: testa indietro, mento ritratto, il tronco immobile; questo è il movimento del contrarre il collo. Nello stesso tempo occorre contrarre le scapole verso la colonna vertebrale, il punto *weilu* delicatamente indietro e verso l'alto, questi quattro punti si raccolgono contemporaneamente verso la quarta vertebra toracica. Questa posizione trae spunto dalla gru nel momento in cui inizia a volare. Alcune persone quando rabbrividiscono perché infreddolite assumono tale posizione. (Fig. 3-20 A,B)

a b

图 3-20

图 3-21

5. La testa ritorna dritta nella sua posizione originale mentre le mani si allungano e tirano le scapole verso l'esterno. Ripetere questa contrazione e espansione da tre a cinque volte.

6. *Tong Bi*: le braccia si contraggono a sinistra e si estendono a destra, poi si contraggono a destra e si estendono a sinistra compiendo un movimento ondulatorio, sinuoso come quello di un serpente. Ripetere da sette a nove volte. (Fig. 3-21)

Punti chiave dei movimenti

Contrarre le Spalle e il Collo e *Tong Bi* devono essere eseguiti in modo dolce ed ininterrotto al fine di ottenere i benefici provenienti dal massaggio della parte dorsale della schiena. Quando si esegue *Tong Bi* si alterna ogni articolazione, contraendole ed espandendole come un serpente, in un movimento ad onda. Per esempio, quando la scapola destra si muove verso la colonna, la scapola sinistra si muove verso l'esterno; nello stesso tempo la spalla destra e la parte superiore del braccio vengono portate verso l'interno con i gomiti verso il basso, mentre il polso si piega in modo naturale insieme alle articolazioni delle dita che lo seguono nel movimento. I principianti generalmente non riescono ad eseguire in modo ottimale questo esercizio e hanno bisogno di provarlo lentamente e attentamente. Dopo aver praticato per lungo tempo, tutti i movimenti che partono dalla schiena saranno connessi e scorrevoli: la schiena, le spalle, le braccia, i gomiti, i polsi e le articolazioni delle mani, si muoveranno come un bruco.

Benefici

Solitamente la parte del corpo compresa tra le scapole viene mossa poco. In questo metodo, i movimenti di Contrarre le Spalle e il Collo e *Tong Bi* sono indicati proprio per lavorare in questa zona. Questi movimenti permettono non soltanto di rilassare ma anche di massaggiare questa parte specifica del corpo. In quest'area inoltre si trovano importanti punti energetici chiamati *fengmen*, *feishu*, *xinshu* e *gaohuang*. Tali movimenti migliorano le funzioni di questi punti energetici, che a loro volta rinforzano le funzioni di polmoni e cuore. *Tong Bi* rilassa le articolazioni, i muscoli e i tendini delle spalle, dei gomiti, dei polsi, dei palmi e delle dita; ciò assicura un buon fluire del *qi* negli arti superiori. Tale pratica riveste un ruolo molto importante nel *gongfu* nelle Arti Marziali. Utilizzata per guarire, questa sezione ha un grande effetto sui problemi agli arti superiori, alle scapole, al cuore e ai polmoni. Il movimento *Zhang Bi* [il movimento in su e in giù delle braccia a partire dai gomiti] è eccellente per prevenire problemi nei vasi sanguigni del cuore.

Sezione Tre: Sollevare i Palmi, Separare le Dita, Aprire Jingmai (i canali)

Li Zhang Fen Zhi Chang Jing Mai

Requisiti del movimento

1. Braccia in linea, corpo centrato e dritto; i medi conducono il movimento, sollevare i palmi. Usare la forza interna per spingere in fuori il centro dei palmi mentre la parte posteriore delle mani e la base delle dita vengono tirate indietro. In questo modo i palmi formano un angolo retto con le braccia, che dovrebbe essere mantenuto per tutto il tempo della spinta e della contrazione (Fig. 3-22). Guidando il movimento dalle scapole, contrarre le braccia verso l'interno con i gomiti dritti, mantenendole in posizione orizzontale. Spingere all'esterno; ripetere questi movimenti da tre a cinque volte.

2. Mantenere i palmi ad angolo retto con le braccia. Separare i pollici e i mignoli, separare gli indici e gli anulari (Fig. 3-23). Spingere all'esterno il centro dei palmi. Chiudere indici e anulari, pollici e mignoli. Ripetere da cinque a sette volte (eseguirlo più volte rinforza la sua efficacia).

图 3-22   3-23

3. Rilassare i palmi, curvare le dita in basso e all'interno, articolazione dopo articolazione, come un uncino. Porre i pollici sulle punte delle dita come per formare dei fiori di calicanto (Fig. 3-24). Sollevarle verso il centro dei

palmi, in un mezzo pugno [con uno spazio vuoto all'interno]. (Fig. 3-25, 3-26). Alzare quindi le mani, i polsi; i palmi in alto, aprire verso l'esterno, allungare le dita articolazione dopo articolazione dalla base fino alla punta. Ripetere diverse volte.

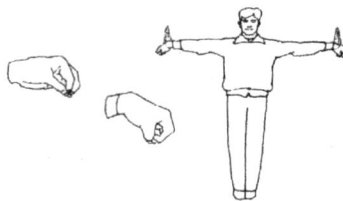

图 3-24   图 3-25   图 3-26

4. Guidando il movimento con i medi, abbassare i palmi in una linea. Ripetere il movimento di *Tong Bi* da tre a cinque volte.

Punti chiave dei movimenti
Nell'allenamento di questa posizione le braccia devono essere orizzontali e non si devono aprire gli occhi per controllarle. Si può verificare l'esatta postura rilassando le braccia; se si avvertono le mani pesanti mentre le spalle sono rilassate, ciò significa che le mani sono troppo basse; se si sentono le mani leggere e le spalle pesanti, ciò significa che le mani sono troppo alte. Regolare come richiesto. Il movimento di separazione delle dita deve essere eseguito secondo quell' ordine preciso, non si devono aprire tutte nello stesso momento. I movimenti del curvare e poi allungare polsi e dita lavorano principalmente sulle articolazioni centrali e finali delle dita. Occorre prestare attenzione ai movimenti di ogni piccola articolazione; gradualmente essi diverranno agili e ondulatori.

Benefici
I punti pozzo dei tre canali *yin* e *yang* della mano si trovano nella punta delle dita. I punti pozzo sono importanti cancelli di *qi* attraverso cui il *qi* dei canali si espande all'esterno e quello esterno entra nei canali energetici. Questa sezione dunque lavora per aumentare le funzioni dei punti pozzo oltre che per promuovere il fluire del *qi* e del sangue. Il movimento di Separare le Dita lavora principalmente sui tre canali *yin* per mobilitare il *qi* della parte interna delle braccia. I movimenti di Curvare le Dita e i Polsi lavorano invece principalmente sui tre canali *yang* delle mani per mobilitare il *qi* della parte esterna delle braccia. La pratica di questi due movimenti, eseguiti uno dopo

88

l'altro, produce l'effetto di far si che lo *yin* e lo *yang* possano beneficiarsi vicendevolmente. La pratica della Sezione Tre mobilita il *qi* fino alla punta della punta delle dita, permettendo in questo modo alle persone di sentire il *qi* velocemente. Un *qi* forte sulla punta delle dita è utile se si fanno massaggi o si premono punti energetici. La Sezione Tre può essere usata per il trattamento di malattie degli arti superiori.

Sezione Quattro: il Qi e la Mente Si impennano, Allungare le Braccia e le Costole

Qi Yi Gu Dang Bi Lei Jian

Requisiti del movimento

1. Le braccia si abbassano lateralmente, i palmi si chiudono e si sollevano in posizione di preghiera. (Fig. 3-27) Incrociare le dita, sollevarle davanti la fronte, ruotare i palmi all'esterno, estendere le braccia in modo da formare un ovale [più lungo in avanti che dai lati] con i dorsi delle mani che guardano la fronte. (Fig. 3-28) Usare una leggera forza interna per espandere le braccia appena un po' all'esterno e mantenerla tutto il tempo in cui si ruota a sinistra e a destra.

图 3-27   图 3-28   !

2. Ruotare la parte superiore delle braccia verso sinistra fino ad arrivare al lato sinistro del corpo disegnando un angolo di 90° rispetto alla parte anteriore dello stesso. Le mani sono davanti alla fronte, le braccia formano un ovale (più lungo ai lati che davanti); la parte superiore del braccio sinistro è a livello dell'orecchio mentre il braccio destro è all'altezza delle spalle, il dorso delle mani ad una distanza di circa un pugno dalla fronte. (Fig. 3-29). Disegnare un piccolo cerchio con il gomito sinistro, in modo che il braccio sinistro sia alla stessa altezza della spalla sinistra, mentre il braccio destro sia al livello dell'orecchio destro.

3. Dal *dantian* inferiore il *qi* si impenna in alto, spingendo le costole di destra verso il lato destro. Nello stesso tempo il busto ruota a destra. Le costole di destra guidano la spalla destra, il gomito e le mani nel ritornare in avanti, dove le braccia formano un ovale angolato più lungo davanti, il braccio destro più alto e il braccio sinistro più basso, i pollici all'altezza degli occhi. (Fig. 3-30).

4. Il busto continua a ruotare verso destra, le braccia vanno verso destra fino a posizionarsi a 90° rispetto alla parte frontale del corpo. (Fig. 3-31)

5. Le costole di sinistra si impennano; il *qi* dal *dantian* inferiore si impenna e spinge le costole di sinistra in alto mentre il busto gira a sinistra. Le costole di sinistra guidano in avanti la spalla sinistra, i gomiti e le mani; queste ultime si posizionano nuovamente davanti, mentre le braccia formano un ovale, con il braccio sinistro inclinato più in alto rispetto al braccio destro; i pollici sono a livello degli occhi. La parte superiore del corpo ruota posizionandosi davanti. (Fig. 3-32) Ripetere in entrambe le direzioni per 18 volte.

   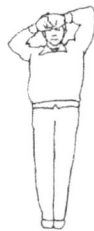

3-29   图 3-30   图 3-31   图 3-32

Punti chiave dei movimenti

Tutti i movimenti di questa sezione devono essere eseguiti a forma di arco, non come una linea retta. La rotazione del tronco deve essere flessibile e non rigida. I principianti devono fare attenzione al continuo cambiamento dell'ovale da più lungo in avanti a più largo ai lati. Una volta familiarizzato con la pratica, si deve utilizzare la mente per guidare il *qi* e il *qi* per guidare il corpo nel movimento. Le costole si impennano partendo dalla parte frontale del *dantian* inferiore, continuando verso i gomiti e le braccia. Il movimento delle braccia segue il corpo.

Benefici

I canali di vescica biliare scorrono lungo i lati del corpo. Solitamente il *qi* della zona intorno alle costole è debole e il suo potere protettivo è inferiore rispetto ad altre parti del corpo. Praticando questa sezione si rinforzano le costole e le braccia. Può essere usato per trattare malattie di fegato, vescica biliare, petto, costole, etc.

Sezione Cinque: Piegare il Corpo, Arcuare la Schiena, Aprire Dumai
Fu Shen Gong Yao Song Du Mai

Requisiti di movimento

1. Sollevare le mani sopra la testa, i palmi verso l'alto, le braccia dritte. Rilassare le spalle e le braccia. (Fig. 3-33). Le mani incrociate come se tenessero qualcosa. Ruotare delicatamente i polsi disegnando un cerchio, partendo da davanti, in alto, indietro e in basso, in maniera alternata. La colonna vertebrale segue muovendo dalle vertebre cervicali verso le vertebre toraciche e lombari. Ripetere da tre a cinque volte. (Fig. 3-34)

2. Separare le mani, ruotare i palmi in avanti, le braccia accanto alle orecchie. (Fig. 3-35) La testa avanti, estendere le proprie braccia in avanti, rilassare la schiena, inarcare le vertebre toraciche e lombari. La testa e le braccia vanno giù insieme, disegnando un arco; curvare in basso gradatamente le vertebre una ad una fino a che il viso non sia vicino alle gambe e la parte inferiore della schiena non sia incurvata (Fig. 3-36). Mantenere le braccia accanto alle orecchie per tutto il tempo.

   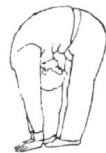

图 3-33   图 3-34   图 3-35   图 3-36

3. I palmi rivolti verso il basso, premere in basso tre volte nella parte frontale, poi a sinistra e a seguire a destra, tre volte per ciascun lato. (Fig. 3-37) Girare nuovamente il corpo in avanti. Le mani portano il *qi* dietro i piedi;

pizzicare i talloni tre volte e nello stesso tempo tirare dentro l'addome, inarcare la schiena e portare la testa verso le ginocchia per tre volte. (Fig. 3-38) Portare il *qi* nella parte anteriore.

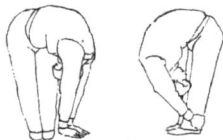

图 3-37   图 3-38

4. Continuare ad inarcare la schiena e lentamente sollevare il corpo, mantenendo le braccia accanto alle orecchie. Il corpo si raddrizza lentamente. Quindi rilassare e muovere tutto il corpo, iniziando dalle braccia, fino ai piedi. Le braccia ed il corpo si muovono in avanti e indietro come un'onda che si muove verso il basso. Ripetere questo movimento diverse volte.

Ripetere questa sezione da cinque a sette volte.

Punti chiave dei Movimenti
Piegare il Corpo Inarcare la Schiena differisce da un semplice allungamento dei tendini delle gambe. Quando lo si pratica, tutte le articolazioni della colonna vertebrale devono essere rilassate; occorre fare del proprio meglio per curvare le articolazioni una ad una dalla cima alla base della colonna, evitando che si incurvino in basso diverse vertebre insieme. Stessa cosa quando si solleva il corpo in alto: inarcare la colonna e allungare per sollevarsi dalla base alla cima, articolazione dopo articolazione.

Benefici
Questa sezione si concentra sul *Dumai*, il Vaso Governatore, lavorando insieme ad i canali di vescica. Il movimento di Piegare il Corpo Inarcare la Schiena permette di rilassare e aprire tutte le articolazioni della colonna vertebrale, di migliorare le funzioni di contrazione sia dei muscoli che dei tendini della schiena e dei legamenti della spina dorsale. Inoltre migliora le funzioni di *Dumai* come anche dei canali di vescica. Tutti gli organi interni hanno dei punti energetici importanti sui canali di vescica, e i canali di vescica trasmettono il *qi* di tutti questi organi attraverso tali punti. *Dumai* controlla il *qi yang* di tutto il corpo, quindi la pratica di questa sezione è importante nelle arti marziali per raccogliere il *qi* all'interno delle ossa. E'

inoltre una pratica fondamentale per chiudere tutti i punti energetici del corpo. Nella guarigione, questo metodo può essere usato per il trattamento dei problemi dei muscoli posteriori, della colonna vertebrale e dei reni.

Sezione Sei: Ruotare la Vita, Fare vorticare le Anche, Portare il Qi Dietro Indietro nel Dantian
Zhuan Yao Shuan Kua Qi Gui Tian

Requisiti di movimento

图 3-39   图 3-40

1. Girare i palmi uno di fronte all'altro. (Fig. 3-39) Far scendere le mani per tirare il *qi* in basso. Le mani scendono lungo le costole, i palmi si posizionano sulla vita. Separare i piedi, camminando sul *qi*, posizionarli paralleli e leggermente più larghi delle spalle. Accovacciarsi leggermente, le ginocchia non devono superare la punta dei piedi. (Fig. 3-40)

2. Rilassare le articolazioni dell'anca; utilizzarle come perni per ruotare il bacino. Ruotare dapprima a sinistra disegnando nove cerchi: davanti, sinistra, indietro, destra, poi ruotare a destra: davanti, destra, indietro, sinistra, disegnando nove cerchi. (Fig. 3-41, 3-42)

图 3-41   图 3-42   图 3-43   图 3-44

3. Curvare *weilu* per tirare il bacino in avanti e poi indietro per nove volte. (Fig. 3-43, 3-44)

Punti chiave dei movimenti

Apparentemente semplice, questa sezione è in realtà difficile da praticare. All'inizio occorre piegare leggermente le gambe e praticare soltanto il movimento di rotazione delle anche. Più in là nella pratica si può iniziare a disegnare un cerchio completo avendo come guida *weilu*. Si utilizzano i glutei per assistere *weilu* nel compiere il movimento. Mantenere il tronco dritto. Per esempio, quando si gira a sinistra il movimento va in avanti, a sinistra, indietro, a destra; per una più chiara descrizione separiamo i movimenti. (1) Spostare il peso del bacino nell'anca sinistra, il basso addome spinge i glutei verso il lato sinistro. (2) I glutei disegnano un mezzo cerchio intorno alla schiena fino all'anca destra e il peso del bacino si sposta verso l'anca destra. (3) Il basso addome spinge verso destra. (4) Il basso addome disegna un mezzo cerchio verso la parte frontale fino all'anca sinistra. Il peso del bacino si sposta verso l'anca sinistra.

Per curvare *weilu* in avanti e indietro occorre aiutarsi con la contrazione ed il rilassamento dei muscoli dei glutei e di *huiyin* per completare il movimento. Per chi inizia questo è un requisito importante; più avanti, oltre ai muscoli si potrà usare anche il *qi* del *dantian* inferiore per supportare il movimento di *weilu*. Questa sezione rappresenta il movimento più difficile nel metodo per l'Integrazione di Corpo e Mente ma è molto importante nel qigong e nelle arti marziali, per questo deve essere praticato diligentemente.

Benefici

La pratica di questa sezione permette di rilassare e aprire la parte bassa della schiena, di allungare *weilu* indirizzandolo verso il basso, di muoverlo e di chiudere *huiyin*. Ciò permette di allargare il dantian inferiore, di raccogliere il *qi* e tenerlo immagazzinato. Inoltre la rotazione di *weilu* attiva il *qi yang* e lo fa sollevare lungo il *Dumai*; questo è un altro metodo per trasformare l'essenza (*jing*) in *qi*, ed è ottimo per trattare problemi all'addome.

Sezione Sette: Piedi in Linea, Aprire le Articolazioni delle Anche e Sacro-Iliache

Ping Zu Kai Kua Fen Qian Hou

Requisiti di movimento

Aprire le Articolazioni dell'Anca

1. Ruotare la punta delle dita dei piedi all'esterno, piedi in linea alla stessa larghezza delle spalle, gambe dritte, corpo centrato. (Fig. 3-45)

2. Rilassare le mani, ruotare i palmi in alto, le dita in avanti, i gomiti indietro. Spingere gli avambracci in avanti, i gomiti verso il basso accanto alle costole in modo da formare un angolo retto con la parte superiore delle braccia. Sollevare la parte superiore delle braccia e nello stesso tempo chiudere a poco a poco i gomiti in modo che siano leggermente più stretti rispetto alle spalle; le mani davanti alla fronte, il centro dei palmi guarda *yintang* (Fig. 3-46)

3. Ruotare i palmi all'esterno, guidando il movimento con i mignoli. Aprire la parte superiore delle braccia lateralmente in una linea. Abbassare gli avambracci alla stessa altezza delle spalle. (Fig. 3-47)

图 3-45   图 3-46   图 3-47

4. *Tong Bi*: le braccia eseguono il movimento di contrarre a sinistra, di estendere a destra, di contrarre a destra ed estendere a sinistra, come il movimento di un serpente; attraverso *Tong Bi* si guidano il busto, la vita, le anche, le gambe, in un movimento naturale da sinistra a destra, da destra a sinistra (Fig. 3-48)

图 3-48   图 3-49

5. Piegare le ginocchia e le anche, accovacciarsi. Con le cosce parallele

95

al terreno, mantenere il corpo dritto e centrato. Nello stesso tempo, le braccia seguono il corpo e si abbassano passando oltre le ginocchia; con i palmi che si chiudono davanti alle gambe.

6. Sollevare i palmi davanti al petto in posizione di preghiera (Fig. 3-49). Ruotare le dita e i palmi, disegnare un cerchio; le spalle, i gomiti, le braccia seguono il movimento in modo naturale. Ruotare a sinistra poi a destra tre volte per ciascun verso.

7. Sollevarsi tirandosi su dal *baihui*. I palmi seguono, si sollevano lungo il petto fino a *yintang*. I gomiti sono leggermente chiusi; la larghezza è un poco più stretta di quella delle spalle (fig. 3-50)

8. Ripetere questa sequenza di movimento dalla 3 alla 7, da cinque a sette volte in tutto.

9. Per finire, alzarsi mantenendo le mani in posizione di preghiera davanti al petto. (Fig. 3-51)

图 3-50   图 3-51

Aprire le articolazioni sacro-iliache

1. Ruotare la punta del piede sinistro verso l'interno, il tallone destro all'esterno, la punta dei piedi il più possibile rivolta verso l'interno. La distanza tra le due punte deve essere all'incirca quanto la lunghezza del proprio piede. Inclinare il busto in avanti di 35°.

2. Raddrizzare le gambe, spingere i glutei indietro e aprire le articolazioni sacro-iliache; spingere la zona lombare in avanti; spingere anche le braccia in avanti in modo che formino un cerchio alla stessa altezza delle spalle; aprire il petto ma senza spingerlo in avanti. Ritrarre il mento, tirare la testa in alto. Nelle mani la "Bocca di Tigre" guarda in alto. Le punte dei medi una di fronte all'altra, distanti circa quanto la larghezza delle proprie quattro dita. Il centro dei palmi guarda verso l'interno, a livello di *yintang* (Fig. 3-52, 3-53)

图 3-52   图 3-53

3. Piegare le ginocchia e portarle leggermente all'interno, accovacciarsi leggermente. Aprire i glutei e l'area intorno al perineo. Nello stesso tempo, sollevare e aprire le braccia verso l'esterno disegnando un arco, con i palmi che guardano verso l'alto come se si tenesse qualcosa. Tirare all'interno l'addome inferiore, rilassare la zona lombare della schiena; inclinare indietro l'area sopra *tanzhong*; testa indietro, guardare il cielo; ritrarre il mento. (Fig. 3-54 AB)

a)   b)

图 3-54 b

4. Spingere la testa in alto, raddrizzare le gambe; spingere i glutei indietro ed aprire le articolazioni sacro-iliache. Inclinare la parte superiore del corpo in avanti di circa 35°. Tirare verso l'alto la testa, ritrarre il mento; contemporaneamente le braccia disegnano un arco e lo tengono davanti alle spalle. Il centro dei palmi guarda verso l'interno all'altezza di *yintang*.

5. Ripetere dal 2 fino al 4, da cinque a sette volte in tutto.

6. Per finire, spingere la testa su e sollevarsi; le mani disegnano un arco, sollevarle sopra la testa con i palmi che si guardano l'un l'altro. Tirare il

centro dei palmi verso l'interno, i polsi alla larghezza delle spalle e i palmi verso la sommità della testa. (Fig. 3-55) Rilassare le spalle, abbassare i gomiti, abbassare le mani oltrepassando il viso fino al petto; ruotare i palmi all'interno, farli scendere lungo le costole, e posizionarli sulla vita. Chiudere i piedi camminando sul *qi*. (Fig. 3-56)

图 3-55　　图 3-56

Punti chiave dei movimenti

Il movimento di Aprire le Articolazioni dell'Anca deve essere fatto lentamente. Il corpo deve essere mantenuto in equilibrio, in particolar modo quando ci si accovaccia e ci si abbassa. Il punto fino al quale far scendere il corpo dipende dalle proprie capacità; non bisogna forzare troppo.

Quando si aprono le articolazioni sacro-iliache mentre ci si inclina in avanti, i piedi devono essere rilassati con una piccola pressione sugli alluci. Questo mobilita il *qi* e aumenta in particolare quello della vescica e dei canali di vescica biliare che scorrono lungo la parte posteriore ed esterna delle gambe; in quel punto ci sarà indolenzimento. La spinta in avanti della parte lombare della schiena permette di unire insieme il *qi* dei due canali al livello di *yaoyan* (ciascun lato della colonna vertebrale) e in quella zona ci sarà dolore.

Quando si esegue il movimento di Testa Indietro, Guardare il Cielo, le aree del perineo e delle articolazioni dell'anca devono essere arrotondate e aperte. Usare la mente per percepire le mani come se tenessero qualcosa.

Benefici

L'apertura delle articolazioni dell'anca costituisce la base per eseguire la posizione seduta del Fiore di Loto. Questo esercizio permette inoltre al *qi* di tutto il corpo di aumentare e diminuire, aprirsi e chiudersi. I praticanti devono farne esperienza da soli.

L'apertura delle articolazioni sacro-iliache può allargare il *dantian* inferiore e raccogliervi il *qi* all'interno. L'apertura di queste articolazioni infatti aumenta la capacità del *dantian* inferiore di assorbire il *qi*. Un altro beneficio della posizione in cui ci si inclina in avanti è quello di permettere al *qi* centrale di scendere fino al *dantian* inferiore.

Questa sezione rinforza il *qi* degli arti inferiori e ne permette un flusso migliore.

Sezione Otto: Inginocchiarsi in Giù Verso i Piedi, le Tre Articolazioni Connesse
Xi Gui Zu Mian San Jie Lian

Requisiti del movimento

1. Unire i piedi, corpo centrato e dritto.

図 3 57

2. Contrarre i glutei, spingere in avanti le articolazioni dell'anca, aprire le scapole e portare i gomiti in avanti, tirare all'interno il petto e l'addome; rilassare la vita; spingere la testa in alto, ritrarre il mento; rilassare le ginocchia, rilassare i polsi, inginocchiarsi quanto più possibile, con il busto e le cosce in linea. Rimanere in questa posizione; più a lungo la si mantiene maggiore sarà l'effetto. (Fig. 3-57)

3. Spingere il *baihui* avanti e in alto, guidando il corpo a sollevarsi lentamente. Rilassare tutto il corpo.

Punti chiave dei movimenti

La contrazione dei glutei, la chiusura delle anche e la loro spinta in avanti permette di allineare il tronco e le cosce, favorendo a sua volta lo spostamento del peso della parte superiore del corpo verso le ginocchia; ciò è molto importante. Quando ci si alza, è il *baihui* a sollevare lentamente tutto il corpo in alto, mentre il peso gradualmente si sposta dalle ginocchia ai piedi.

Benefici
Sia le arti marziali che il qigong pongono l'accento sulla connessione delle tre articolazioni. I quattro punti delle tre articolazioni che si connettono sono le spalle, i gomiti e i polsi; le anche, le ginocchia, le caviglie per gli arti inferiori; e le tre articolazioni di ciascuna delle dita delle mani e dei piedi. Questa sezione allena principalmente le tre articolazioni degli arti inferiori. Il rilassamento delle ginocchia porta il *qi* a scorrere fino ai piedi. Inginocchiarsi per portare il proprio peso sulle ginocchia aumenta la resistenza del *qi* e del sangue in queste articolazioni, poiché vengono raccolti e bloccati proprio in quell'area. È come creare una diga; quando il livello dell'acqua aumenta, la pressione diventa più forte; quando poi il *baihui* solleva il corpo in alto, la resistenza delle ginocchia viene ridotta e il *qi* che si è raccolto precipita subito in basso nelle gambe, proprio come quando si apre una diga e l'acqua scorre giù. Si può sentire un flusso caldo andare attraverso le caviglie, persino al centro dei piedi. La pratica ripetuta di questa sezione permette una piena connessione delle tre articolazioni degli arti inferiori e una migliore integrazione di *qi* e sangue in quest'area.

Sezione Nove: Spingere la Gamba all'Esterno, Flettere il Piede, Disegnare il Taiji
Tan Tui Qiao Zu Miao Tai Ji

Requisiti di movimento
1. Corpo centrato e dritto, spostare il proprio peso a destra, sollevare la gamba sinistra, la coscia orizzontale rispetto al pavimento, il polpaccio sospeso giù in modo naturale. (Fig. 3-58) Flettere la punta del piede in alto poi curvarla in basso da tre a cinque volte. Ruotare il piede all'interno, poi verso l'esterno da tre a cinque volte [prima esterno, in alto, interno e in basso poi interno, in alto, esterno e in basso]. Il movimento deve essere fatto lentamente e uniformemente, con il corpo dritto.

2. Flettere la punta del piede in giù poi spingere delicatamente la gamba all'esterno e in diagonale; gamba dritta. (Fig. 3-59)

図 3-58   図 3-59

3. Flettere la punta del piede in alto, spingere il tallone, curvare la punta del piede in basso, da tre a cinque volte.

4. Ruotare la punta del piede verso l'interno poi verso l'esterno tre volte [esterno, in alto, interno e in basso, poi all'interno, in alto, esterno e in basso]. Questo movimento deve essere fatto lentamente e uniformemente, mantenendo il busto dritto.

5. Curvare l'alluce verso l'interno, tirare il calcagno indietro, riunire i piedi.

6. Con la gamba destra ripetere gli stessi movimenti eseguiti con la gamba sinistra, ruotando specularmente.

Benefici
Spingere la Gamba all'Esterno Diagonalmente mobilita principalmente i canali di stomaco. Flettere la Punta dei Piedi mobilita principalmente i tre canali *yang* dei piedi. Spingere i Talloni all'esterno mobilita principalmente i tre canali *yin*. I canali *yin* e *yang* hanno una influenza e un beneficio vicendevoli. Disegnare un Cerchio con i Piedi fa muovere le caviglie in modo da mobilitare *il* qi e permettergli di raggiungere le dita dei piedi. Curvare in basso l'alluce può attivare i tre canali *yin* del piede. Nelle precedenti sezioni si lavorava maggiormente sui canali *yang*; questa sezione mobilita i tre canali *yin* del piede ed mette in equilibrio *yin yang*. Le sezioni Sette, Otto e Nove sono indicate per problemi alle articolazioni, ai muscoli e ai tendini degli arti inferiori, e possono essere usate anche per trattare problemi al fegato e ai reni.

Sezione Dieci: Ritorno del Qi all'Uno, Ruotare lo Hunyuan
Hui Qi Gui Yi Zhuan Hun Yuan

Requisiti del movimento

Lo Hunyuan ritorna all'Uno

1. Rilassare le mani, ruotare i pollici in avanti e aprire la Bocca di Tigre in modo che guardi verso l'alto. Incavare leggermente i palmi, che si guardano l'un l'altro alla larghezza delle spalle. Spingere le mani in avanti e verso il basso fino al livello del *dantian* inferiore. Sollevare il *qi* in alto sopra la testa, le mani una di fronte all'altra tengono una sfera di *qi*. (Fig. 3-60)

2. Rilassare tutto il corpo, rilassare le spalle, abbassare i gomiti, ruotare il corpo a sinistra; le braccia si abbassano tracciando un arco (Fig. 3-61) Nello stesso tempo il corpo si abbassa accovacciandosi, restando il più possibile dritto; bisogna prestare attenzione a non spingere indietro i glutei. Accovacciarsi mentre i palmi passano davanti alle ginocchia, con i polsi rilassati e le dita che puntano verso il basso. (Fig. 3-62)

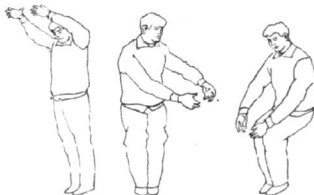

图 3-60   图 3-61   图 3-62

3. Ruotare la parte superiore del corpo a destra; sollevare le spalle, i gomiti e i polsi, sollevare le mani in alto e disegnare un arco sopra la testa.

4. Ripetere dall' 1 al 3 altre due volte.

5. Ripetere lo stesso movimento come descritto sopra, questa volta ruotando con le braccia che si abbassano verso destra e si sollevano da sinistra, sempre per tre volte. Mani sopra la testa, ripetere per tre volte il movimento della Testa di Gru in Avanti come descritto nella Sezione Uno.

Ritorno del Qi all'Uno

1. Tenere una sfera di *qi*; avvicinare quasi a chiudere la base dei palmi (Fig. 3-63), poi il loro centro, quindi le dita (le mani non si toccano in nessun passaggio). Con i polsi quasi alla sommità della testa, rilassare le spalle e abbassando i gomiti guidare i palmi, aprendoli dalla base fino alle dita man

102

mano che vengono abbassati. La punta delle dita si dirige verso la punta delle orecchie, le mani e gli avambracci sono in linea. Sollevare di nuovo le mani in alto nello stesso modo in cui sono state abbassate; il movimento è quindi prima di chiusura e poi di apertura, come se si volesse formare una X. (Fig. 3-64 A, B) Ripetere questo movimento tre volte.

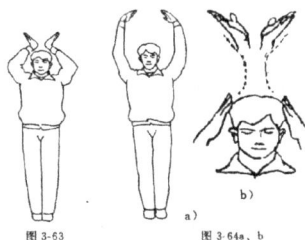

图 3-63　　　　　图 3-64a、b

2. Le mani sopra la testa, riversare il *qi* in basso come se fosse all'interno della testa. Rilassare le spalle, abbassare i gomiti, fare scendere le mani giù davanti al corpo, davanti al petto, ruotando i palmi verso l'interno con la punta delle dita che si guardano. (Fig. 3-65) Scendere e passare l'addome; ruotare le dita in basso, fare scendere le mani lungo la parte frontale delle gambe, porre i palmi sopra i piedi. Poggiare le dita delle mani sulle dita dei piedi (Fig. 3-66)

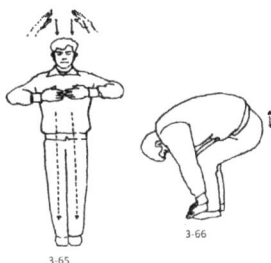

3-65　　　　3-66

3. Premere le mani in basso, le ginocchia vanno in avanti. La mente pensa al centro dei palmi connesso con la terra attraverso il centro dei piedi. Connettersi con la terra, quindi sollevarsi dal *mingmen* mentre i glutei si muovono verso dietro e in alto, le ginocchia leggermente sollevate; la mente tira il *qi* della Terra all'interno del corpo. Ripetere tre volte.

4. Sollevare leggermente le mani, tirare all'interno il centro dei palmi,

ruotarli uno di fronte all'altro e all'esterno davanti ai piedi, con la punta delle dita rivolta in basso. Con la propria mente tirare su una sfera di *qi* dalla Terra sopra i piedi. Ruotare i palmi in modo che guardino la parte interna delle gambe, tirare il *qi* verso l'alto, oltrepassare l'addome, ruotare le dita in modo che le punte si guardino e continuare a sollevarle fino al livello delle spalle. Separare le mani; guidando il movimento con i mignoli, ruotare i palmi in avanti e posizionarli davanti alle spalle. (Fig. 3-67)

5. Sollevare il polso destro, spingere la mano avanti. Il braccio quasi dritto, rilassare il polso; rilassare, abbassare e ruotare il palmo e le dita. Ruotare il palmo a sinistra guidando il movimento con il mignolo. Ruotare il busto a sinistra di 90° con la zona lombare come perno; la mano segue; tirare il *qi* verso sinistra per 90° (Fig. 3-68) Premere il punto energetico *zhongkui* con il pollice, mentre le altre quattro dita sono chiuse delicatamente. (Fig. 3-69) Piegare il gomito; la mano continua a raccogliere il *qi* fin dietro la spalla poi passa sopra di essa; nello stesso tempo il corpo ritorna in posizione frontale. Premere il punto *qihu* di sinistra con il dito medio destro. (Fig. 3-70)

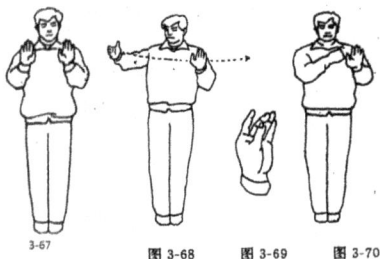

3-67   图 3-68   图 3-69   图 3-70

6. Sollevare il polso sinistro, la mano sinistra si spinge avanti. Ripetere a specchio il punto 5.

7. La parte superiore delle braccia è a 45° rispetto al busto, gli avambracci si incrociano davanti al petto. Respirare per tre volte. Quando si inspira si preme *qihu*. Quando si espira si rilassano leggermente le dita medie e silenziosamente si pronunzia *"hong"* o *"tong"*. (Fig. 3-71) I principianti possono pronunziare *"tong"* ad alta voce.

8. Aprire il mudra. Spingere gli avambracci in avanti formando un angolo retto con la parte superiore delle braccia, girare in alto i palmi. Ruotare le mani in modo che le basi dei palmi si uniscano. Questa posizione

104

prende il nome di "Palmi a Fiore di Loto". (Fig. 3-72). Chiudere poi in posizione di preghiera.

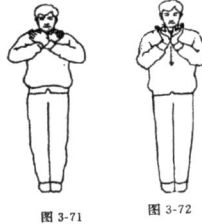

图 3-71　　　图 3-72

Punti chiave dei Movimenti

Lo Hunyuan Ritorna all'Uno è un movimento che coinvolge tutto il corpo. Gli arti superiori, gli arti inferiori e il busto devono muoversi in archi e cerchi. Le articolazioni devono essere rilassate come anche i movimenti, che devono risultare armoniosi. La rotazione del corpo e degli arti è integrata in un intero. Quando si eseguono le torsioni iniziali occorre che il busto si inclini leggermente all'indietro. I movimenti devono essere continui e svolti ad una velocità costante.

Anche i movimenti di Ritorno del Qi all'Uno devono essere continui e naturali, arrotondati e fluidi. Quando si porta il *qi* intorno e dietro le spalle, poi sopra *qihu*, si deve avere la sensazione di raccogliere il *qi* e di portarlo dietro.

Benefici

Le sezioni precedenti lavorano su diverse parti del corpo mobilizzando il *qi* dei canali e il sangue. Come conseguenza, il *qi* fluisce in maniera diversa in alcune parti del corpo piuttosto che in altre. La prima parte della Sezione Dieci lavora sul *qi* di tutto il corpo, in modo che si fonda insieme per diventare un tutt'uno, motivo per cui viene chiamato il Ritorno dello Hunyuan all'Uno. La Testa di Gru in Avanti, ripetuta tre volte, mobilita invece il *qi* verso *tianmen*.

Nelle precedenti sezioni del Metodo per l'Integrazione di Corpo e Mente viene formato un campo di *qi* intorno al corpo. L'obiettivo principale del Ritorno del Qi all'Uno è quello di tirare questo campo di *qi* all'interno del corpo. Quasi all'inizio, la Testa di Gru mobilita il *qi* per sollevarlo; andando avanti nel metodo, anche la pronunzia del suono *"tong"* viene utilizzata per mobilitare il *qi* e sollevarlo in alto. Questi due modi di portare in alto il *qi* sembrano identici nel loro risultato, in realtà ciò che differisce è il grado di sottigliezza del *qi*; ciascuno farà da sé la propria esperienza attraverso la pratica.

Chiusura

Le mani davanti al petto, i pollici vicino al punto energetico *tanzhong*, aprire e chiudere tre volte. L'apertura dei palmi non deve essere più grande della distanza tra i capezzoli. (Fig. 3-73) Chiudere quindi i palmi quasi a toccarsi. Sollevare la punta dei pollici davanti la punta del naso. Aprire e chiudere tre volte. Non aprire oltre gli zigomi. I palmi quasi si toccano, sollevare in modo che le articolazioni finali dei pollici si trovino davanti a *yintang*. Aprire e chiudere tre volte. Nell'apertura occorre non superare il centro delle sopracciglia. I palmi quasi si toccano, sollevarli fino alla sommità della testa, i pollici verso *xinmen*. Aprire e chiudere tre volte. La larghezza dell'apertura non deve oltrepassare il centro delle sopracciglia. I palmi quasi si toccano, sollevarli a circa 10 cm sopra *baihui*. Aprire e chiudere tre volte. Non aprire oltre le Corna di Drago.

Chiudere i palmi e sollevarli, allungarsi. Separare le mani, ruotare i palmi in avanti, abbassarli lateralmente. Quando sono quasi in linea, guidare il movimento con i mignoli per girare i palmi in alto e chiudere le braccia in avanti alla larghezza delle spalle. Tirare i palmi e le braccia leggermente verso l'interno, irradiare *yintang* con la punta delle dita medie. Abbassare i gomiti, portare i palmi indietro, con i medi premere *dabao* tra la sesta e la settima costola. Spingere le mani indietro, aprire lateralmente. Guidare il movimento con i mignoli per ruotare i palmi in avanti; tirare il *qi* in avanti, versarlo all'interno del *dantian* inferiore. (Fig. 3-74, 3-75) Posizionare i palmi sovrapposti davanti al *duqi*, gli uomini con il palmo sinistro verso l'interno, le donne con il destro.

图 3-73   图 3-74   图 3-75

Ruotare l'addome in senso antiorario: sinistra, su, destra, giù, da un cerchio più piccolo ad uno più grande in nove rotazioni. Poi ruotare in senso orario: destra, su, sinistra, giù, dal più grande al più piccolo in nove rotazioni. (Nella rotazione più grande i palmi non dovrebbero andare sopra il punto energetico *zhongwan* o sopra le ossa pelviche). Porre i palmi sul *duqi*, raccogliere e nutrire il *qi* in tranquillità per breve tempo. (Fig. 3-76) Separare le mani lateralmente, aprire gli occhi lentamente.

图 3-76

Apparentemente semplici, i movimenti della chiusura portano in sé benefici ed effetti difficili da descrivere. In particolare, occorre una piena concentrazione per sperimentare con attenzione i movimenti delle cinque aperture e chiusure. L'esecuzione di ciascuno di essi influisce in maniera importante sull'apertura e chiusura del *qi* di tutto il corpo, ed è anche un metodo basilare per aprire *tianmen* e portare la mente all'interno del Palazzo. La pratica personale deve essere quindi "*wai jing nei jing, xin cheng mao gong*", come se ci si stesse occupando di una persona molto importante. Dopo un lungo periodo di pratica si potranno presentare in modo naturale esperienze sottili e affascinanti.

SPIEGAZIONI DETTAGLIATE DEI PUNTI CHIAVE DEL METODO PER L'INTEGRAZIONE DI CORPO E MENTE

Il Metodo per l'Integrazione di Corpo e Mente è al secondo stadio dei Metodi Dinamici del Zhineng Qigong ed allena lo *hunyuan* interno. Attraverso la pratica delle sue dieci sezioni si possono allungare i tendini e le ossa, rendere il *qi* interno abbondante ed aprire bene il *qi* di tutto il corpo in generale. La sua pratica porta benefici come maggiore vigore e grazia, una buona apertura dei canali (*jingmai*), la cura delle malattie e il miglioramento della salute, nonché lo sviluppo della saggezza. Il Zhineng Qigong si basa

107

sulla teoria dello *hunyuan qi* originario, come anche la sua pratica. Quest'ultima non si concentra sulla circolazione del qi all'interno dei meridiani, ma poiché i canali per natura influenzano l'attività vitale umana, quando si parla dei benefici di ciascuna sezione si menzionano anche i benefici dei canali, e talvolta si menziona la circolazione di *renmai* (Vaso Concezione) e *dumai* (Vaso Governatore).

Preparazione e Apertura

Si inizia recitando silenziosamente le Otto Frasi, in modo da portare il praticante da uno stato di non qigong ad uno stato di qigong. Le prime due frasi sono "*Ding tian li di, xing song yi chong*". Proprio per sottolineare "*ding tian li di*", essa è la prima frase. In realtà l'ordine giusto per regolare il proprio stato dovrebbe essere prima la frase *"xing song yi chong*". Mantenendo la postura corretta, rilassare tutto il corpo dalla testa ai piedi, quindi la mente espande tutto il corpo. Quando la mente si espande nella testa, occorre pensare che la testa sia il cielo, senza andare all'esterno del corpo. Quando la mente espande nei piedi, occorre pensare che i piedi siano la Terra. Quando si pratica il metodo del Sollevare il Qi e Riversarlo dalla Testa, con *"ding tian li di*" la mente immagina la testa unita al cielo e per fare ciò essa si espande all'esterno verso il cielo; i piedi sono nella terra e la mente è connessa con il *qi* esterno. Quando invece si pratica il Metodo per l'Integrazione di Corpo e Mente si deve immaginare che la testa sia il cielo e i piedi siano la terra. Il raggiungimento di questo stato richiede la consapevolezza di due punti:

i) Quando si pensa al Cielo e alla Terra non li si deve immaginare come esterni al corpo, piuttosto la mente deve espandersi all'interno di questo.

ii) Quando con la mente si pensa ad espandersi dall'interno, si deve aprire e andare attraverso la pelle della sommità della testa e della pianta dei piedi. Questo significa che non c'è distinzione tra la testa e il cielo o tra i piedi e la terra, si fondono insieme. In questo modo la mente potrà espandersi in alto fino a percepire la testa come se fosse il cielo e in basso fino ai piedi per sentire che essi sono la Terra.

Le due frasi successive sono "*wai jing nei jing, xin cheng mao gong*". In effetti esse posseggono un solo significato. L'esperienza che si prova è di rispetto e il cuore deve essere tranquillo e calmo. "*Cheng*" significa chiaro, pulito, puro, senza impurità interne. Quando si recitano queste due frasi si deve avvertire nel cuore e nella mente uno stato di solenne rispetto che porterà alla trasformazione del *qi* interno e ad una mente molto tranquilla e concentrata. Ecco perché nei tempi antichi i Maestri insegnavano agli studenti il rispetto per i Maestri e per il Tao. Alcune religioni si concentrano su Dio o su Buddha per le stesse ragioni. L'obiettivo di questo rispetto è cambiare il proprio *qi* interno, liberarsi della mente-scimmia della vita quotidiana e concentrarsi per entrare in uno stato di qigong. "*Yi nian bu qi, shen zhu tai kong*" è un ulteriore requisito per uno stato tranquillo e concentrato. Per evitare il sorgere di pensieri, la mente si concentra e si unisce allo spazio. Grazie allo stato raggiunto con la frase "la testa è il Cielo, i piedi sono la Terra", il nostro corpo diventa un spazio grande e il vuoto si trova all'interno di esso. Quindi con la frase *"shen zhu tai kong"* la mente, che si trova sempre all'interno del corpo, percepisce lo stato "*kong kong dang dang*".

"Shen yi zhao ti, zhou shen rong rong": dopo che la mente sente il vuoto, si concentra ancora di più per controllare il corpo e lo illumina all'interno; dopo questo passaggio il *qi* può essere percepito in uno stato molto armonioso. A questo punto si può iniziare a praticare.

Ripetere le Otto Frasi porta la mente da uno stato distratto e caotico a uno stato di concentrazione e calma. Ci si muove dalla sfera dal cuore terreno umano al cuore del Dao. Da uno stato di non qigong del cuore umano, si passa ad uno stato di qigong del cuore del Dao. Prima della pratica, recitare le Otto Frasi silenziosamente. Il modo di usare le Otto Frasi è diverso per alcuni aspetti rispetto a quello del metodo del Sollevare il Qi e Riversarlo dalla Testa. E' un aspetto da non trascurare e da trattare in modo serio. Una volta entrati in un buono stato di qigong, si inizia la Preparazione.

Vi sono due modi per allenare i movimenti della Preparazione. Si possono praticare basandosi sullo *hunyuan* esterno, ossia la mente si espande all'esterno connettendosi con il mondo naturale, esattamente come nella preparazione del metodo del Sollevare il Qi in Alto e Riversarlo dalla Testa. L'altro modo è costituito dalla pratica dello *hunyuan* interno, in cui la mente immagina che la testa sia il cielo e i piedi siano la terra. Il cielo e la Terra sono nel corpo. Le braccia e le gambe sono parte del cielo e della terra, senza la sensazione della pelle che ricopre il corpo. Il punto fondamentale della pratica dello *hunyuan* interno è quello di sentire e osservare con la mente il movimento senza usare però un'osservazione troppo pesante [con mente leggera, semplicemente consapevoli dell'osservazione]. Praticando in questo modo ci si potrà sentire come se si fosse un essere enorme che pratica.

Le posizioni di questo metodo sembrano angolari ma devono essere sentite dal praticante arrotondate e morbide. Per iniziare, i mignoli guidano il movimento rotatorio dei palmi che dall'interno ruotano indietro, quindi guidano le altre dita nel sollevare i palmi, tutto questo in un unico movimento circolare. Non sono soltanto le dita e i polsi a ruotare, poiché insieme ruota anche la parte superiore delle braccia; in questo modo si può mobilizzare una maggiore quantità di *qi*. Quando si tira il *qi* della Terra, le spalle e i gomiti devono essere rilassati e muoversi insieme agli avambracci. Rilassare i polsi, girare i palmi uno di fronte all'altro; con la "Bocca di Tigre" che guarda in avanti, sollevare il *qi* in alto fino al livello dell'ombelico, irradiarlo. Per tutta la durata di questi movimenti la parte superiore delle braccia deve muoversi congiuntamente alle altre parti. Tutti i movimenti di rotazione devono essere rotondi.

Ruotare i palmi in giù, aprire le braccia all'esterno verso la schiena; questo è un movimento ad arco, con le mani che per tutto il tempo restano al livello dell'ombelico. Quando si irradia *mingmen*, i gomiti devono essere ruotati leggermente verso l'esterno. Con i mignoli quindi guidare i palmi e i polsi sotto le ascelle; le dita medie premono il punto energetico *dabao*. Le dita medie possono disegnare un piccolo cerchio per aprire il punto. Se *dabao* è aperto lo saranno anche tutti i canali collaterali. Spingere le mani in avanti, utilizzando i gomiti per muoverle all'esterno, fino a che le braccia non sono quasi dritte ma non completamente; irradiare *yintang* utilizzando solo la punta dei medi leggermente piegati. Si potrà avvertire su *yintang* una sensazione leggera di espansione.

I palmi e le braccia si aprono verso l'esterno guidati dalle spalle, che conducono anche i gomiti permettendo in questo modo di percepire l'espansione completa delle braccia. Contemporaneamente i palmi ruotano in modo naturale insieme alle braccia tanto che quando si posizionano lateralmente al corpo essi guardano in avanti. La postura e il movimento delle mani devono essere rotondi. Guidando il movimento con i mignoli, ruotare i palmi in giù e poi in alto. Sollevare i palmi disegnando un arco; chiuderli sopra la testa. Le braccia devono allungarsi il più possibile [allungando ma senza tensione] e in modo delicato. Quando poi si fanno scendere le mani, occorre andare giù in modo dritto fino alla sommità della testa, poi portarle davanti ad essa ed abbassarle ulteriormente; i pollici devono guardare la linea centrale del corpo. Tenere le mani in posizione di preghiera di fronte al punto energetico *tanzhong* per due o tre secondi, in modo da permettere al *qi* di muoversi in modo naturale e trasformarsi all'interno del punto *tanzhong* e del *dantian* centrale. Tutti i movimenti della Preparazione devono essere fatti in modo morbido e rilassato.

Benefici della Preparazione e dell'Apertura
• Il *qi* interno e quello esterno si fondono insieme e viene mobilizzato il *qi* di tutto il corpo. Dopo una pratica lunga, nel momento in cui si fanno scendere le mani dalla sommità della testa si può sentire il *qi* attraversare il centro del corpo oppure si può avere la sensazione che il corpo sia separato in due metà. Queste sensazioni non devono però essere ricercate.

• Molte rotazioni delle mani sono guidate dai mignoli. Questo perché i mignoli appartengono ai canali del cuore, che con il movimento vengono mobilizzati permettendo così di riportare la mente all'interno del corpo [data la connessione tra cuore e mente].

• Le mani in posizione di preghiera fanno circolare il *qi* tra le dita delle due mani. La connessione dei due punti *laogong* equilibra il *qi* sia del lato destro che sinistro del corpo. Tenere i pollici davanti al punto *tanzhong* permette di fondere insieme il *qi* e il sangue, porta la mente all'interno del corpo e previene i pensieri distraenti. [Questo è dovuto al fatto che i pollici si connettono con la milza, che è *yi* (mente); quando i pollici si trovano davanti a questo punto, *yi* si connette con l'interno di *tanzhong* dove viene conservato il sangue, vicino al cuore. Dove si trova la mente, lì il *qi* si raccoglierà, e il *qi* e il sangue si fonderanno insieme; quando i pollici si posizionano davanti a *tanzhong*, è lì che la mente viene portata].

Sia la recitazione silenziosa delle Otto Frasi che l'esecuzione dei movimenti di Apertura regolano la mente e mobilitano il *qi*, guidando uno in uno stato quieto di qigong.

Sezione Uno: Testa di Gru Testa di Drago, il Qi si Impenna in Alto nel Cielo

Testa di Gru Testa di Drago rappresenta il movimento guida del Metodo per l'Integrazione di Corpo e Mente
Dalla posizione delle mani in preghiera davanti al petto si separa la base dei palmi, che scendono lungo le costole e si posizionano sulla vita. I pollici premono sul punto energetico *jingmen*, che si trova sulla punta dell'ultima costola e la cui pressione produce un piccolo fastidio. Premendo questo punto si aiutano il *qi* e il sangue a fluire dolcemente nei canali principali. Il punto energetico *jingmen* controlla tutti i canali principali, mentre il punto *dabao* controlla tutti i canali collaterali. Quindi la parte iniziale del metodo per l'Integrazione di Corpo e Mente mobilita il *qi* dei canali principali e dei

111

collaterali lungo tutto il corpo, permettendo ai cancelli del *qi* presenti in tutto il corpo di aprirsi.

Testa di Grù

Il punto chiave della Testa di Gru è quello di ritrarre il mento e tirare il collo indietro e in alto. Quando si pratica la Testa di Gru in avanti, occorre per prima cosa ripiegare il mento il più possibile all'interno, poi tirare il collo in su guidando dal *baihui* e spingerlo in alto con il mento. Quando si tira il collo in su, *baihui* deve sollevarsi in alto in modo da spingere in alto il tronco e fargli seguire il movimento. Spingere la testa più in alto possibile e inclinarla indietro. Il mento va il più possibile in alto, poi in avanti, in basso e verso l'interno, disegnando un arco. La cima della testa segue, disegnando anch'essa un arco. Ripiegare il mento il più lontano possibile, sollevare il collo in alto. Con questi movimenti si disegna un cerchio completo.

I punti chiave della Testa di Gru all'indietro sono gli stessi. Quando si ripiega il mento e questo scende lungo il petto, si deve disegnare un arco verso la parte interna, non deve scendere lungo una linea retta. Occorre portare il mento il più possibile in basso, andare in avanti e in alto, disegnando un arco. Il busto segue nella spinta in alto. Il mento va in alto il più possibile. Poi si ritrae, sollevando da *baihui*, si spinge il collo in su con il busto che segue nel movimento verso l'alto. Il mento disegna un cerchio; occorre quindi ripiegare bene il collo verso l'alto altrimenti non si riesce a disegnare un cerchio corretto.

Per eseguire questo movimento i principianti devono usare il punto energetico *dazhui* come perno. Una volta divenuti familiari con la pratica, occorre includere nel movimento l'apertura e la chiusura delle spalle e del petto. Nel tirare il collo in su nella Testa di Gru in Avanti, il tronco si muove leggermente all'indietro, con le spalle e il petto che si aprono e con il petto leggermente in avanti –senza però spingerlo. Quando il mento va in avanti e in basso, le spalle si chiudono un poco in avanti e il mento è all'interno. Quando il mento va giù lungo il petto nella Testa di Gru Indietro, le spalle devono chiudersi e il petto deve andare verso l'interno. Quando il mento va in alto, il petto e le spalle si devono aprire.

Rilassare tutto il corpo. Quando si acquista familiarità con il movimento, il tronco si allunga e si contrae in modo naturale, mentre le spalle e il petto si aprono e si chiudono; il tronco si curva spontaneamente, seguendo il movimento della Testa di Gru. Quando si raggiunge un certo livello, si può usare *yintang* per disegnare un cerchio. In questo caso non bisogna usare il mento.

Ritrarre il mento all'interno e tirare il collo indietro mobilita il *qi* del *dumai* verso l'altro e apre i punti energetici nel *dumai*. Quando la testa è indietro, il punto energetico *yuzhen* si rilassa ed il *qi* scorre in modo naturale attraverso esso. Questo movimento solleva il *qi* da *weilu* fino a *dazhui*, *yuzhen* e fino alla sommità della testa. Quindi la testa va avanti e in basso, il mento si ritrae. Questo movimento manda il *qi* dalla cima della testa fino a *renmai* e al *dantian* centrale. Il movimento semplice di Testa di Gru mobilita il *qi* di *renmai* e *dumai*. Una volta che si riesce ad eseguire bene questo movimento, si potranno allungare verso l'alto anche il collo e il tronco in modo rilassato tanto da potere avvertire fluidamente e liberamente il movimento dal tronco fino alle gambe. Insieme alla posizione dei palmi sulla vita, si può mobilitare tutto il *qi* dei canali. Quando si arriva ad un certo stadio della pratica un solo cerchio di testa di Gru può guidare un circuito di *renmai* e *dumai*, anche se nel Zhineng Qigong non ci si concentra su questo circuito.

Testa di Drago

Il punto chiave della Testa di Drago è l'utilizzo della testa di drago per disegnare il simbolo dell'infinito (∞). I principianti possono immaginare di usare le loro mani per toccare le due corna ed aiutarsi nel movimento. Quando il corno sinistro si muove a sinistra, il lato sinistro del tronco si abbassa e si rilassa. Utilizzare le proprie mani per spingere il corno sinistro in alto. Sentire il corno che viene spinto e che tira in alto il lato sinistro del corpo. Inclinare quindi il corno destro a destra, abbassare e rilassare il lato destro del tronco. Spingere in alto il corno destro, disegnare un arco. Si muove tutta la colonna vertebrale in ogni articolazione. Bisogna fare del proprio meglio per non muovere il mento. Non si deve cercare di disegnare il simbolo "∞" in modo troppo preciso, piuttosto bisogna farlo in modo fluido; bisogna avere l'idea nella propria mente, semplicemente ascoltando e fluendo con il movimento. Una volta diventati abili nella sua esecuzione, tanto più piccolo si riuscirà ad eseguire il movimento di Testa di Drago quanto più grande sarà il suo effetto. Con questo piccolo movimento, il proprio stato interno migliorerà e la mente si solleverà insieme al movimento, mentre la colonna vertebrale si curverà per seguirlo. La colonna vertebrale si curva ed esegue un movimento a spirale molte volte muovendosi come un serpente. Con una pratica ancora più profonda non vi sarà più bisogno di utilizzare il corno di drago per disegnare il simbolo "∞", perché si potrà piuttosto utilizzare *baihui*. Ad un certo livello si deve sentire che il percorso del simbolo "∞" si trova all'interno della testa. (Fig. 3-77) Più il movimento è piccolo, meglio è perché vi è una migliore mobilizzazione dei canali energetici.

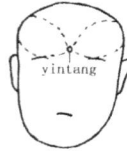

3-77

L'effetto del movimento delle corna di drago inizia con la mobilitazione dei canali di vescica biliare, poi con i canali del fegato. Quando si chiudono gli occhi e si esegue la Testa di Drago, gradualmente si avverte all'interno una sensazione di leggerezza e di benessere; questa è una manifestazione di *qi* yang puro che si solleva per nutrire il cervello.

La pratica di Testa di Gru Testa di Drago lavora per guarire il sistema nervoso centrale. La Testa di Gru mobilita *renmai* e *dumai*; la Testa di Drago mobilita i canali della vescica biliare. Entrambi hanno un effetto sulla testa. Nella Medicina Tradizionale Cinese si dice che il cervello sia il luogo dove è posta la sorgente della mente; la medicina occidentale pensa che la corteccia cerebrale della testa controlli tutto il corpo. Inoltre, con l'esecuzione del movimento Testa di Gru, si fa muovere la colonna vertebrale in avanti e indietro; quando invece si pratica Testa di Drago, si fa muovere la colonna vertebrale lateralmente a sinistra e destra; questo tipo di movimento allunga e interessa tutta la colonna vertebrale, massaggiando delicatamente e uniformemente le radici dei nervi connessi alla colonna stessa. Quindi questi movimenti migliorano la circolazione di *qi* e sangue nella colonna vertebrale e nel cervello.

Quando si pratica Testa di Gru Testa di Drago si devono avere delle informazioni come guida. Occorre dire a se stessi: "Eseguendo Testa di Gru e Testa di Drago sto cambiando tutto il fluire del *qi* del mio corpo"; occorre darsi questa buona informazione. I movimenti di Testa di Gru o Testa di Drago possono essere aggiunti ad altre sezioni di pratica, ad eccezione delle sezioni Quattro (Qi e Mente che si sollevano) e Cinque (Inclinare il Corpo). Qualora si faccia in questo modo, i movimenti devono essere effettuati più piccoli. Sia che si uniscano alle altre sezioni sia che si eseguano da soli, i benefici derivanti da questi movimenti saranno in ogni caso ottimi.

La Sezione Uno è una buona pratica per i vasi sanguigni del cervello, per i nervi del cervello, per le vertebre cervicali e per la colonna vertebrale, per vertigini, mal di testa, acufeni, disfunzioni del sistema nervoso e altri problemi in questa parte del corpo. Quando il sangue delle vertebre cervicali e il sistema circolatorio linfatico ritornano ad essere normali, i problemi alla testa svaniscono. Se si ha un problema alla testa, quando si pratica questa sezione si deve usare una affermazione gentile, ossia che il problema alla testa ed al collo è sparito. Poiché questa sezione regola tutto il sistema nervoso centrale, è anche salutare per problemi in ogni altra parte del corpo. Anche quando si praticano le altre sezioni si può utilizzare la buona informazione per affermare e guidare il miglioramento. Una affermazione gentile ha una grande influsso sulla nostra vita.

Gli scienziati hanno esaminato le persone sotto ipnosi. In uno stato di ipnosi, se si mette del ghiaccio sul braccio di una persona e gli viene detto che è carbone ardente, egli svilupperà una bolla sul suo braccio. Questo mostra che l'effetto della mente è molto forte. La psicologia moderna lo ha già provato e l'effetto della mente è stato scientificamente dimostrato. Se si danno sempre delle buone informazioni a se stessi, specialmente all'inizio della pratica, come per esempio – "io posso praticare bene il qigong, sono sicuro che posso ottenere buoni benefici, guarirò velocemente" – e poi si esegue la propria pratica, allora vi saranno dei benefici.

Ad un certo stadio della pratica si possono osservare i punti energetici mentre ci si allena. Quando si esegue Testa di Gru si osservano in profondità i punti energetici *baihui*, *yintang*, *dazhui*, *ruzhong* (capezzoli) e *fushe* (addome); questi punti sono chiamati le sette piccole stelle. Nel Metodo per l'Integrazione di Corpo e Mente l'osservazione delle sette piccole stelle è un modo iniziale per osservare i punti energetici. Altri sette punti energetici sono chiamati le sette grandi stelle, e sono: *baihui*, *huagai*, *mingmen*, *huantiao* (2) e *zuwaihuai* (2). [*zuwaihuai* si trova sulla parte esterna dell'osso della caviglia]. Quando si allenano le sette piccole stelle non si deve muovere le gambe. La testa e il tronco si muovono come un serpente, il petto si muove all'interno e all'esterno. Si possono sentire alcuni movimenti nei punti energetici *fushe* e *ruzhong*. Occorre prestare una leggera attenzione alle sette stelle, Sentire che vi è tra loro una connessione poi concentrarsi sulla pratica senza che la mente si fissi su di loro. Quando si allenano le sette grandi stelle, occorre rilassare tutto il corpo. La testa guida il tronco e le gambe nel muoversi come un serpente. La mente si connette alle sette grandi stelle.

Con la Testa di Drago devono essere praticate soltanto le sette grandi stelle. Rilassare tutto il corpo, la testa guida il tronco, le gambe si muovono come un serpente. La mente si connette alle sette grandi stelle.

L'osservazione dei punti energetici può aumentare la trasformazione del *qi* di tutto il corpo, ma deve essere fatto con il corpo totalmente rilassato.

Inoltre, il modo corretto di osservare i punti energetici è quello di esserne consapevoli senza però concentrarsi su di essi. Fissare la propria mente su di loro blocca infatti il fluire del *qi*. Ecco perché in passato l'osservazione dei punti energetici non veniva ampiamente insegnata.

Sezione Due: Contrarre le Spalle e il Collo, Tong Bi

Porre le mani sulla vita, ruotare i polsi, girare i palmi in su, spingere gli avambracci in avanti in modo che la parte superiore delle braccia formi un angolo retto con il corpo, le spalle come perno. Sollevare le braccia dalla parte frontale; la parte superiore delle braccia si alza fino ad arrivare alla stessa altezza delle spalle, aprire quindi lateralmente. Ruotare i palmi in modo che guardino all'esterno. Mantenere l'angolo retto durante tutti questi movimenti. Gli avambracci rimangono verticali, i polsi non si piegano. Non bisogna usare alcuna forza. Per eseguire bene questo movimento, l'apertura deve iniziare dal petto, i gomiti vengono spinti leggermente in avanti. Un errore comune che si riscontra è che la parte superiore delle braccia si trova sotto la linea orizzontale e non in linea con le spalle, in questo modo il praticante non può aprire totalmente le braccia lateralmente né le mani possono ruotare completamente all'esterno, gli avambracci e le mani non sono in linea retta né in verticale. La postura dei principianti appare molto angolare, mentre dovrebbe essere angolare all'esterno ma percepita arrotondata all'interno. [Per aiutarsi in questo occorre usare la propria mente e il *qi* per espandere leggermente all'interno delle articolazioni]. Una volta acquisita familiarità con il metodo, i movimenti devono essere sempre rotondi e continui. Ciascun movimento nuovo inizia non appena il precedente finisce. Per esempio, quando si sollevano le braccia dalla parte frontale, a ¾ circa del percorso verso l'alto le braccia iniziano ad aprirsi con un movimento che disegna un arco.

Quando si abbassano gli avambracci, con i gomiti come perno, essi scendono delicatamente. Se si rilassano i palmi e si disegna un arco in basso, si potrà sentire il qi andare fino alla punta delle dita. Questo movimento lavora sui punti energetici dei canali delle braccia posizionati nei gomiti, punti che si connettono con gli organi. Quando si sollevano gli avambracci, guidando il movimento con le dita medie, si avrà una sensazione rilassata e pesante nelle mani e negli avambracci. Questo movimento è molto efficace per aprire il petto ed è eccellente per trattare i problemi di cuore e polmoni inclusi problemi come enfisemi, tracheiti, malattie cardiovascolari e tutti i tipi di problemi al petto.

Il movimento chiave di Contrarre le Spalle e il Collo è quello di contrarre e tirare contemporaneamente le scapole, mentre la testa va indietro senza però sollevare il mento. Tirare *weilu* leggermente verso l'alto e spingere il petto un poco in avanti senza però spingere la vita troppo in avanti. Le spalle tirano all'interno le braccia ma non eccessivamente; il movimento del tirare all'interno quindi non viene eseguito dalle braccia ma solo dalle spalle e dalle scapole. I polsi non scendono sotto il livello delle spalle. Questo movimento è come quello di un uccellino che sta iniziando ad imparare a volare. La testa va in su, la coda si flette e le gambe si sollevano spingendo in alto; le piccole ali sbattono e tirano insieme le scapole. Questo movimento tremolante lo si può vedere a volte quando si ha la febbre o si sente freddo. Le persone tremano perché il freddo stimola il corpo a produrre calore per proteggersi. I muscoli si contraggono e producono calore. Noi invece utilizziamo questo movimento per mobilitare il *qi* in alto e aumentare il nostro *qi yang* nel petto, poi occorre lasciare che questo *qi* e questo sangue scorrano attraverso tutto il corpo. Per questo la pratica di Contrarre le Spalle è un metodo efficace per le persone il cui *qi yang* è debole o che hanno condizioni di debolezza cronica e malattie croniche con febbriciattola.

Nel *Tong Bi* le grandi articolazioni si muovono come un serpente e le piccole articolazioni come un bruco. Ci sono due cose importanti da notare: (1) le braccia devono muoversi all'unisono; non ci si deve concentrare su un solo braccio; (2) le braccia rimangono all'incirca allo stesso livello, muovendosi leggermente al di sopra e al di sotto di una linea ideale orizzontale posta all'altezza delle spalle. La contrazione di un braccio e l'estensione dell'altro avviene simultaneamente. Utilizzare una scapola e una spalla per spingere l'altra scapola e l'altra spalla, questo fa si che quel braccio si estenda un dito in più di lunghezza. Mentre il braccio va all'esterno, esso gradualmente passa dall'essere curvo all'essere dritto. Le dita devono curvarsi ed allungarsi in modo che il *qi* gradualmente si apra verso la loro punta. Se le dita rimangono tese si potrà ancora sentire il *qi* ma quest'ultimo non si muoverà al loro interno perché il *qi* dei canali non sarà ben aperto. Se i movimenti non sono ancora buoni quando si pratica per la prima volta, si devono tuttavia muovere le dita; gradualmente si acquisirà la capacità di muoverle bene. *Tong Bi* è un buon metodo per i problemi alle scapole e al petto, come i reumatismi e l'artrite, protuberanze ossee, problemi al cuore e problemi ai polmoni.

Non appena si acquisisce abilità in questa sezione si potranno praticare i punti energetici delle Sette Stelle Invertite: *yangchi* (la fossetta al centro della parte posteriore del polso quando si piega il polso indietro), *jianyu* (l'incavo al centro della parte esterna della spalla, là dove essa inizia ad essere inclinata, che compare quando si solleva il braccio), *dazhui*, *taodao* e *weilu*.

Sezione Tre: Sollevare i Palmi, Separare le Dita, Aprire Jingmai

Sollevare i palmi, spingere in fuori il centro dei palmi per indurre l'apertura delle scapole. Tirare all'interno le scapole per chiuderle. Questo movimento differisce da Contrarre le Spalle e il Collo nel quale la testa va indietro e le braccia si curvano all'interno, poiché in questa sezione il collo non va indietro e la testa, il tronco e *weilu* non si muovono. Mantenere le braccia dritte mentre spingono all'esterno e tirano all'interno; usare soltanto le scapole per tirare all'interno. Quando si spinge all'esterno, allungare la parte superiore delle braccia e spingere fuori le mani il più possibile, mentre si flettono le dita all'indietro più che si può. Si sentiranno le dita espandersi molto dall'interno e il *qi* scorrere all'esterno.

Noi abbiamo fatto una ricerca usando un radiometro a infrarossi per testare se il *qi* fosse più evidente quando le mani erano sollevate. Con le mani sollevate c'era più *qi* intorno alle dita. Con le dita curvate il *qi* fluiva di meno. Se si riesce a sollevare i polsi e a mantenere le mani rilassate, il *qi* scorre bene all'interno dei canali. Il *qi* inoltre fluisce bene attraverso le mani quando queste ultime e le braccia si estendono all'esterno lungo una linea. Quando i polsi sono sollevati, questo blocca il fluire del *qi* a meno che non si usi una qualche forza per spingere fuori. Tuttavia, attraverso la pratica si diventerà capaci di rilassare le braccia e le mani cosicché anche con le mani sollevate il *qi* vi continuerà a fluire attraverso. Questa sarà la prova che i canali saranno più aperti e che il *qi* sarà più abbondante. I principianti devono usare un poco di forza per raggiungere la corretta posizione, per questo si può avvertire una leggera tensione nel corpo. In ogni caso, dopo un certo periodo di pratica il corpo sarà in grado di rilassarsi durante l'esecuzione di questa posizione. Le persone che praticano sport hanno muscoli forti e questo movimento potrebbe risultare difficile per loro perché la contrazione dei muscoli blocca il *qi* dei canali. Attraverso la pratica questa forza muscolare rigida gradualmente sparirà.

Nel Separare le Dita all'inizio occorre prima separare i pollici e i mignoli, poi gli indici e gli anulari. Il movimento deve essere lento e omogeneo. Spingere poi all'esterno il centro dei palmi con le dita che si flettono indietro e la base dei palmi che spinge ancora più all'esterno. Chiudere poi gli indici e anulari, quindi i pollici e i mignoli. Non appena si chiudono le dita, rilassare un poco, senza spingere troppo forte. Separare e chiudere le dita tre volte, quindi eseguire il movimento di Mani ad Uncino.

Per prima cosa rilassare i polsi, quindi curvare le dita, la mente è concentrata sulla punta delle dita. Il movimento è quello di artigliare qualcosa. Riunire insieme ad uncino le punte di tutte le dita, sollevarle verso il centro dei palmi. Si può avvertire della tensione nei tendini delle dita poste più internamente, mentre le dita all'esterno e le mani sono relativamente rilassate. Attenzione a non piegare troppo i polsi verso l'interno, altrimenti si può perdere l'allungamento nelle dita. Quando queste si curvano verso il basso, si devono curvare a partire dalla punta, articolazione dopo articolazione, mentre poi si raddrizzano dalla base all'estremità dell'articolazione in modo da mobilitare il *qi* e il sangue fino alla punta delle dita. In questo modo si può aprire i canali delle dita, e permettere che il *qi* e il sangue possano fluire più liberamente. La Sezione Tre lavora con la Sezione Due per mobilitare i tre canali *yin* e i tre canali *yang* delle mani e soprattutto i punti pozzo dei canali. I punti energetici pozzo delle dieci dita sono alla base delle unghia, tranne nel dito medio dove il punto pozzo è posto alla sua estremità. I punti energetici pozzo sono importanti in quanto da essi lo *hunyuan qi* entra nei canali; il movimento di questi punti può a sua volta favorire la mobilizzazione del *qi* del canale in tutto il corpo. Sebbene piccoli, i movimenti di questa sezione mobilitano il *qi* dei tre canali *yang* e *yin*, da qui la sua importanza.

I benefici di questa sezione sono quasi gli stessi di quelli della Sezione Due. È efficace per i problemi al petto ed anche all'intestino tenue e crasso, per problemi di stomaco, per gastroenterite cronica e diarrea cronica. Inoltre migliora la funzione dei vasi sanguigni nel cervello.

Durante l'esecuzione di questa sezione si possono osservare i 24 punti della mano [*qiao dian*, principalmente nelle articolazioni o vicino i punti pozzo] secondo la sequenza mostrata nel diagramma 3-78.

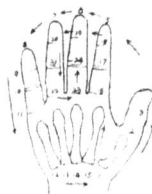

3-78

Sezione Quattro: il Qi e la Mente si Impennano, Rinforzando le Braccia

Questa sezione lavora principalmente sulle costole e non sulle braccia, quindi non si deve utilizzare forza dalle braccia. Il punto chiave è quello di usare le costole per guidare le proprie spalle, i gomiti e tutte le braccia. Il *qi* del *dantian* inferiore spinge le costole, le costole spingono le spalle e guidano le braccia nel movimento. Per iniziare, rilassare la vita e tutto il corpo. Le braccia formano un cerchio davanti alla fronte. Ruotare il busto a sinistra, la parte superiore del braccio sinistro si pone allo stesso livello dell'orecchio sinistro, mentre la parte superiore del braccio destro a livello della spalla destra. Mentre ci si gira, la forma delle braccia gradualmente cambia in un ovale (più largo ai lati e più stretto dalla parte anteriore a quella posteriore). Disegnare un piccolo cerchio con il gomito sinistro, connettendolo con le costole; il lato sinistro del corpo non deve premere in basso ma le costole del lato sinistro devono abbassarsi un poco. Continuando, dal *dantian* inferiore le costole di destra spingono in fuori, guidando le spalle e i gomiti nel ruotare e nell'aprirsi nella parte frontale. Continuare verso il lato destro, le mani a livello della fronte. Non bisogna usare i gomiti o le costole per spingere. Una forza scende lungo le costole di sinistra verso il *dantian* inferiore, dal quale il *qi* si impenna attraverso le costole di destra.

Eseguire lo stesso movimento verso sinistra. Ruotare da un lato all'altro continuamente come un "∞" che si attorciglia. Praticando questo movimento col tempo, lentamente, la parte bassa della schiena e le scapole si rilasseranno e si apriranno. Ci sono due aspetti da notare: (i) occorre mantenere il corpo centrato e dritto, le dita incrociate sempre davanti al centro della propria fronte (ii) il cerchio delle braccia segue il movimento per cambiare la sua forma. Nella parte frontale è un ovale allungato con le mani lontane dalla testa; ai lati le mani sono vicine alla testa e l'ovale è allargato.

Errori comuni

• Il corpo non è centrato, la fronte non guarda le mani, la testa si muove in avanti e ruota ai lati invece di essere centrata.

• Le braccia e i gomiti guidano le spalle, invece di essere il *qi* a impennarsi nelle costole per guidare le spalle.

• Si inclina il corpo in avanti e si usa la mano che segue per spingere la mano che guida.

• Si muove il corpo per guidare le braccia oscillando da un lato all'altro.

Quando si allena questo movimento occorre che la mente sia in perfetta unione con il movimento, così da mobilizzare il *qi* del *dantian* inferiore e fare in modo che le costole si impennino all'esterno e in alto, lasciando che all'interno delle costole vi sia la sensazione di vuoto mentre il *qi* si solleva. Il *qi* delle costole è generalmente più debole rispetto al resto del corpo, motivo per cui il *qi* del fegato e della vescica biliare non può sollevarsi adeguatamente. Questo riduce la propria forza vitale. Se il *qi* delle costole è abbondante lo sarà anche la propria vitalità ed inoltre potrà sollevarsi in maniera adeguata.

Questa sezione è ottima per trattare i problemi al fegato e alla vescica biliare, la pleura, pleurite, la peritonite e le sue conseguenze, nonché le aderenze intestinali.

Sezione Cinque: Flettere il Corpo, Arcuare la Schiena, Aprire Dumai

Questa sezione lavora sul tronco ed è molto importante nel Metodo per l'Integrazione di Corpo e Mente.

Sollevare le mani intrecciate sopra la testa, palmi in alto come se tenessero qualcosa. Spingere i palmi in su e ritrarre il mento. Ruotare i polsi, disegnando un cerchio dalla parte frontale, in alto, indietro e in basso, prima il polso sinistro e poi il destro, alternativamente. Allungare il più possibile, spingendo in alto le mani e usando le spalle per guidare il movimento. Allungare le vertebre cervicali, toraciche e lombari, il petto e le costole. Se eseguito bene, l'allungamento può arrivare fino ai talloni, al centro dei piedi e al quarto e quinto dito del piede. Occorre cercare di allungarsi almeno fino alle anche.

Separare le mani. Allungare leggermente il corpo in alto – senza però portare la testa indietro; usare le spalle per spingere i gomiti e tirare il *qi* del corpo in alto, come se si volesse tirare su tutto il corpo. Rilassare quindi il corpo, dalla testa al collo, braccia, petto, dorso e addome, infine le gambe. Una volta acquisita familiarità con la pratica si può sentire come se dell'acqua fluisse dalla sommità della testa giù fino ai piedi. Terminato il rilassamento si inizia ad inclinare il corpo e arcuare la schiena come descritto sotto. Questa sezione differisce dai movimenti delle arti marziali in cui i praticanti allungano la vita e le gambe. Nelle arti marziali infatti la colonna vertebrale è dritta e va direttamente in basso. Invece il punto chiave di questa sezione è quello di rilassare e aprire la spina dorsale e il *dumai*. Pertanto il movimento richiede che il corpo si curvi in basso. Le braccia sono vicine alle orecchie, toccandole se possibile. Il mento tocca il petto mentre si scende. Le mani spingono avanti e la schiena si allunga indietro. Tirare l'addome all'interno e arcuare la vita indietro. La colonna vertebrale si curva in giù quanto più può articolazione dopo articolazione. Questo movimento può rilassare e aprire la spina dorsale e i legamenti intorno e all'interno di essa. I movimenti di *dumai* e della testa regolano l'intero sistema nervoso. Se non ci si può piegare bene in basso si può tirare l'addome leggermente all'interno in modo da fare ingobbire la zona lombare verso l'alto e facilitare il piegarsi. Non ci si deve forza nell'andare giù.

Premere le mani per terra davanti ai piedi, poi al lato sinistro dei piedi, quindi al lato destro dei piedi, tre volte per ciascun lato. Quando si pinzettano e si massaggiano i tendini d'Achille, occorre focalizzare la mente in modo forte; usare il pollice, l'indice e il medio per massaggiare i tendini. Se non si riesce a raggiungerli, picchettare la parte posteriore delle gambe, dove scorrono i canali di vescica. Questo movimento regola proprio questi canali, dai piedi alle gambe, alla schiena e alla testa. Mentre si frizionano i tendini, portare la testa indietro fino a toccare i polpacci. Una acquisita familiarità con la pratica occorre tirare in sù la testa il più possibile, se possibile alle ginocchia.

Per sollevare il corpo iniziare dai glutei, quindi sollevare e arcuare dalla zona lombare. Sollevare articolazione dopo articolazione, chiudendo il *dumai* aperto e i canali di vescica accanto ad esso. In passato questa veniva chiamata la "pratica del *qi* dentro le ossa". Questo movimento ha l'effetto di chiudere i canali; quando infatti si contrae la schiena, tutti i suoi punti energetici si chiudono.

Se si vuole praticare in modo più difficile si può inclinare lentamente il corpo verso il basso e sollevarlo su velocemente. Questo tipo di esecuzione permette di migliorare la velocità delle proprie reazioni e chiudere tutto il *qi* del proprio corpo.

Questa sezione è utile per i problemi della colonna vertebrale e dei muscoli della schiena. Migliora il funzionamento della colonna nelle persone in salute. Le persone che non possono piegare bene il proprio corpo possono migliorare la loro salute se praticano per un lungo periodo, ma le persone anziane e le persone il cui giro-vita non è molto flessibile non devono spingersi oltre i loro limiti ma possono piegare il corpo in modo naturale fino a dove si può arrivare senza difficoltà.

Questo principio è valido per ogni sezione. Non si devono spingere le persone a cercare di eseguire ciascun movimento in modo corretto fin dall'inizio, piuttosto occorre dire loro soltanto come svolgere ciascun movimento e lasciare che ne facciano esperienza lentamente. Se il movimento è più grande, anche il *qi* fluirà meglio nel corpo. Se il movimento è piccolo ciò significa che il *qi* non sta scorrendo così pienamente, ma concentrando la mente sul movimento si può aiutare il *qi* a fluirvi attraverso.

Le persone con pressione del sangue alta sono sempre preoccupati nel fare questa sezione, mentre in effetti essa risulta essere ottima per il trattamento di questo problema. In questo caso si dovrebbe praticare gradualmente in modo più pieno e ad un livello più difficile.

In effetti questa sezione è molto importante poiché la sua pratica porta benefici in tutto il corpo. Ci sono due gruppi di punti energetici che si possono osservare quando la si pratica. Un gruppo si può osservare quando si ruotano i polsi ed anche dopo che si solleva il corpo in alto con le mani pienamente stese sopra la testa. I punti energetici da osservare sono *tianzhu*, *dazhu* e *nuxi*. Un altro gruppo comprende *yongquang*, *laogong*, *huiyin*, e il punto centrale tra *duqi* e *mingmen*. Questo gruppo di punti energetici possono essere osservati sia quando si piega il corpo giù che quando lo si solleva. Quando il corpo si solleva si può sentire come se le mani sollevassero qualcosa di pesante. Da *yongquang* si solleva questa cosa pesante, la si porta in alto lungo il centro delle gambe fino a *huiyin* e al punto centrale tra *duqi* e *mingmen*. Quando il corpo è dritto, si osserva immediatamente il primo gruppo di punti energetici. Quindi si rilassa il corpo dalla testa fino al dito del piede. In passato questo movimento veniva chiamato "il modo di cambiare le ossa". La combinazione di questi movimenti con l'osservazione dei punti energetici è un buon modo per portare il *qi* all'interno delle ossa.

Sezione Sei: Ruotare la Vita, Fare vorticare le Anche, Tirare il Qi Indietro nel Dantian

I palmi sopra la testa ruotano uno di fronte all'altro, riversano il *qi* in basso e si posizionano in vita. Separare i piedi camminando sul *qi*, ad una larghezza un po' più ampia di quella delle spalle. Accovacciarsi leggermente. Muovere leggermente indietro le articolazioni delle anche. Portare la mente sulla punta di *weilu* (coccige), ruotare *weilu* davanti, a sinistra, indietro e a destra, disegnando un cerchio completo. Fare attenzione a non eseguirlo in modo angolare. Ruotare per tre volte, quindi ruotare nella direzione opposta:

davanti, a destra, indietro e a sinistra, disegnando tre cerchi completi. Se con il coccige si riesce a disegnare un cerchio completo sotto il bacino allora *weilu* potrà guidare bacino, anche e vita nel disegnare un cerchio completo. Occorre però assicurarsi di ruotare in maniera uniforme lungo tutte le direzioni.

Mentre si ruota, un'anca è in alto e l'altra è in basso, in modo alternato, un lato va all'esterno mentre l'altro verso l'interno. I principianti possono disegnare un cerchio più grande, separare i piedi in modo più ampio e accovacciarsi più in basso. Quando *weilu* spinge il lato sinistro, si potrà avvertire pesantezza in quello stesso lato e leggerezza nel lato destro. Quando *weilu* ruota indietro spinge con sé i glutei indietro. Quando ruota a destra, quel lato diventa pesante e il lato sinistro leggero. Quando va in avanti, i glutei si contraggono e spingono in avanti. Quando si disegna un cerchio più grande e più basso questo movimento richiede maggiore forza ed è più stancante per le gambe, per questo può sembrare più difficile, ma in questo modo è più facile eseguire i movimenti in modo corretto.

Gradualmente la propria pratica diventerà più profonda. Non si deve usare la forza dei muscoli per ruotare le anche, ma piuttosto il *qi* del *dantian* che scende fino al coccige, oppure occorre ruotare dall'interno del *dantian* inferiore; il *dantian* inferiore si connette con *weilu* nel disegnare un piccolo cerchio e ruotare dal suo interno. L'esecuzione di un cerchio così piccolo non appare in modo evidente all'esterno ma il suo effetto è migliore rispetto al cerchio più grande.

Weilu deve essere curvato in avanti e indietro quanto più si può. Quando si va avanti il più possibile si deve usare una piccola forza in modo da spingere ancora più lontano. Quando ci si curva in avanti, tirare all'interno la parte bassa dell'addome per aiutarsi. Quando ci si curva indietro si devono avvicinare insieme i punti energetici posizionati accanto al *mingmen* (*yaoyan*).

Una volta acquisita familiarità con la pratica, si possono usare le cosce come supporto mentre le anche ruotano non solo orizzontalmente ma anche verticalmente, alternandosi tra loro. Gradualmente il *qi* del *dantian* inferiore inizierà a muoversi e da questo momento lo si utilizzerà per guidare la rotazione. Quando si pratica questa sezione per la prima volta, occorre usare il corpo per guidare la rotazione ma in seguito si utilizzerà il *qi* del *dantian* inferiore. Per approfondire l'esperienza occorre eseguire la rotazione con movimenti lenti. La parte bassa della schiena deve essere totalmente rilassata. Questo è un requisito necessario perché il qi *apra* la parte bassa della schiena e fluisca bene verso il basso. In questo modo *weilu* verrà aiutato nel sospendersi in basso e nel muoversi meglio, e si agevolerà inoltre la chiusura di *huiyin*.

Le persone anziane che praticano questa sezione possono mobilitare il *qi* dei reni per migliorare la funzione dei reni stessi. Alcune di loro non riescono a svuotare completamente la vescica, ciò è un segno di debolezza del *qi* dei reni. La pratica di questa sezione può correggerla. Alcuni anziani soffrono di tracheiti (infiammazione della trachea) o di asma. Con la pratica costante e sufficiente di questa sezione il *qi* dei polmoni si abbassa e si unisce con il *qi* dei reni, e questo è un ottimo metodo per curare tali problemi. Questa sezione anche molto buona per trattare problemi al sistema riproduttivo, soprattutto per le donne. I punti energetici che possono essere osservati sono *bahui* e il punto centrale tra *duqi* e *mingmen*.

Sezione Sette: Piedi in Linea, Aprire le Anche e le Articolazioni Sacro-iliache

Questa sezione apre le articolazioni delle anche e le articolazioni sacro-iliache. Normalmente le persone non riescono a muovere le articolazioni sacro-iliache, sebbene le donne in gravidanza avanzata possano aprirle in parte. Questa sezione va praticata muovendo delicatamente queste articolazioni, allungando e rilassandone i legamenti per rendere il *qi* abbondante all'interno delle pelvi. Con le articolazioni sacro-iliache aperte *weilu* può muoversi bene. Per questo motivo la loro apertura è la chiave per ruotare *weilu* e farlo sospendere come un pendolo.

Ruotare la punta dei piedi all'esterno in una linea. Girare i palmi in alto, spingere gli avambracci in avanti, sollevare i palmi di fronte ad *yintang*. Girare i palmi all'esterno, aprire le braccia, abbassarle in linea con le spalle. Eseguire *Tong Bi* come nelle Sezioni Due e Tre, con la differenza che in questa sezione le braccia guidano il busto, la vita e le gambe in una oscillazione naturale e rilassata, senza però usare le gambe per spingere e muovere il corpo. Rilassare la vita, le anche e le gambe; accovacciarsi. Le braccia si abbassano come il sole al tramonto, seguendo il corpo. Accovacciarsi fino a che le cosce non siano parallele al terreno, le mani di fronte alle ginocchia, quindi chiudere i palmi davanti alle gambe e sollevarli in posizione di *Mani Heshi*. Ruotare i palmi. La punta delle dita e la base dei palmi disegnano un cerchio che guida in una rotazione le spalle, le braccia e le anche. Quando ci si alza, ritrarre il mento all'interno e spingere il *baihui*. Chiudere insieme la base dei palmi premendo leggermente e spingere le mani in alto per aiutare il corpo a raddrizzarsi.

Per aprire le articolazioni sacro-iliache i piedi vengono ruotati all'interno in una linea. Spingere le mani avanti tenendo le braccia a forma di cerchio. Premere l'alluce con forza per mantenersi stabili e per trasmettere questa forza in alto lungo la parte interna delle gambe ed aprire l'area del perineo, salendo in alto fino alle articolazioni sacro-iliache. Raddrizzare le gambe il più possibile spingendo indietro le ginocchia. I glutei spingono indietro e in alto. La zona lombare spinge avanti, le anche si aprono. Tutti questi movimenti aprono le articolazioni sacro-iliache. Ritrarre il mento, spingere la testa in alto con il collo dritto. Aprire il petto senza spingerlo in avanti. Inclinare il busto in avanti di 35°. Questa posizione spinge la parte bassa della schiena in avanti, i glutei indietro e in alto, con il collo dritto. Tirare il *dumai* in alto. Il punto chiave di questo movimento non è quello di allungare *dumai* ma piuttosto quello di rilassare e aprire la parte bassa della schiena e le articolazioni sacro-iliache. Lo spazio tra le mani è largo circa quattro dita, i palmi guardano verso l'interno al livello di *yintang*. Concentrare la mente tra i pollici. Questa posizione può essere eseguita come una postura statica in piedi per cinque o sei minuti. Può apparire un *qi* bianco o una luce bianca. Questo è un fenomeno normale: non vi si deve prestare attenzione.

Piegare e ruotare le ginocchia verso l'interno per aprire i glutei e la zona intorno al perineo, tirare all'interno l'addome; le mani si sollevano e si aprono, disegnando un arco lateralmente, i palmi guardano in alto come se tenessero qualcosa, la testa indietro come se guardasse il cielo, il mento ritratto. Anche questa è una postura in piedi statica che può essere tenuta per più tempo. Se si chiudono gli occhi e si rimane in piedi più a lungo si può vedere il sole rosso o una luce rossa. Avvicinare le braccia, raddrizzarsi, le mani riversano il *qi* in basso lungo le costole, i palmi si posizionano sulla vita.

Normalmente non si riesce a muovere le articolazione sacro-iliache. Se lo si vuole fare e si vuole aprirle occorre fare alcuni movimenti inusuali. Sia la spinta indietro e l'apertura dei glutei che la spinta in avanti della parte bassa della schiena dalla quarta vertebra lombare, può aiutare ad aprire le articolazioni sacro-iliache. Questa posizione permette di ampliare il campo di *qi* del *dantian* inferiore e a raccogliere il *qi* al suo interno. I canali di vescica biliare scorrono in alto verso la parte esterna delle gambe, mentre i canali di vescica scorrono in su lungo la parte posteriore delle gambe. Questi due canali si connettono al punto *yaoyang* posto ai lati del *mingmen*; spingendo la parte bassa della schiena in avanti si aumenta la connessione tra di loro. Questo è il motivo per cui si spingono i glutei in alto e la zona lombare in avanti con le gambe dritte. Quando si rilassano le ginocchia, gli alluci utilizzano una forza interna per curvarsi e spingersi in basso; rilassare la parte interna delle gambe e utilizzare la forza per raddrizzare la loro parte esterna; il mantenimento di questa posizione permette al *qi* puro e *yang* di questi due canali di sollevarsi fino alla sommità della testa. Il ritrarre il mento fa sì che il *qi* scenda in basso fino al *dantian* centrale all'interno del petto.

Quando si pratica questa sezione non si deve parlare, soprattutto quando prima si sono praticate diverse sezioni, perché i canali sono allungati e tesi, il *qi* del *dantian* centrale non è sufficiente per supportare il discorso e il *qi* interno può facilmente essere danneggiato [si può bloccare e si può avere una perdita di *qi*].

Questa sezione costituisce una base per le posture da seduti a gambe incrociate. Quando le articolazioni delle anche sono aperte infatti è più facile eseguire la posizione a gambe incrociate inclusa la Posizione Completa del Loto da Seduti. La posizione Completa del Loto e la Posizione Seduta con il Naturale Incrocio delle Gambe hanno effetti diversi. Facendo il Loto Completo si mobilizza più *qi* rispetto alla postura da seduti a gambe incrociate. Nel Loto Completo entrambe le gambe si pressano l'un l'altra; se il *qi* può ancora fluire attraverso le gambe significa che è molto abbondante.

Quando si aprono le articolazioni delle anche, i praticanti di livello avanzato possono scegliere di osservare i punti energetici delle Sette Grandi Stelle come nella Testa di Gru. Quando si aprono le articolazioni sacro-iliache, osservare *tanzhong* e *laogong*. [Osservare tutti i punti: se possibile, connetterli tutti insieme nello stesso momento, oppure connetterli uno alla volta; poi smettere immediatamente di focalizzarsi su di essi e rimanere nello stato olistico di corpo di *qi* per praticare. Questa visualizzazione viene fatta per rafforzare la consapevolezza dello stato di unità di tutte le parti del corpo; per usare la propria mente per connettere il *qi* di tutto corpo; per portare la mente, il corpo e il *qi* a diventare un'unità. Inoltre, questi punti energetici hanno alcuni effetti particolari].

Sezione Otto: Inginocchiarsi verso i Piedi, le Tre Articolazioni Connesse

L'elemento chiave di questa sezione è quello di contrarre i glutei e spingere le anche in avanti. I glutei e *weilu* spingono in avanti quanto più possibile. Il busto e le cosce sono in linea, senza angoli nell'area delle anche. Spostare il peso del corpo sulle ginocchia per rilassare e aprire sia le ginocchia che le caviglie.

I requisiti dei movimenti sono: corpo centrato e dritto, contrarre i glutei, spingere le anche in avanti, portare l'addome all'interno, aprire le scapole per arrotondare la parte alta della schiena, le spalle leggermente chiuse in avanti, spingere la testa in alto, mento ritratto. Rilassare le ginocchia e le caviglie, inginocchiarsi. Piegare le ginocchia e le caviglie ma non le altre articolazioni. Se si piegano le altre articolazioni infatti il *qi* si blocca e non raggiunge le ginocchia, inficiando in questo modo gli effetti su ginocchia e caviglie. Inginocchiarsi lentamente più in basso possibile, mantenere poi la posizione corretta. Utilizzare la mente per portare il punto energetico *heding* verso l'alto (quando la gamba è dritta appena sopra la rotula, al centro, si può sentire un piccolo buco). Immaginare di inginocchiarsi fin sulle estremità dei piedi. Le altre sezioni dovrebbero essere ripetute diverse volte; questa è la sola sezione che ha una singola posizione che però deve essere mantenuta per un tempo più lungo; se si è stanchi, continuare a mantenerla. Questo può portare il *qi* a raccogliersi nelle ginocchia fino a che si sente che non si può realmente continuare; poi lentamente sollevare dal *baihui* e tirare su il corpo. Non usare le gambe per spingersi in su.

Rilassare le ginocchia; il *qi* e il sangue fluiranno verso il basso come una diga aperta e scorreranno fino ai piedi in un flusso caldo. Se si rimane nella posizione inginocchiata per lungo tempo, si avvertirà dolore alle gambe e la sensazione di calore sarà più acuta; se ci si inginocchia ancora più in basso e si blocca più *qi* nelle ginocchia, quando ci si raddrizzerà il *qi* scorrerà giù in maniera più forte e alcuni potranno avvertire un *qi* caldo al centro dei piedi e in tutte le dita. In questo si possono aprire i passaggi di *qi* e sangue e si permette al *qi* di scorrere attraverso essi fino ai piedi. Quando questi passaggi non sono ancora bene aperti, il *qi* e sangue non possono fluirvi bene con le ginocchia piegate. Una volta aperti bene il *qi* e il sangue fluiranno liberamente anche con le ginocchia piegate. Quando si pratica per ragioni di salute [a differenza delle arti marziali] ci si può inginocchiare solo ad un angolo di 40° o 50°.

In questa sezione si possono osservare i punti energetici di *baihui*, *suliao* [punta del naso], *huiyin*, *heding* [sopra la rotula] e *mingmen*.

Questa sezione è utile per problemi agli arti inferiori come anche per artrite, speroni ossei, flebiti e reumatismi.

Sezione Nove: Spingere la Gamba all'esterno, Flettere il Piede, Disegnare il Taiji

128

Quando si esegue questa sezione i movimenti devono essere lenti e uniformi. Quando si solleva la gamba, si flette il piede e lo si ruota, questo movimento deve essere lento, uniforme e rilassato, mentre il corpo deve essere mantenuto centrato e dritto. Spostare il peso da un lato, sedersi leggermente e far scendere il *qi* nel *dantian* inferiore, sollevare la gamba ponendo l'attenzione sul centro della pianta del piede; in questo modo si mantiene in equilibrio il corpo. Quando si eseguono i movimenti di puntare su, spingere e puntare in giù, per prima cosa occorre flettere indietro il più possibile la punta del piede, poi flettere indietro il più possibile la punta delle dita mentre si spinge all'esterno il tallone. Quando si punta in giù, iniziare dalla punta del piede poi abbassare la caviglia per puntare in giù il più possibile, quindi curvare le dita e fare con l'estremità del piede e la gamba una linea il più possibile dritta. Eseguire l'intera sequenza in modo regolare e senza fermarsi. Quando si riporta la gamba indietro, curvare prima gli alluci, tirare all'interno il centro della pianta del piede, poi portare il piede indietro.

La rotazione del piede deve essere fatta lentamente e attentamente come se si tirasse un filo sottile di seta. Disegnare un cerchio completo. Se si trovano difficoltà in questo movimento si può abbassare leggermente la gamba oppure poggiare le caviglie a terra per ruotare, curvare e flettere il piede. Le persone giovani con un corpo forte possono fare più movimenti in su e giù. Questo movimento lavora insieme alla sezione tre. Se si può eseguire questo movimento in modo ininterrotto ed effettuare anche il movimento di Separare le Dita 50-100 volte, si riuscirà ad aprire tutti i canali del corpo.

Questa sezione deve essere praticata attentamente, se non si è ben concentrati o non la si completa, il corpo può avvertire una sensazione di disagio. Ciò avviene perché le altre sezioni mobilizzano il *qi* e lo sollevano in alto, facendo sì che ve ne sia una maggiore quantità in ogni parte del corpo rispetto alle gambe; questo comporta che il *qi* delle gambe non possa scendere, così che alcune persone avvertono una certa agitazione all'interno della loro testa, o persino un cambiamento nella pressione del sangue, perché il *qi* non è stato mobilizzato verso il basso. Se non si ha tempo per praticare tutto il Metodo per l'Integrazione di Corpo e Mente e si decide di allenare solo alcune sezioni, se si sceglie la pratica delle sezioni che lavorano sulla testa, per riequilibrare occorre poi praticare le sezioni che lavorano sui piedi.

E' meglio praticare questa sezione attentamente una volta piuttosto che dieci volte in modo casuale. Occorre porgere attenzione alla punta dei piedi. Con una esecuzione attenta del movimento si possono allungare i canali in modo efficace, perché l'unione del movimento delle dita e quello delle gambe permette di mobilitare i tre canali *yin* e i tre *yang* dei piedi. Quando si riporta il piede indietro, curvando gli alluci si mobilitano i canali di fegato e milza. Si porta il centro della pianta dei piedi all'interno per mobilitare i canali dei reni. Riportando il piede indietro lungo il terreno la mente porta il *qi* della Terra all'interno del corpo. La spinta della gamba all'esterno mobilita i canali di stomaco. La spinta dei talloni all'esterno e il curvare le dita in basso sono movimenti che mobilitano i canali di vescica nella parte posteriore della gamba. Se il *qi* di questi canali si apre in maniera efficace si potrà avere un migliore flusso di *qi* e sangue negli arti inferiori.

Nel praticare questa sezione, si possono osservare i punti energetici delle Sette Grandi Stelle come nella Testa di Gru.

Sezione Dieci: Ritorno del Qi all'Uno, Ruotare lo Hunyuan

Questa sezione è composta da due parti. Il movimento dello *Hunyuan* che ritorna all'Uno richiede che la schiena, le braccia, e di fatto l'intero corpo siano rilassati. Nel tenere e ruotare una sfera di *qi*, i movimenti sono soffici e flessibili, non rigidi. Quando le braccia tengono la sfera di *qi* in basso, si devono rilassare le spalle e abbassare i gomiti. Quando si è davanti alle ginocchia si devono rilassare i polsi e le dita, con la punta delle dita verso il basso. La sfera di *qi* tra le braccia deve fondersi in un insieme con la sfera di *qi* del corpo.

Quando ci si muove si sente la sfera di *qi* tra le braccia lavorare all'interno del corpo per regolare il *qi* interno. Non si deve usare alcuna forza, sia nell'abbassare che nel sollevare la sfera. Quando ci si accovaccia il corpo deve rimanere dritto; non si devono spingere i glutei all'esterno. Il corpo deve essere molto leggero e rilassato. Quando si solleva la sfera, le braccia sollevano e portano in alto i gomiti e i polsi delicatamente. Una volta divenuti più esperti nella pratica, ci si può appoggiare leggermente indietro quando si fa ruotare la sfera in alto, avendo la sensazione dell'intero corpo come se fosse una sfera di *qi*.

Quando si esegue il movimento del Ritorno del *Qi* all'Uno si abbassano le mani sopra la testa e le si tiene come un fiore di loto aperto, senza però che la base dei palmi si tocchi. Si separa poi la base dei palmi. Quando si sollevano i palmi, questi ultimi e le dita non si toccano fra loro. Aprire i palmi. I movimenti quindi sono: abbassare, chiudere, aprire, sollevare, chiudere, aprire. Poi le mani portano il *qi* in basso, i palmi toccano quasi la faccia; si riversa il *qi* in giù nel petto, nell'addome, lungo la parte frontale delle gambe, al centro dei piedi. Usare la mente per unire il centro dei palmi con il centro della pianta dei piedi attraverso la quale connettersi con il *qi* della Terra. Premere giù tre volte. I palmi si sollevano lungo la parte interna delle gambe verso l'addome e poi al petto. Guidando il movimento con i mignoli, ruotare i palmi in avanti e separarli. Questa rotazione separa il *qi* del corpo e si può sentire come se si tenesse qualcosa nelle proprie mani.

Fare quindi il movimento di Ritorno del *Qi*. I palmi guardano in avanti e sono posizionati davanti alle spalle. Alzare i polsi, spingere il palmo destro avanti, rilassare il polso, ruotare il palmo, raccogliere il *qi* a sinistra, a 90° premere il punto energetico *zhongkui*, curvare i gomiti, continuare muovendo indietro e intorno alle spalle, premere *qihu*. Il movimento della mano sinistra è identico alla destra. Ripetere "*tong*" silenziosamente per tre volte. Usare il suono *tong* per mobilitare il *qi* del *dantian* centrale. Prima di dire *tong*, la punta della lingua deve toccare il palato superiore in modo da dirigere il *qi* in alto. Quando si pronunzia *tong* si può sentire il *qi* che si solleva in alto dal sacro e impenna verso il Cancello Celeste dove pulsa. Questo è un modo in cui si usa il suono per aprire il Cancello Celeste. La pulsazione indica che il *qi* sta andando attraverso il Cancello Celeste, *xinmen* e la corteccia cerebrale. Possono esserci differenti strati di pulsazioni – possono pulsare alcune zone, o le membrane dell'osso; vi sono alcune pulsazioni nel cervello. Se questa esperienza si presenta non occorre seguirla, quanto piuttosto ignorarla.

Dopo aver pronunciato *tong* per tre volte, eseguire cinque apri/chiudi, che hanno la funzione di mobilizzare il *qi* di tutto il corpo. Quando si apre occorre mantenere il polso ad angolo retto con il rispettivo braccio; i gomiti guidano le mani e le spalle ad aprirsi. Se si esegue il movimento in questo modo si potrà avere una forte sensazione del *qi*. I palmi non devono essere piegati verso l'esterno, occorre invece mantenerli paralleli al corpo. Alcune persone durante l'esecuzione dei movimenti di apertura e chiusura possono sentire il *qi* degli organi interni muoversi, il *qi* della testa e il *qi* di tutto il corpo aprirsi e chiudersi. Ripetere il movimento di apertura e chiusura per tre volte, nel petto, nel naso, davanti a *yintang*, *xinmen* e *baihui*. Soltanto in *xinmen* le mani puntano verso la parte posteriore; per gli altri le dita puntano sempre verso l'alto. Mantenere i palmi il più possibile chiusi senza però che si tocchino. Dopo avere finito i tre movimenti di apertura e chiusura nel *baihui*, chiudere insieme i palmi ed eseguire la chiusura del Metodo per l'Integrazione di Corpo e Mente.

Chiudere i palmi, allungarli più in alto possibile. Separare le mani, ruotare i palmi in avanti, abbassarli ai lati del corpo, poi ruotare i palmi in su.

Guidando il movimento con i mignoli, chiudere in avanti come se si tenessero due ciotole di acqua. Trasportare l'acqua davanti, in modo molto stabile. Utilizzare i gomiti per andare indietro lentamente. Le mani su *dabao* mandare il *qi* all'interno del corpo. Portare il *qi* all'interno e fare esperienza del *qi* che scende direttamente verso l'interno del *duqi*.

Le prime nove sezioni lavorano su parti diverse del corpo. La Sezione Dieci si muove e lavora su tutto il corpo, equilibrandone il *qi* e il sangue e fondendoli perché diventino un insieme. In questa sezione occorre fare una esperienza più profonda dei cinque movimenti di apertura e chiusura.

La pratica del Metodo per l'Integrazione di Corpo e Mente richiede che la mente si unisca ai movimenti. Una volta che si è diventati abili con i movimenti, chiudere gli occhi per praticare come se ci guardasse fare i movimenti allo specchio. Questo è il secondo passo. Più in là ci si dovrebbe osservare dall'interno del corpo come se stesse praticando un corpo di *qi* nebuloso. Occorre sembrare visibili ma non visibili, invisibili ma non invisibili. Questi sono i vari livelli della pratica del Metodo per l'Integrazione di Corpo e Mente. Occorre guidare gradualmente il *qi* ad andare sempre più in profondità all'interno del corpo. Se durante la pratica ci si concentra soltanto sul corpo e non si pensa al *qi*, la mente e il *qi* verranno limitati dal corpo fisico. Questo è il livello più basso di pratica per le persone con scarsa abilità.

Inizialmente si deve praticare con attenzione ogni movimento delle dieci sezioni per raggiungere un livello relativamente corretto. Quando poi si arriva ad uno stato di pratica più profondo, non occorre più prestare una lunga attenzione a come siano corretti i movimenti – ma bisogna praticare facilmente, liberamente, in un modo rilassato. Se un paziente non può praticare tutte le sezioni, può sceglierne alcune che siano adeguate alle proprie condizioni.

Non ci sono punti energetici da osservare nella Sezione Dieci o nella Chiusura.

Condurre il Qi lungo i Canali
Xun Jing Dao Yin Fa

Condurre il Qi lungo i Canali: *xun* – andare lungo, *jing* – abbreviazione di *jingmai* (canali), *dao yin* – condurre o guidare, *fa* – il metodo, insieme al Metodo per l'Integrazione di Corpo e Mente costituisce una parte importante dello *hunyuan* di corpo e mente. I due metodi appartengono al secondo stadio dei metodi dinamici del Zhineng. Condurre il Qi nei Canali utilizza principalmente la vibrazione per penetrare ed aprire i differenti strati del corpo. In perfetta unione con il metodo per l'Integrazione di Corpo e Mente, offre una pratica completa dello *hunyuan* di corpo e mente.

Requisiti del Movimento

Preparazione
Piedi uniti, corpo centrato e dritto, braccia sospese in basso in modo naturale. Guardare dritto in avanti. Chiudere gli occhi delicatamente, portare lo sguardo all'interno. Rilassare tutto il corpo.

Apertura
Guidando il movimento con i mignoli, sollevare i palmi, premere giù, tirare il *qi*. Spingere, tirare, spingere, tirare, spingere, tirare. Ruotare i polsi, sollevare il *qi* in alto fino al livello del *duqi* (l'ombelico), piegare leggermente verso l'interno il centro dei palmi per irradiare *duqi*. Guidando il movimento con i mignoli, ruotare i palmi in basso, aprire lateralmente verso la schiena, irradiare *mingmen*. Sollevare verso *dabao*; mandarvi il *qi* all'interno. Spingere le mani in avanti alla larghezza e altezza delle spalle; le dita medie irradiano *yintang*. Le braccia aprono ed espandono all'esterno fino ad essere in linea con le spalle. Girare i palmi in basso, poi in alto, sollevarli in alto disegnando un arco. Chiudere i palmi sopra la testa. I palmi scendono davanti al petto in posizione di *Mani Heshi*. (Fig. da 3-79 a 3-87) Separare le mani, abbassarle lungo le costole, posizionare i palmi in vita. I pollici premono il punto energetico *jingmen* mentre le dita poggiano in modo naturale nella vita. Separare i piedi camminando sul *qi*, fino alla larghezza delle spalle, i piedi sono paralleli. (Fig. 3-88)

图 3—79   图 3—80   图 3—81   图 3—82

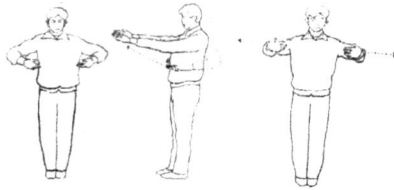

图 3—83   图 3—84   图 3—85

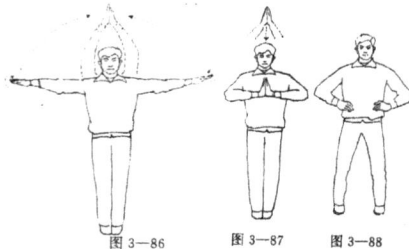

图 3—86   图 3—87   图 3—88

Guidare il Qi lungo i Canali della Mano

Rilassare la mano sinistra, ruotare il palmo in su. Spingerla in avanti e in basso davanti al corpo formando un angolo di 45°. Nello stesso tempo, rilassare la mano destra, sollevarla lungo le costole, passare i punti energetici *qimen* e *tanzhong* fino al punto *yunmen* sul lato sinistro. (Fig. 3-89) Fare vibrare scendendo in basso lungo la parte interna del braccio sinistro, passare i punti energetici *quze* e *daling*, *laogong*, ecc. fino alla punta delle dita. Disegnare un arco con entrambi i palmi, prima la mano destra ruota a sinistra, incrocia, va indietro sopra il palmo sinistro e lo incrocia sul lato destro, poi il palmo sinistro ruota sopra il dorso delle dita della mano destra coprendole. (Fig. 3-90) Vibrare in su lungo la parte esterna del braccio destro, passare *waiguan*, *quchi*, *binao* e *jianyu* fino alla base del collo. (Fig. 3-91) La mente manda il *qi* verso l'alto. Fare quindi vibrare in basso verso il punto energetico *yunmen* di destra (nel bordo esterno all'estremità della clavicola) mentre nello

134

stesso tempo si gira il palmo destro in su. La mano sinistra vibra in basso lungo la parte interna del braccio destro, passa i punti energetici *quze, daling, laogong*, ecc. fino alla punta delle dita. Entrambe le mani disegnano un arco come prima, ruotare il palmo destro sulle dita di sinistra. Vibrare in alto lungo la parte esterna del braccio sinistro, passare *waiguan, quchi, binao* e *jianyu* fino alla base del collo. (Fig. 3-92) Disegnare un arco in basso verso la clavicola, spostarsi quindi leggermente all'esterno fino a *yunmen*. Portare la mano indietro, passare *thanzong* e *qimen* sotto il petto, posizionarla sulle costole di destra. Nello stesso tempo, tirare la mano sinistra indietro verso le costole a sinistra; posizionarla su di esse (Fig. 3-93)

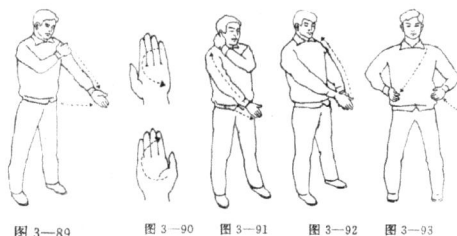

图 3—89   图 3—90   图 3—91   图 3—92   图 3—93

Ruotare il palmo destro in alto, spingere la mano destra in avanti e in basso a 45°. Nello stesso tempo la mano sinistra sale lungo le costole, passa *qimen* e *tanzhong* fino ad arrivare al punto energetico *yunmen* sul lato destro. Vibrare in basso lungo il lato interno del braccio destro, passare *quze, daling, laogong*, ecc. fino alla punta delle dita. (Fig. 3-94) Disegnare un arco con entrambi i palmi con la mano sinistra che gira a destra, indietro, sul palmo destro, poi lo incrocia sul lato sinistro, invece il palmo destro ruota a coprire la parte posteriore delle dita della mano sinistra. Vibrare in alto lungo la parte esterna del braccio sinistro, passare *waiguan, quchi, binao* e *jianyu* fino ad arrivare alla base del collo. (Fig. 3-95) Usare la mente per mandare il *qi* in alto mentre si disegna un arco nel punto energetico *yunmen* di sinistra, girando il palmo sinistro in alto. La mano destra vibra verso il basso nel lato interno del braccio sinistro, passa i punti energetici *quze, daling, laogong*, fino alla punta delle dita. Entrambe le mani disegnano un arco come prima, girare il palmo sinistro sopra le dita di destra. Vibrare in alto lungo la parte esterna del braccio destro, passare *waiguan, quchi, binao* e *jianyu* fino alla base destra del collo. (Fig. 3-96) La mano sinistra disegna un arco mentre la mente va in alto fino alla testa, la mano in basso verso la clavicola e leggermente all'esterno verso *yunmen*. Tirare indietro la mano sinistra, passare *tanzhong* e *qimen* sotto il petto, posizionare la mano sinistra sulle costole del medesimo lato. Nello stesso tempo tirare la mano destra indietro verso le costole di destra; posizionarla sopra queste ultime. (Fig. 3-97)

图 3—94　　图 3—95　　图 3—96　　图 3—97

Condurre il *Qi* lungo i Canali del Piede

Sollevare le mani lungo la gabbia toracica e connettere la punta delle dita medie sotto la base dello sterno (Fig. 3-98). Poi vibrare in alto fino al collo, mento, faccia. Ruotare la punta delle dita in alto mentre si vibra in alto dalla faccia verso la fronte, *xinmen*, sommità della testa (le mani ruotano in modo naturale per guardare all'interno) fino a *yuzhen*. Coprire le orecchie con i palmi. Picchettare prima con gli indici, poi con gli anulari poi i medi, tre volte in totale. I medi guidano poi le altre dita a picchettare *yuzhen* tre volte. Questo movimento fa vibrare la parte posteriore del cervello. (Il suo nome è *Ming Tian Gu*, che significa "Battere il Tamburo Celeste"). (Fig. 3-99). Vibrare quanto più possibile in basso lungo il collo (Fig. 3-100). Quindi, senza più vibrare, ruotare le mani intorno alle spalle (Fig. 3-101), continuare sotto le ascelle e portarle sulla schiena. La mente si connette in alto. (Fig. 3-102). Con i palmi sulla schiena, vibrare in basso, inarcare il corpo in basso, gradualmente piegare le ginocchia e accovacciarsi, con le mani che passano il punto energetico *huantiao*. Aprire la Bocca di Tigre in modo che guardi i lati delle gambe, con gli indici nella parte posteriore delle gambe e i pollici ai lati. (Fig. 3-103) Vibrare in basso lungo la parte esterna dei piedi fino alle dita. Posizionare la punta delle dita e i pollici sulla punta delle dita dei piedi, vibrare. (Fig. 3-104) Far vibrare la parte interna dei piedi e risalire in alto lungo la parte interna delle gambe fino al basso addome, fino a ritornare appena sotto lo sterno, sollevando lentamente il corpo mentre si esegue il movimento. Ripetere questa sequenza soltanto una volta.

图 3-98   图 3—99   图 3 100

图 3—101   图 3—102   图 3—103   图 3—104

Tutta questa sequenza costituisce un solo giro di "Condurre il Qi nei Canali". Occorre praticare tre giri ogni volta.

Chiusura

Chiudere i piedi camminando sul *qi*. Chiudere i palmi dallo sterno in posizione di Mani Heshi. Sollevarli fin sopra la testa, allungare. (Fig. 3-105) Ruotare i palmi in avanti, abbassarli in linea. Girare i palmi in alto, chiudere in avanti alla larghezza delle spalle; le dita medie irradiano *yintang*. Abbassare i gomiti, tirare il *qi* indietro. Premere *dabao*, mandare il *qi* all'interno del corpo. (Fig. 3-106) Spingere le mani indietro, aprire lateralmente, gradualmente ruotare i palmi avanti, portare il *qi* davanti, riversarlo nel *dantian* inferiore (Fig. 3-107). Posizionare i palmi sul *duqi*, raccogliere e nutrire il *qi* (Fig. 3-108). Separare le tue mani ai lati, aprire gli occhi lentamente.

 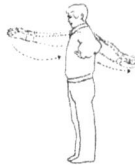  

图 3--105   图 3—106   图 3 107   图 3—108

137

Punti da Notare

• Quando la mano destra vibra all'estremità della mano sinistra e si ruotano i palmi, questo deve essere un movimento circolare. La mano sinistra disegna un arco spingendo un po' verso la parte esterna della mano destra; allo stesso tempo la mano destra spinge incrociando il palmo sinistro, le dita sopra il pollice, poi indietro verso l'esterno del palmo. Non si deve disegnare un arco troppo grande. In alternativa si può usare solo la mente per disegnare l'arco senza compiere alcun movimento.

• Battere sul Tamburo Celeste: utilizzare la base dei palmi per coprire le orecchie, porre le dita su *yuzhen*. Il movimento di Battere sul Tamburo Celeste è una sequenza delle dita indice prima, anulare e poi medio che picchettano tre volte, poi tutte e tre le dita picchettano insieme tre volte. I medi guidano le altre dita a picchettare la parte posteriore del cervello per far vibrare il cervello e tutta la testa.

• Vibrazione: le mani non devono lasciare la pelle quando si vibra; non si deve picchettare. La velocità non dovrebbe essere meno di due volte per secondo. Il movimento dalle spalle alle dita dovrebbe prendere circa cinque respiri naturali in ciascuna direzione. Dalla testa fino ai piedi si dovrebbero fare circa 24 respiri.

• La pratica di questo metodo richiede dei movimenti morbidi e continui ad una velocità uniforme. La mente deve rimanere rilassata.

• Una volta divenuti familiari con questa pratica si può vibrare con le mani a 1-3 cm dalla pelle senza toccarla.

• Guidare il *Qi* lungo i Canali è un modo attraverso cui si può guidare il *qi* lungo i dodici canali. Non è un modo di condurre il *qi* individualmente in ciascun canale ma un modo per condurlo lungo i tre canali *yin* e i tre canali *yang* insieme. Questo è il percorso della circolazione del *qi* nei dodici canali: i tre canali *yin* della mano vanno dal petto alle mani lungo l'interno delle braccia; i tre canali *yang* delle mani vanno dalle mani lungo la parte esterna delle braccia fino alla testa; i tre canali *yang* dei piedi vanno dalla testa lungo la parte laterale e posteriore del corpo giù fino ai piedi; i tre canali *yin* dei piedi vanno dai piedi lungo la parte interna delle gambe fino all'addome. Quindi per guidare il *qi* lungo i canali della mano si inizia andando giù dall'interno e su dall'esterno del braccio. Per guidare il *qi* lungo i canali dei piedi si inizia andando giù dalla parte posteriore ed esterna del corpo poi su dalla parte interna delle gambe.

• Il movimento della vibrazione nel Guidare il *Qi* lungo i Canali utilizza il *qi* per penetrare in modo diretto e aprire i diversi livelli delle strutture del corpo. Con ciascuna vibrazione si preme per penetrare all'interno, poi si porta all'esterno. Ogni volta che si vibra la mente deve penetrare all'interno delle ossa e al centro del posto in cui si sta vibrando, poi portare all'esterno. Questo permette alla pelle, ai muscoli, ai tendini, ai vasi sanguigni e alle ossa di fondersi in un'unità.

BREVE RIASSUNTO DEL CAPITOLO TRE

Il Metodo per l'Integrazione di Corpo e Mente detiene un ruolo molto importante tra i metodi dinamici del Zhineng, poiché allena il corpo e la mente. È una pratica importante dello "*shen nian xing*" e "*shen guan xing*" ("la mente pensa al corpo" e "la mente osserva il corpo"). Attraverso la sua pratica si può ottenere un ottimo stato di salute sia per la mente che per il corpo.

Il Metodo per l'Integrazione di Corpo e Mente e Condurre il Qi lungo i Canali insieme offrono una pratica combinata completa
Il Metodo per l'Integrazione di Corpo e Mente aumenta il *qi* nei canali. Occorre però essere consapevoli che l'obiettivo di questa pratica non è quello di lavorare sui canali. I canali si connettono all'interno con gli organi interni e all'esterno agli arti. Gli obiettivi sono: fare si che il *qi* possa penetrare negli strati più profondi dei tessuti, aumentare le connessioni tra il *qi* dei tessuti profondi e il *qi* esterno, ed anche di rendere abbondante il *qi* interno.

Con la pratica dello *hunyuan* esterno lo scambio di *qi* interno ed esterno avviene principalmente al livello delle membrane. Nel Metodo per l'Integrazione di Corpo e Mente lo scambio è ad un livello ancora più profondo. La Preparazione e la Chiusura del Metodo per l'Integrazione di Corpo e Mente sono una pratica dello *hunyuan* esterno e sono state incluse per connettere questo Metodo alla pratica dello *hunyuan* esterno. Tuttavia questo non è sufficiente, per questo si termina la pratica con Condurre il *Qi* lungo i Canali.

Nel Metodo per l'Integrazione di Corpo e Mente ciascuna sezione lavora su una particolare parte del corpo. Questo significa che la sua pratica permette di lavorare su segmenti separati del corpo e che essa limita la mente e il *qi* soltanto all'interno del corpo. Inoltre, sebbene durante la pratica avvenga uno scambio tra *qi* interno e quello esterno, esso è limitato nella sua estensione. Guidare il *Qi* lungo i Canali lavora soltanto apparentemente sui canali, perché in realtà la mente non è concentrata su alcun canale in particolare ma piuttosto sul *qi* che va all'interno e all'esterno per aprire le strutture interne. Nel fare ciò, esso supplisce lo scambio limitato di *qi* interno/esterno del Metodo per l'Integrazione di Corpo e Mente. Per questo motivo il Metodo del Condurre il Qi nei Canali diventa uno strumento prezioso dopo la pratica del Metodo Corpo Mente.

Come praticare in modo ottimale il Metodo per l'Integrazione di Corpo e Mente

- Occorre sviluppare la capacità di usare i movimenti per mobilitare il *qi*. Questo significa che i movimenti devono essere eseguiti in modo corretto e la propria pratica deve essere attenta e profonda.

- Occorre migliorare l'estensione fino alla quale si ha il controllo della propria mente. Non si deve concentrare la mente solo sull'esecuzione dei movimenti, occorre conoscere anche i benefici di ciascuna sezione mentre la si pratica. Quando si allena una sezione si deve credere fortemente che si può trarre beneficio dalla sua pratica. Attraverso questo credere verranno aumentati enormemente i benefici della pratica.

- Occorre essere consapevoli dei miglioramenti del proprio livello di pratica senza però avere fretta di raggiungere i risultati. Ciò soprattutto quando si osservano i punti energetici. Questa pratica infatti deve essere eseguita con la mente molto concentrata, il corpo molto rilassato, i movimenti molto naturali e con la capacità di eseguire il metodo completo in modo fluido. Altrimenti non si possono ottenere i benefici previsti e i pensieri distraenti possono condizionare il risultato.

- L'osservazione dei punti energetici deve essere precisa. Nel qigong tradizionale i Maestri premevano i punti energetici dei loro discepoli per permettergli di comprenderne la loro esatta posizione; questo veniva chiamato "Posizionare le Stelle". In realtà era un modo per mandare il *qi* nel punto energetico e rendendolo più abbondante, producendo una sensazione di *qi* nel punto energetico in modo che l'allievo potesse chiaramente ricordare la sua posizione. Oggi siamo noi stessi ad osservare il punti energetici in modo da tirare il *qi* al loro interno e unire tutte le parti del corpo in un insieme.

Il Metodo per l'Integrazione di Corpo e Mente allena lo *Hunyuan Qi* del corpo

Il Metodo del Sollevare il Qi in Alto e Riversarlo dalla Testa ed il Metodo per l'Integrazione di Corpo e Mente allenano soprattutto lo *hunyuan qi* del corpo umano. Chiunque é in grado di dirigere la raccolta e la dispersione dello *hunyuan qi* del proprio corpo. Il *qi* del corpo è usato principalmente per lo sviluppo fisico e le attività, ed é influenzato dal *qi* dei canali per assicurare che siano soddisfatti i bisogni metabolici del corpo. Il Livello Uno differisce dal Livello Due dal fatto che esso allena lo *hunyuan* interno ed esterno, ma i risultati della pratica sono gli stessi poiché entrambi aumentano e migliorano lo *hunyuan qi* del corpo.

Il Metodo dei Cinque *Hunyuan* lavora principalmente sul *qi* degli organi interni. Questo *qi* é influenzato dalle emozioni che le persone provano durante la loro attività vitale ma non è condizionato molto dall'attività della mente. Attraverso la pratica del Metodo dei Cinque *Hunyuan*, si può controllare il *qi* degli organi interni attraverso la propria attività mentale.

Lo *hunyuan qi* degli organi interni è da questi utilizzato per i loro stessi bisogni metabolici. Lo *hunyuan qi* degli organi interni è anche usato da questi ultimi per produrre ogni tipo di materia fuori dal *qi* invisibile. Un esempio di tale processo riguarda la produzione dei diversi ormoni proprio da parte degli organi interni.

Il Metodo dei Cinque *Hunyuan* lavora sullo *hunyuan* interno mentre il Metodo dello *Hunyuan* Centrale lavora sullo *hunyuan* centrale, ma occorre comprendere che entrambe le pratiche migliorano lo *hunyuan qi* degli organi.

和谐欢畅　自然端庄

He xie huan chang zi ran duan zhuang

He xie in questo contesto significa armonioso e placido
Huan chang significa sensazione di profonda felicità
Zi ran indica uno stato naturale, liberato dalle idee fisse, che si mostra
esternamente come non artificioso e aperto
Duan zhuang significa sereno e dignitoso

Questo detto rappresenta il requisito del Dao De del Zhineng Qigong

CAPITOLO QUATTRO

Metodo dei Cinque Hunyuan
Wu Yuan Zhuang

RIASSUNTO DEL METODO DEI CINQUE HUNYUAN

Il Metodo dei Cinque *Hunyuan* è al Terzo stadio dei metodi dinamici del Zhineng. É anche chiamato il Metodo dello *Hunyuan* dei Cinque *Qi* o il Metodo dei Cinque *Qi* che ritornano all'Uno. Esso allena l'apertura, la chiusura, la fusione e la trasformazione del *qi* degli organi interni. Inoltre lo fa ritornare nel Palazzo *Hunyuan*, per un'ulteriore fusione di mente e *qi*. La teoria del Metodo dei Cinque *Hunyuan* spiega perché e come le diverse pratiche del qigong tradizionale lavorassero utilizzando il suono per aprire i punti energetici e i palazzi. Il Metodo dei Cinque *Hunyuan* utilizza questa teoria per guidare la pratica. Il metodo dei Cinque *Hunyuan* unisce insieme la mente che mobilizza il *qi*, il movimento che mobilizza il *qi* e il suono che mobilizza il *qi*. E' una pratica di livello più alto rispetto al Metodo di Sollevare il *qi* in Alto e Riversarlo dalla Testa o al Metodo per l'Integrazione di Corpo e Mente. Il Metodo dei Cinque *Hunyuan* è un metodo di livello centrale del Zhineng Qigong. Dopo aver praticato il Livello Uno e il Livello Due, l'allenamento di questo metodo può innalzare la propria salute ad uno stadio ancora più alto.

Breve introduzione al Metodo dei Cinque Hunyuan

Il Metodo dei Cinque *Hunyuan* è composto da tredici sezioni suddivise in tre parti. Le prime quattro sezioni costituiscono una parte e lavorano per aprire lo spazio del *qi* interno, per raccogliere il *qi* e per permettere la fusione del *qi* del corpo con quello del mondo naturale. Esse inoltre allenano principalmente lo *hunyuan* esterno e lo *hunyuan* di corpo e mente come preparazione alla pratica dello *hunyuan qi* dei cinque organi interni. La seconda parte rappresenta la pratica degli organi interni e costituisce la pratica centrale del metodo. Ciascuna sezione lavora su uno degli organi interni. La sua pratica intensifica l'apertura e la chiusura, la raccolta e la dispersione del *qi* degli organi interni attraverso il movimento, l'uso della mente e il suono.

In questo modo si migliorano le funzioni degli organi interni a livello fisico, di *qi* e mente. Inoltre si aumentano le connessioni tra il *qi* degli organi interni e lo *hunyuan qi* inducendo una trasformazione qualitativa di corpo-mente. La terza parte è costituita dalle ultime quattro sezioni. Essa lavora principalmente per migliorare le connessioni e le trasformazioni tra lo *hunyuan qi* del corpo e quello degli organi interni attraverso la pratica dello *hunyuan* di corpo e mente, raccoglie il *qi* al centro del corpo in modo da nutrire corpo e mente.

L'organizzazione e la pratica del Metodo de Cinque *Hunyuan* somiglia all'integrazione di *yin/yang*, ai cinque elementi e al *bagua* ma la sua teoria si basa sulla teoria dello *hunyuan qi*. È una contraddizione? No, perché lo *hunyuan qi* include *yin/yang*, i cinque elementi e il *bagua*.

Conoscenze di base del Metodo dei Cinque Hunyuan

Conoscenza sui Cinque Organi Interni
Nel Metodo dei Cinque *Hunyuan* i cinque organi interni sono: cuore, fegati, milza, polmoni e reni. Questa suddivisione deriva dal qigong tradizionale. Si diversifica dalla visione dei cinque organi interni della medicina moderna.

Cuore
il cuore è situato tra i polmoni, con la punta vicino al punto energetico *tanzhong* e la base appena sopra il diaframma vicino al punto *jiuwei*. Il *qi* del cuore si estende in alto fino a *yutang* e in basso fino a *juque*. Il luogo di raccolta del suo qi è tra i punti energetici *tanzhong* e *zhongting*.
Il cuore governa il sangue, i vasi sanguigni e lo *shen*. La sua emozione é la felicità. Il suo suono è il riso. La trasformazione del suo *qi* è la crescita. La sua apertura all' esterno è la lingua.

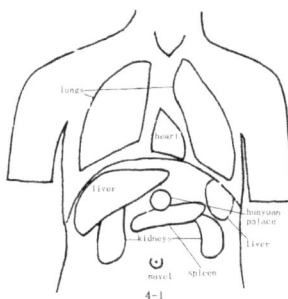

4-1

Fegati

I fegati si trovano nell'addome sotto il diaframma in entrambi i lati delle costole. [Secondo la visione scientifica moderna la milza si trova dietro le costole di sinistra, mentre nella Medicina Tradizionale Cinese essa viene chiamata fegato sinistro; il Zhineng Qigong segue la visione della Medicina Tradizionale Cinese, in cui vi è un fegato destro e uno sinistro] I luoghi di raccolta del suo *qi* sono *qimen* e *riyue*.

I fegati governano i tendini, il vigore e l'anima eterea (*hun*). La loro emozione è la rabbia. Il loro suono è quello dell'espirazione che si emette quando si fa un sospiro o un soffio. La trasformazione del loro *qi* è la salita verso l'alto. La loro apertura all' esterno sono gli occhi.

Milza

La milza si trova nella parte superiore dell'addome. Essa include ciò che la medicina moderna chiama il pancreas e il grande omento, il mesentere ecc. che circondano il pancreas. I testi classici affermano che la milza governa lo spazio centrale del corpo. Il luogo di raccolta del suo qi si trova tra i punti energetici *jianli* e *xiawan*.

La milza governa i muscoli e lo *yi* (la mente attiva, pensante); insieme allo stomaco lavora sulla digestione, trasformando e trasmettendo il *qi* e il nutrimento sottile tratto dal cibo e dall'acqua. La sua emozione è la riflessività. Il suo suono è il canto. La trasformazione del suo *qi* è la trasformazione e il trasporto. La sua apertura all'esterno è la bocca, con le labbra che manifestano l'essenza della milza.

Polmoni

I polmoni si trovano all'interno dei due lati del petto tra *quepen* e il diaframma. Mentre si respira, i polmoni si aprono e si contraggono. La base si solleva e si abbassa seguendo il movimento del diaframma. I luoghi di raccolta del *qi* sono nella zona di *yunmen* e *zhongfu*.

I polmoni governano il *qi* di tutto il corpo, la pelle e i capelli, il respiro e l'anima corporea (*po*). L'emozione è la tristezza e la compassione. Il suono è il pianto. La trasformazione del *qi* è portare all'interno e raccogliere. L'apertura esterna è il naso.

Reni

I reni si trovano in entrambi i lati della parte posteriore dell'addome alto, tra *mingmen* e i fegati. La loro essenza può arrivare fino a *huiyin* (appartengono ai reni sia la prostata e i testicoli nel maschio, che l'utero e le ovaie nella femmina). I luoghi di raccolta del *qi* sono ombelico e *mingmen*.

I reni governano l'essenza, il midollo [delle ossa, della spina dorsale e del cervello] e le ossa; essi determinano anche il grado della propria forza di volontà, se sia maggiore o minore, forte o debole. La loro emozione è la paura. La loro apertura all'esterno sono le orecchie e i due orifizi *yin* [uretra e ano]. La loro trasformazione del *qi* è la raccolta.

La Teoria dello *Hunyuan Qi* in relazione al Metodo dei Cinque *Hunyuan*

Poiché il Metodo dei Cinque *Hunyuan* allena uno strato più profondo dell'attività vitale, descriveremo adesso in modo più approfondito la teoria dello *hunyuan qi* a esso correlata.

La teoria dello *Hunyuan qi* vede gli esseri umani come una integrazione di *jing*, *qi* e *shen* (corpo, qi e mente). Poiché questi tre hanno effetti diversi sull'attività vitale umana, anche il loro *hunyuan qi* è diverso. La dimostrazione di queste differenze è evidente nei luoghi di raccolta del *qi*, nelle sua qualità e nelle sue funzioni. Noi possiamo considerarli come sottosistemi dello *hunyuan qi* umano. Segue una loro semplice descrizione.

Hunyuan qi del corpo

Lo *hunyuan qi* del corpo si raccoglie nel *dantian* inferiore e raggiunge i tessuti in ogni parte del corpo. Sovrintende alla formazione e alla scomposizione dei tessuti e supporta tutti i movimenti fisici dell'uomo. E' l'elemento base dello *hunyuan qi* umano.

Lo hunyuan qi degli organi interni

La crescita e il cambiamento dei tessuti di tutto il corpo umano sono limitati e controllati dalle leggi della trasformazione del *qi*. Queste leggi sono: la nascita, la crescita, la trasformazione, la raccolta e la conservazione. Gli organi interni lavorano in base a queste leggi, secondo le quali tutti gli organi interni sono collegati e ciascun organo è connesso a un'emozione. I cinque organi interni sono molto importanti nello *hunyuan qi* dell'uomo. Essi non lavorano individualmente ma come un insieme armonioso, facendo sì in questo modo che il loro *qi* formi un sottosistema dello *hunyuan qi* umano. Il loro *qi* si raccoglie nel Palazzo *Hunyuan* (*hunyuanqiao*), il centro dell'attività dei cinque organi. Il Palazzo *Hunyuan* è situato al centro della parte superiore dell'addome, dietro lo stomaco. La mente delle persone comuni non può mobilitare in modo attivo lo *hunyuan qi* degli organi interni ma le loro emozioni possono influenzarlo. Per questo nel Metodo dei Cinque *Hunyuan* la pratica pone l'accento sull'utilizzo del suono per mobilitare il *qi* e delle emozioni per regolarlo.

Hunyuan qi della mente
Questo tipo di *hunyuan qi* viene spiegato nella teoria dello *yiyuanti*, motivo per cui non sarà necessario discuterne qui.

Come descritto sopra, questi tre tipi di *hunyuan qi* sono sottosistemi dello *hunyuan qi* umano. Essi non solo si connettono insieme ma in certe condizioni possono anche trasformarsi l'uno nell'altro, mantenendo così tutte le attività vitali degli esseri umani.

Palazzo *Hunyuan* (*hunyuanqiao*)
Il termine Palazzo *Hunyuan* non è stato creato dal Zhineng Qigong. All'interno della teoria del qigong tradizionale si possono trovare infatti molte sue descrizioni. Nell'antichità si pensava che il cielo e la terra fossero un insieme connesso. Il Cielo era *yang*, la Terra *yin*. Lo spazio centrale che connette il Cielo e la Terra, dove il *qi* di Cielo e Terra si fondono insieme, era chiamato *hunyuan*. Gli antichi pensavano inoltre al corpo umano come una miniatura di Cielo e terra. Il cuore era il cielo, appartenendo allo *yang*, i reni erano la terra e appartenevano allo *yin*, lo spazio centrale tra il cuore e i reni era il luogo del Palazzo *Hunyuan* umano. Nel qigong tradizionale Taoista vi erano quattro diverse descrizioni relative alla posizione del Palazzo *Hunyuan*.

Il Zhineng Qigong pone il Palazzo *Hunyuan* tra *duqi*, la Terra, e il cuore, il cielo, 1.2 *cun* all'interno del corpo da *zhongwan*. [In Cina vi sono diversi sistemi di misurazione ma relativamente al corpo la misura più utile è lo *cun*. Uno *cun* equivale alla lunghezza dell'articolazione centrale del dito medio, in media di circa 3 cm.] Il Palazzo *Hunyuan* è uno spazio all'interno del corpo tra i punti energetici *zhongwan* e *jizhong*.

La teoria *Hunyuan* afferma che lo *hunyuan qi* di qualsiasi materia, incluso il corpo fisico umano, si raccoglie e si concentra sia all'interno della forma che intorno a essa anche se meno densamente, e più aumenta la distanza dal corpo fisico minore diventa la sua densità. Di conseguenza, lo *hunyuan qi* del corpo umano si concentra per la maggior parte all'interno dell'ombelico, sotto di esso e da questo, nel *dantian* inferiore. Il *dantian* inferiore è anche chiamato *qi hai* (oceano di *qi*). Lo *hunyuan qi* dei cinque organi interni si concentra e si trasforma nel Palazzo *Hunyuan*, in profondità, a partire da *zhongwan*. Sopra il Palazzo *Hunyuan* c'è il cuore e sotto ci sono i reni, ai lati ci sono i fegati [fegato e milza occidentali] e polmoni, al centro la milza (il pancreas in Occidente). Quindi il Palazzo *Hunyuan* è il luogo dove si raccoglie il *qi* dei cinque organi interni.

Alcune persone sostengono che i polmoni siano lontani dal Palazzo *Hunyuan* e che siano separati dal diaframma, quindi si chiedono come possa il *qi* dei polmoni concentrarsi e trasformarsi nel Palazzo *Hunyuan*. Occorre comprendere che il Palazzo *Hunyuan* non è il luogo di raccolta degli organi fisici ma del loro *hunyuan qi*. La teoria dei meridiani spiega che i canali del polmone iniziano dal Palazzo *Hunyuan*; questo è un primo aspetto. Un altro aspetto è che quando si inspira, il diaframma si abbassa e il *qi* dei polmoni si abbassa verso e attraverso il Palazzo *Hunyuan* fino a *mingmen*. Quando si espira, il diaframma si contrae e il *qi* sale in alto. Quando il diaframma si apre, il *qi* si solleva e avviene l'espirazione. In questo processo il *qi* del Cielo (il *qi* del petto) e il *qi* della terra (il *qi* dell'addome) si fondono e si trasformano nel Palazzo *Hunyuan*. Allo stesso tempo questo permette al *qi* di tutti i cinque organi di fondersi e di trasformarsi nel Palazzo *Hunyuan*.

Le caratteristiche del Metodo dei Cinque Hunyuan

I cinque organi interni sono nascosti in profondità all'interno del corpo. Normalmente le persone hanno difficoltà a controllare le loro attività vitali. Ci sono tre modi per affinare la capacità di migliorare attivamente e consapevolmente le proprie funzioni vitali. (1) Utilizzare particolari movimenti per mobilizzare i canali connessi con gli organi interni e di conseguenza il loro *qi*. (2) Utilizzare i mudra delle mani. Nelle mani sono contenute le informazioni di tutto il corpo e ciascun dito contiene l'informazione di un particolare organo interno. Attraverso i mudra si può attivare il *qi* degli organi interni. (3) Utilizzare il suono e la visualizzazione per mobilizzare il *qi* degli organi interni. Il mudra, il suono e la visualizzazione sono descritti di seguito.

Mudra

I mudra sono usati nella pratica Buddista e Taoista. In passato i Taoisti e i Buddisti consideravano i mudra un segreto e li utilizzavano per allontanare i demoni e i fantasmi. Il loro uso infatti consente di attivare e intensificare il *qi* interno in modo che si connetta in modo più energico con il *qi* esterno. Parti diverse delle mani si connettono con diverse parti del corpo e a diversi livelli di corpo, *qi* e informazione, come spiegato in ciascuna sezione pertinente del Metodo. (Fig. 4-2)

heart liver lung kidney spleen

4-2

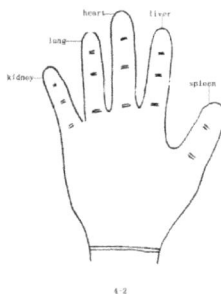

Quando alleniamo un organo i mudra nel Metodo dei Cinque *Hunyuan* lavorano in due modi. (1) Si preme il dito che si connette con quell'organo. Per esempio quando si allena la milza si usano i medi per premere sulle parti corrispondenti delle mani [ossia zone che si collegano alla milza]. (2) Si chiudono tutte le dita eccetto quella connessa a quel dato organo. Il Metodo dei Cinque *Hunyuan* usa principalmente quest'ultimo modo.

Suono
Si recitano certe parole o frasi che nel qigong tradizionale vengono chiamate mantra. In passato le persone credevano che gli effetti dei mantra provenissero dagli dei o dal Buddha. In realtà essi derivano dal *gongfu* delle persone che li recitano. Alcuni mantra possono essere usati per concentrare e schiarire la mente; altri possono essere utilizzati per mobilitare il *qi*. I suoni nel Metodo dei Cinque *Hunyuan* lavorano proprio per mobilizzare il *qi* interno.

I tre livelli del suono sono:

• Suono a voce alta. Questo può attivare lo *hunyuan qi* del corpo attraverso gli effetti che la vibrazione ha su quest'ultimo. Viene usato nelle arti marziali per attivare una grande forza tramite suoni molto violenti, brevi e potenti. Nella pratica del qigong si utilizza un suono leggero, basso, lungo e armonioso per portare beneficio alla nostra salute.
• Recitare in silenzio. Si pronunzia la parola senza emettere alcun suono; nessun altro all'infuori di se stessi può sentire qualcosa. Ma la bocca deve assumere la forma corretta come per emettere i suoni. Nella sua esecuzione è più difficile avere un effetto sul *xing* [la forma fisica dei fegati].

- Recitare dal cuore. Recitare nella mente; pensare al suono e recitare dal cuore. La bocca non si muove per formare le parole; c'è solo il pensiero nella mente. Questo modo può essere efficace solo se si è già acquisita la padronanza della recitazione silenziosa, altrimenti è improbabile che si ottengano dei benefici. Questi tre tipi di recitazione lavorano rispettivamente a livello di corpo, *qi* e mente.

I suoni del metodo dei cinque hunyuan

	Xing	*Qi*	*Shen*
Cuore	xin	xiang	xing
Fegati	tü	jü	ling
Milza	gang	fu	zhong
Polmoni	sang	si	song
Reni	ei	yu	ying

Nel Metodo dei Cinque *Hunyuan* ciascun organo ha tre suoni. I primi due lavorano principalmente sul corpo e il *qi*. Il primo suono riguarda principalmente il corpo ma influenza anche il *qi*. Il secondo suono interessa principalmente il *qi* ma influenza anche il corpo. Il primo suono fa vibrare l'organo fisico per aprirlo, anche se non completamente; il *qi* dell'organo infatti rimane connesso con il relativo centro. Il secondo suono fa vibrare il *qi* per raccoglierlo nel Palazzo *Hunyuan*. Il primo suono apre, il secondo chiude; il primo tocca il corpo, il secondo riguarda il *qi*. Tutto ciò sottolinea la connessione olistica tra i cinque organi interni e il palazzo *Hunyuan*. Il terzo suono non solo si connette con il *qi* dei cinque organi ma anche con il loro *shen*. Quando si recita il terzo suono si deve visualizzare attivamente lo stato dello *shen* dell'organo. Di seguito verrà approfondito nel dettaglio il terzo suono.

Fegati

Il terzo suono dei fegati è "*ling*". Quando si pronuncia "*ling*" si deve iniziare con il primo tono [piano] e continuare senza interruzione nel secondo tono [crescente] (vedi glossario). L'anima eterea (*hun*) è ospitata nei fegati; essa è di natura *yang* ed è un aspetto dell'attività della coscienza (*yishi*).

Mentre si emette il suono *ling*, l'anima deve essere *ling* (luminosa, chiara, pura). Si può percepire la vibrazione nel Palazzo *Hunyuan* che, nel qigong tradizionale, è un importante luogo di trasformazione del *qi* in *shen*. Una volta individuato il Palazzo *Hunyuan*, concentrare la mente lì e portarvi il *qi* è una pratica chiave nel Metodo dei Cinque *Hunyuan*.

Cuore

Il terzo suono del cuore è *"xing"*. Xing significa consapevolezza. Il nostro *shen* è alloggiato nel cuore. Quando si produce il suono, lo *shen* deve essere in uno stato di consapevolezza. I Grandi Maestri antichi domandavano: "Il Maestro è consapevole?" chiedendo con questa frase se il vero sé fosse vigile [cioè riconosceva il proprio stato]. Quando si pronuncia il suono *xing* c'è una leggera sensazione di movimento all'interno di *shangen* e *yintang* e alcune persone potranno percepire una luminosità interna; questo è un fenomeno di luce naturale [ossia luce che proviene dalla propria mente]. Quando si dice *xing* si dovrebbe visualizzare uno stato vuoto e puro all'interno di *yintang*. L'uso dei medi per premere e massaggiare *yintang* mentre si pronuncia *xing* aumenta l'efficacia del suono. Se la mente è in uno stato di confusione, la pronuncia del suono *xing* e la visualizzazione di uno stato puro e di vuoto la farà calmare velocemente

Milza

Il terzo suono della milza è *"zhong"*. La milza governa il Palazzo centrale del corpo (la zona del Palazzo *Hunyuan*). Lo *shen* della milza è l'attività mentale. I praticanti di qigong dovrebbero mantenere lo stato di vuoto nella mente. Nel qigong più antico questo stato era detto *zhong*. In passato le persone chiamavano *"zhong"* lo stato senza felicità, rabbia, dolore o pensiero (prima del sorgere delle emozioni). Nello stato *zhong* non vi è alcuna fissazione. Alcune persone dicono che *zhong* equivale al vuoto ma è un fraintendimento. Vuoto ed esistenza sono opposti. Se la mente è fissata sul vuoto, questo non è uno stato di *zhong*. Nell'universo niente è vuoto.

Come si può sperimentare lo stato di *zhong*? Quando si dice *zhong*, specialmente se si recita silenziosamente, e ci si concentra con attenzione nella sensazione nel Palazzo *Hunyuan*, si percepirà lo stato *zhong*. Successivamente si potrà avere questa sensazione senza dover pronunciare il suono *zhong*, e si potrà entrare velocemente nello stato *zhong*.

Polmoni

Il terzo suono dei polmoni è '*song*'. I polmoni governano il *po* (l'anima corporea). *Po* è uno degli aspetti dello *shen*. Nella medicina occidentale lo si intende come qualcosa di simile alle reazioni del sistema nervoso. Nel qigong si afferma che il *po* è lo *yin* ed è strettamente connesso al corpo. I praticanti di qigong devono rilassare il corpo in modo che il *qi* fluisca facilmente, quindi quando si pronuncia *song* occorre rilassare la pelle, i muscoli, i tendini, i vasi sanguigni, le ossa, gli organi interni, etc. Il punto energetico *shenzhu* sotto la terza vertebra toracica (T3) è un punto chiave per rilassare tutto il corpo, come un supporto. Questo punto è connesso con i polmoni, così quando si dice *song* si dovrebbe rilassare in modo attivo il punto energetico *shenzhu*. Rilassando questo punto tutto il corpo si rilassa in modo naturale.

Reni

Il terzo suono dei reni è "*ying*". I reni governano la nostra forza di volontà. Per praticare qigong e sostenerne la causa ci vogliono dedizione e forza di volontà focalizzata; non si deve disperdere l'attenzione. Il suono "*yi*" può avere sui reni un effetto troppo diretto, rendendo difficile la connessione con il Palazzo *Hunyuan*. Per questo motivo si dice "*yi-ying*".

Alcune cose importanti da dire sui suoni.

- E' necessario essere precisi quando li si emettono.
- I suoni dovrebbero essere armoniosi e delicati. Si inspira attraverso il naso con i denti e la bocca chiusi delicatamente. La punta della lingua preme i bordi dei denti.
- La pratica dei suoni dovrebbe essere intrapresa passo dopo passo. Inizialmente praticare il suono dello *xing*, successivamente il suono del *qi* e poi si può praticare il suono dello *shen*. Una volta divenuti abili nella pratica di questi tre suoni li si può unire insieme ripetendoli tutti e tre in un solo respiro. In generale, è opportuno impiegare da due a quattro settimane praticando ciascun passo dallo *xing* fino allo *shen*. Una volta che si è in grado di ripetere tutti e tre i suoni insieme, si può iniziare a praticare ripetendoli silenziosamente o recitandoli dal cuore.

Visualizzazione

I cinque suoni dello *shen* dei cinque organi contengono diverse informazioni e stati. Quando si pratica ciascun suono, è necessario visualizzare le emozioni relative a quell'organo tanto quanto lo stato del suo *shen* come descritto sopra. [Occorre visualizzare le emozioni di ciascun organo durante tutta la sua pratica]. Perché si devono mobilizzare le emozioni attraverso la visualizzazione quando si pratica il Metodo dei Cinque Hunyuan? (1) Per praticare il controllo sulle emozioni. Ciò migliora la nostra capacità di controllare la nostra mente. (2) Si utilizzano queste emozioni per mobilizzare la trasformazione del *qi* dei cinque organi interni.

La rabbia dei fegati può aiutare ad attivare il *qi* in modo che si sollevi. Quando le persone sono arrabbiate guardano con aria feroce e il *qi* si impenna e monta. Ma quando le persone anziane sono arrabbiate la maggior parte di loro si sente malinconico, ciò significa che il loro *qi* interno non riesce a fluire bene, è bloccato all'interno e può causare malattia. Quando si pratica qigong per visualizzare la rabbia, questo può far crescere e sollevare il *qi* liberamente e può incrementare i benefici della pratica.

La felicità del cuore può aiutare il *qi* a crescere e svilupparsi. Quando le persone sono felici aprono le sopracciglia e hanno un sorriso sul viso. Un cuore aperto permette al *qi* di fluire bene e aumenta la vitalità. Questo nutre le funzioni dei tessuti del corpo. Quando si pratica qigong si apre *yintang*, questo porta felicità al cuore e rilassa le guance e la bocca, e può far apparire un sorriso sul volto.

L'emozione legata alla milza è la riflessività, un pensiero profondo o ossessivo. Questa emozione può aiutare la trasformazione del *qi* interno. Quando si riflette profondamente, la crescita e il flusso del *qi* cambiano. Tante trasformazioni nel corpo umano sono influenzate dall'attività della mente. Quando si allena la milza, per migliorarne la trasformazione e il funzionamento si visualizza l'emozione del pensiero profondo. Come si dovrebbe visualizzare un pensiero profondo quando si pratica? Si usa la mente per concentrarsi sulla punta del naso.

L'emozione dei polmoni è la tristezza e la commiserazione. Può aiutare a raccogliere il *qi* e portarlo all'interno. I polmoni hanno la funzione di regolare e diffondere il *qi* di tutto il nostro corpo (ossia di farlo fluire in modo regolare in tutto il corpo) e l'emozione della tristezza raccoglie il *qi* al nostro interno. Pertanto, quando la gente comune singhiozza è perché l'emozione della tristezza sta danneggiando il cuore e la mente. In passato si diceva che "la tristezza dissipa il *qi*". Quando si pratica qigong, la visualizzazione dell'emozione della tristezza aiuta semplicemente a raccogliere il *qi* all'interno senza danneggiare il cuore e la mente. Essa migliora la capacità dei polmoni di raccogliere il *qi* e portarlo in basso. Come si pratica l'emozione della tristezza? Quando si dice "*sang*" si pensa allo stato della commiserazione.

L'emozione dei reni è la paura. Questa emozione può aiutare a immagazzinare il *qi* all'interno. Quando le persone comuni hanno troppa paura, i loro reni non sono in grado di controllare e raccogliere il *qi* perdendo

154

così il controllo della loro vescica e dei visceri. Quando si esegue questa pratica di qigong occorre entrare in uno stato molto cauto. Gli antichi suggerivano di immaginare come se si stesse in piedi sull'orlo di un precipizio oppure se si camminasse su un ghiaccio sottile. Si visualizza questo stato ma senza la sensazione di paura, solo di estrema prudenza. In questo modo si può aiutare i reni a accumulare il *qi* all'interno.

Come praticare bene il Metodo dei Cinque Hunyuan

Padroneggiare bene gli aspetti chiave

Per praticare bene il Metodo dei Cinque *Hunyuan* si devono prima praticare tutti i movimenti, i mudra e i suoni in modo da poterli padroneggiare. Si deve conoscere la posizione degli organi interni e sperimentare la sensazione nel Palazzo *Hunyuan*. Il Palazzo *Hunyuan* è molto importante; si può mobilitare il *qi* dei cinque organi perché si unisca e si connetta con esso solo se si è in grado di percepirlo. E' necessario ripetere "*ling ling*", il primo "*ling*" nella prima tonalità e il secondo "*ling*" nella seconda tonalità; quando lo si pronuncia occorre rilassare tutto il corpo, chiudere gli occhi e provare la sensazione del *qi* nel Palazzo *Hunyuan*. Questa è la chiave per aprire il Palazzo *Hunyuan*.

Approfondire la propria comprensione e l'uso della teoria dello *Hunyuan Qi*

- Sebbene il Metodo dei Cinque *Hunyuan* alleni i cinque organi interni, esso si basa comunque sulla teoria *hunyuan* e non sulla teoria dei Cinque Elementi. Nel qigong tradizionale vi è un metodo importante chiamato i Sei Suoni (he, si, hu, xi, chui) che allena i cinque organi interni e che si basa sulla teoria dei Cinque Elementi. La pratica del Metodo dei Cinque *Hunyuan* è differente – sebbene essa menzioni qualcosa della teoria dei Cinque Elementi, l'obiettivo non è quello di praticare ciascuno di questi singoli organi ma piuttosto di unire e trasformare il *qi* dei cinque organi interni per creare un equilibrio migliore. Questo obiettivo viene ottenuto attraverso la mobilizzazione del *qi* dei cinque organi per aprire e chiudere, raccogliere, disperdere e fondersi in questo modo nel Palazzo *Hunyuan* così da armonizzare i cinque organi a livello di *xing*, *qi* e *shen*.

- La pratica del qigong Tradizionale Taoista in primo luogo focalizzava la mente nel *dantian* inferiore per raccogliervi il *qi* che poi percorreva il circuito *renmai/dumai*. Nella fase successiva, il *qi* del *dantian* inferiore si univa con quello del *dantian* centrale per diventare uno. La mente era concentrata sul *qi* e andava al suo interno, in modo tale che esso si avvolgesse intorno alla mente. Durante questo tempo il *qi* dei cinque organi si raccoglieva nel *dantian* centrale. Il requisito chiave era quello di concentrare la mente, guardare dentro, ascoltare all'interno, senza pensieri distraenti, soltanto il focalizzarsi in quel punto per creare un embrione di *qi* che poi saliva fino al *dantian* superiore. Da lì andava fuori e ritornava all'interno come parte della pratica. Dopo un periodo di pratica questo embrione ritornava e rimaneva nel *dantian* superiore. La mente osservava e trasformava tutto il corpo per diventare *hunyuan* qi.

Il Metodo dei Cinque *Hunyuan* è un modo diverso di praticare. Esso mobilizza il *qi* dei cinque organi interni per aprire e chiudere, raccogliere e disperdere, attraverso il suono, il movimento e la mente. Questo modo può essere efficace per connettere il *qi* dei cinque organi interni con il *qi* del Palazzo *Hunyuan*. Può anche aumentare le connessioni e le trasformazioni tra il *qi* degli organi interni e lo *hunyuan qi* del corpo. Di conseguenza, lo *hunyuan qi* degli organi interni ha un effetto diretto sul corpo e sul suo *qi* esterno e crea un cambiamento qualitativo nel corpo. Questo processo di trasformazione è diverso da quello della pratica tradizionale Taoista.

Conoscere il proprio livello di pratica e migliorare passo dopo passo
Il Metodo dei Cinque *Hunyuan* è al terzo stadio dei metodi dinamici di Zhineng, il livello centrale del Zhineng Qigong. Se non si praticano bene i Livelli Uno e Due, si potrà praticare il Metodo dei Cinque *Hunyuan* solo al livello di principianti. Per quanto il Metodo dei Cinque *Hunyuan* contenga l'essenza dei Livelli Uno e Due insieme, non li può comunque sostituire. Per questo i principianti non devono praticarlo e dovrebbero iniziare dal Livello Uno. I sei stadi della pratica del Zhineng Qigong costituiscono un processo per mezzo del quale ci si muove dall'essere una persona comune a una con capacità extra-ordinarie. Si dovrebbe praticare con diligenza e impegno, passo dopo passo. Per esempio, se non si pratica bene la Sezione Due del Metodo per l'Integrazione di Corpo e Mente, non si sarà in grado di ottenere i benefici che si dovrebbero trarre dalla pratica di 'Aprire i Cancelli' nel Metodo dei Cinque *Hunyuan*.

Lavorare consapevolmente sulla coltivazione del sé
Per i praticanti allo stadio del Metodo dei Cinque *Hunyuan*, la coltivazione del sé è estremamente importante. Questo perché il Metodo lavora principalmente sulle emozioni dei cinque organi interni e aumenta le connessioni tra le emozioni e il *qi*, in aggiunta a tanti altri motivi. Pertanto se

le emozioni sono troppo negative, questo produrrà un enorme cambiamento nel proprio *qi* e condurrà alla malattia. Questo avviene in un grado molto maggiore rispetto alla gente comune. Le emozioni più forti sono la rabbia e la depressione.

Coloro che ottengono buoni benefici dal Livello Uno e Due e il cui *qi* è abbondante, per controllarlo hanno una maggiore necessità di una mente stabile. Quando si pratica il Metodo dei Cinque *Hunyuan*, da un lato si incrementa la propria capacità di usare le emozioni per mobilitare il *qi* degli organi interni, dall'altro si aumenta anche la trasformazione delle emozioni [portando reazioni di *qi* emotive più frequenti e più forti]. Quindi durante i cambiamenti della qualità del corpo e della mente, si deve coltivare il miglioramento di se stessi e mantenere uno stato tranquillo.

Se non si riesce a liberare la mente dall'ego, ci si concentra sul proprio guadagno o perdita e le emozioni saranno confuse. Questo determinerà un movimento anormale di *qi* e sangue. Di solito il cuore e il cervello sono i primi a essere danneggiati dal *qi*. Molti praticanti di qigong di alto livello sono morti per tale ragione e altri hanno sviluppato problemi mentali. I praticanti di Zhineng Qigong devono pertanto stare in guardia rispetto a questo punto.

Alcune persone chiedono se sia meglio non praticare il Metodo dei Cinque *Hunyuan* per evitare questi pericoli. La risposta è "no". Con la pratica del qigong ad un livello in cui il *qi* interno diventa abbondante, tutti incontrano la contraddizione tra il *qi* interno e la mente. Tale fase richiede che vengano migliorati la qualità e il livello della propria mente – per esempio, si dovrebbe affinare la propria visione della vita, interrompere il pensiero egocentrico. Questi miglioramenti possono aiutare a mantenere la mente vigile e ad aumentare ininterrottamente il proprio livello di gongfu. Di seguito daremo delle idee su come allenare le emozioni e la mente parlando della pratica del Metodo dei cinque *Hunyuan*.

- Essere amorevole e mostrare benevolenza verso tutti e tutto, per nutrire i fegati, così la rabbia non si presenterà.
- Avere un aspetto umile e un cuore rispettoso per tutto e con tutti coloro che di cui ci si occupa, per nutrire il cuore in modo da liberarsi dai desideri.
- Trattare ogni cosa e tutti con un cuore onesto e sincero, per nutrire la milza e tenerla in guardia contro una mente infida o ingannevole.

- Essere coraggiosi e pronti ad aiutare per una giusta causa, vedendola come un proprio dovere verso se stessi, e raccogliere il *qi* per nutrire i polmoni cosi da superare le emozioni di dolore e spietatezza.
- Usare la saggezza, la prudenza e la paura per sollevare il *qi* dei reni e assicurare che venga immagazzinato.

Tutti questi rappresentano dei buoni modi di lavorare per cambiare la qualità del proprio *qi*. Essi infatti possono aiutarci a migliorare il nostro livello di *daode* e a purificare il nostro *qi*. Gli antichi pensavano che questi fossero requisiti importanti per guidare i praticanti a raggiungere il livello dei saggi e dei santi. Se si possiedono un pensiero mondano e un *qi* terreno, non si può raggiungere un livello più alto. Pertanto si deve coltivare e innalzare il proprio livello di *daode*.

I MOVIMENTI DEL METODO DEI CINQUE *HUNYUAN* (*WU YUAN ZHUANG*)

Quando si inizia la pratica occorre prima adottare la corretta postura di qigong. Unire i piedi, *baihui* tirato su, corpo centrato e dritto. Guardare dritto in avanti, le mani naturalmente appese lungo i fianchi. Rilassare tutto il corpo. (fig. 4-3)

*Sezione Uno: Testa nel Cielo, Piedi nella Terra, Fondere e Trasformare il Qi di Cielo e Terra nel Palazzo Hunyuan - Dǐngtiān lìdì, Hé Huà Hùnyuán*顶天立地，合化混元

Requisiti di Movimento
1. Guidando il movimento con le mani a Bocca di Tigre, tenere il *qi* e sollevarlo dalla parte anteriore del corpo fino al basso addome. (Fig. 4-4)
2. Avvicinare e incrociare le mani e gli avambracci, l'avambraccio sinistro posto sopra quello destro, sollevare passando l'ombelico fino ad arrivare davanti al Palazzo *Hunyuan*. (Fig.4-5). Formare il Mudra *Zhi Huan Hunyuan*. La base dell'unghia del dito indice preme la parte superiore e laterale del pollice lungo la linea principale dell'articolazione, la punta dell'indice vicino alla base del pollice (fig. 4-6)

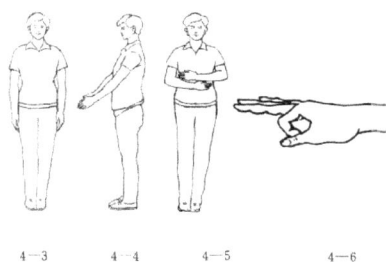

3. Cambiare la forma delle mani nel mudra *Ding Tian Li Di*. La mano sinistra è sollevata e dritta davanti al petto, il centro del palmo guarda verso destra. Il cerchio del mudra è davanti al punto energetico *tanzhong*. Ruotare il palmo destro in basso con il cerchio del mudra davanti al punto energetico *zhongwan*. In corrispondenza di quel punto più in profondità si trova il Palazzo *Hunyuan*. La base della mano sinistra è vicina alla base delle dita della mano destra. (Fig. 4-7)

4—7

4. Battere i denti. Prima battere i denti davanti per nove volte, poi i denti di sinistra nove volte, quindi i denti di destra nove volte e di nuovo i denti davanti nove volte. Eseguire il Drago Rosso che Muove l'Oceano. Iniziare con la parte centrale dei denti superiori, fare correre la punta della lingua lungo l'interno dell'arcata superiore verso sinistra, poi in basso fino alla parte interna dell'arcata inferiore sinistra e poi lungo la parte centrale e a destra, poi di nuovo su nell'arcata superiore destra e infine al centro. Disegnare questo cerchio per tre volte, poi nella direzione opposta per tre volte. Premere la punta della lingua contro il palato inferiore per tre volte, contro il palato superiore per tre volte, contro il centro dei denti anteriori tre volte. (In passato questo esercizio veniva detto "aprire le tre leve del lucchetto"). Se si forma della saliva, inghiottirla in basso fino all'addome.

5. Aprire il mudra, ruotare i palmi uno di fronte all'altro, il palmo sinistro sopra la mano destra. Avvicinare i palmi in modo che possano quasi toccarsi. Portare le mani una sopra l'altra in modo che la punta delle dita dell'una guardi la base delle dita dell'altra. Avvicinare le dita tra loro poi piegare le articolazioni in modo che le dita di entrambe le mani si tengano a vicenda. Posizionare i pollici lateralmente nello spazio che si forma dall'incontro tra il mignolo e l'indice. Questo mudra è chiamato mudra delle Mani *Hunyuan*. (In passato veniva detto Mani *Hunyuan He Yin*) (Fig. 4-8)

4—8   4—9

6. Pronunciare "*eueng* (e-weng come unico suono) *qing*": inspirare, poi dire queste due parole. Ripetere per tre volte.

7. Rilassare le mani, ruotare i palmi uno di fronte all'altro davanti al Palazzo *Hunyuan*, con la punta delle dita rivolta in avanti. Le mani sono alla larghezza dei capezzoli, gli avambracci vicino alle costole. (Fig. 4-9)

Punti Chiave dei Movimenti e della Attività della Mente

Quando si sollevano le mani, occorre pensare di tenere una grande sfera di *hunyuan qi*, di sollevarla dalla profondità della terra fino ad arrivare davanti al basso ventre. Avvicinare le mani verso l'interno e mandare una sfera di *qi* nell'ombelico. Quando si forma il mudra *Hunyuan Zhi Huan* occorre usare la forza per arrotondare gli indici. In particolare, occorre utilizzare la punta dell'indice per spingere la base del pollice. In passato la base del pollice veniva chiamata Cancello Celeste delle Mani. Essa si connette con il Cancello Celeste della testa. Con i cerchi delle dita davanti a *tanzhong* e *zhongwan*, usare la mente per mandare il *qi* al centro del corpo.

Quando si forma il mudra Mani *Ding Tian Li Di*, occorre utilizzare la mente per connettere le dita della mano sinistra con il Cancello Celeste e puntare molto in alto verso il cielo. Usare la mente per pensare alla mano

160

destra che preme in basso nella profondità della terra. Le mani si toccano leggermente. Raccogliere il *qi* del cielo e della Terra per fonderli e trasformarli nel corpo.

Quando si pronuncia "*eueng qing*", occorre ripetere e, u, *eng* nella stessa tonalità, prolungando però leggermente la "*eng*". Non si devono fare alcune parti del suono più forti o più leggere. Occorre pronunciare "*qing*" con la "q" e la "i" detti come un unico suono, cambiandolo in "*eng*".

Benefici
L'obiettivo di questa sezione è di connettere il *qi* del cielo e della Terra. Il *qi* del Cielo e quello della Terra hanno quattro accezioni:
- Si riferiscono allo *hunyuan qi* della natura. Il *qi* del Cielo è lo *hunyuan qi* del vuoto; anche il *qi* della Terra effettivamente lo è. *Li Di* (Piedi dentro la Terra) indica che la mente va infinitamente in profondità ma non nella terra fisica, per connettersi anche con lo *hunyuan qi* naturale.
- Si riferiscono al *qi* del petto e dell'addome. Sopra il diaframma c'è l'area del cuore e dei polmoni, che ricevono principalmente il *qi* dal Cielo. Il tubo digerente e gli organi escretori ricevono il *qi* principalmente dal cibo e dall'acqua; Questo è chiamato il *qi* della Terra.
- Si riferiscono al *qi* della testa e di *huiyin*. Lo *shen* si raccoglie nella testa, l'essenza si raccoglie nell'area di *huiyin*.
- Si riferiscono al *qi* di cuore e reni.

Utilizziamo il mudra Mani *Ding Tian Li Di* in combinazione con l'attività della mente. Quest'ultima può raccogliere e fondere il *qi* del Cielo e della Terra [nei suoi diversi aspetti come sopra descritti] per unirsi e fondersi nel Palazzo *Hunyuan* e trasformarsi nello *hunyuan qi* degli organi interni. Le Mani *Hunyuan* e il suono intensificano l'apertura, la chiusura, la raccolta e la dispersione del *qi* nel Palazzo *Hunyuan*.

Sezione Due: Aprire i Pori, i Punti e i Tre Cancelli
*Chàngtōng Máo Qiào, Kāiqǐ Sān Guān*畅通毛窍，开启三关

La Sezione Uno raccoglie il *qi* della Terra e del Cielo nel Palazzo *Hunyuan* usando le posture e la mente. Proseguendo da qui, la Sezione Due apre i passaggi tra il corpo e il *qi* del mondo naturale. I passaggi includono i pori, i punti e i tre cancelli. I tre cancelli sono: il Cancello Celeste (*tianmen*), i cancelli della Terra (*yongquan*) al centro dei piedi, e i cancelli dell'essere umano (*laogong*) al centro dei palmi.

Requisiti del movimento

Aprire il Cancello Umano

1. Chiudere i palmi fino alla metà della distanza tra i capezzoli, poi aprire alla larghezza dei capezzoli. Ripeterlo tre volte.

2. Ruotare i palmi in alto, sollevare gli avambracci senza muovere la parte superiore delle braccia, fino ad arrivare di fronte alle spalle, palmi verso l'alto e la punta delle dita inclinate in avanti. (Fig. 4-10)

3. Spingere le mani in avanti all'altezza e larghezza delle spalle; la punta delle dita rivolta verso Terra, palmi rivolti in avanti. Spingere il centro dei palmi in avanti per tre volte. (Fig. 4-11)

4. Ruotare la punta delle dita verso l'esterno, in alto, all'interno, spingere tre volte. (Fig. 4-12, 4-13) Ruotare la punta delle dita in alto, all'esterno, in basso, spingere tre volte. Ruotare la punta delle dita all'esterno, in alto e all'interno, spingere una volta.

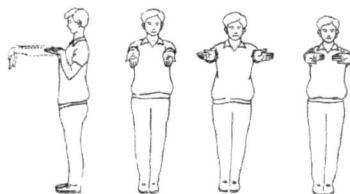

4—10   4—11   4—12   4—13

5. Mantenere questa posizione e spingere all'esterno, poi aprire le braccia lateralmente. Braccia in linea, spingere i palmi all'esterno tre volte. (Fig. 4-14)

6. Ruotare i palmi in alto, indietro, in basso, spingere tre volte. (Fig. 4-15) Quindi ruotare la punta delle proprie dita dietro, in alto, in avanti, spingere una volta. (Fig. 4-16)

4—14   4—15   4—16

7. Mantenere questa posizione e avvicinare le braccia in avanti alla larghezza delle spalle (Fig. 4-17). Rilassare i polsi, ruotare la punta delle dita in avanti, girare i palmi uno di fronte all'altro. Eseguire il movimento di aprire e chiudere per tre volte. (Fig. 4-18) Chiudere fino ad una distanza pari alla metà della larghezza delle spalle e poi indietro, aprire alla larghezza delle spalle.

4—17   4—18

Aprire il Cancello Celeste

1. Ruotare i palmi in alto, tirare gli avambracci indietro davanti al petto con la punta delle dita in avanti. Avvicinare le mani in modo tale che i mignoli si tocchino in lunghezza. (Fig. 4-19) Sollevare fino all'altezza degli occhi. Separare le mani lateralmente alle orecchie; nello stesso tempo ruotare la punta delle dita indietro. (Fig. 4-20) Continuare a sollevare le mani in alto mentre si girano le punte delle dita per connettere la punta dei medi sopra la testa. Spingere le mani in alto fino raddrizzare le braccia, allungare verso l'alto per tre volte. (Fig. 4-21)

4—19   4—20   4—21

2. Ruotare i palmi in basso, le punte dei medi connessi; abbassare fino alla sommità della testa. Premere tianmen con la punta dei diti medi.

163

Sollevare le mani in modo che le parti posteriori delle dita si tocchino, le dita dritte. Disegnare tre cerchi partendo da sinistra, avanti, destra, indietro e poi tre cerchi nella direzione opposta. Premere con i medi verso il basso. (Fig. 4-22)

3. Abbassare le mani in modo che siano piatte e con i medi ancora connessi. Sollevare le mani fino a che le braccia non siano dritte; portarle in basso fino alla sommità della testa. Ripetere il precedente movimento (2) a partire da "premere tianmen".

4. Incrociare le dita, girare i palmi in su, sollevarli verso l'alto, braccia tese. Ruotare i polsi (le mani come se tenessero qualcosa). Spingere delicatamente e ruotare i polsi alternativamente; i polsi disegnano un cerchio in avanti, in alto, indietro, in basso per tre volte. Le spalle, le braccia e i gomiti seguono. (Fig. 4-23, 4-24) Stendere verso l'alto.

4—22   4—23   4—24

Aprire il Cancello Terrestre
1. Spingere verso l'alto. Mantenere questa postura poi abbassare le mani e le braccia; disegnare un arco in basso davanti al basso addome. Palmi in giù, premere in basso. (Fig. 4-25) Separare le mani, mantenendo le punte dei medi connesse. Premere le mani in basso e allo stesso tempo flettere in su le dita dei piedi, tre volte. (Fig. 4-26)

2. Separare un poco i medi, mantenendo le dita dei piedi sollevate. Palmi e ginocchia insieme disegnano un cerchio avanti, esterno, indietro, interno, per tre volte, poi nel senso inverso per tre volte.

Aprire i Punti
1. Connettere la punta delle dita medie, ruotare i palmi verso l'interno, abbassare le dita dei piedi mentre si sollevano i palmi fino a *duqi* (ombelico), le dita medie premono *duqi*. (Fig. 4-27)

2. Muovere le mani intorno alla vita fino a *mingmen*, premere *mingmen*. Ruotare i palmi in modo che guardino in fuori e incrociarli in modo

164

che la base del dito medio della mano destra sia su mingmen e la base del dito medio della mano sinistra sia sulla base del dito medio della mano destra. Le mani sono incrociate. (Fig. 4-28) Spingere le mani dritto indietro mentre si spinge anche *mingmen* indietro. Poi tirare le mani all'interno fino a *mingmen*, ritornando alla posizione originaria. Spingere e ritornare tre volte in tutto.

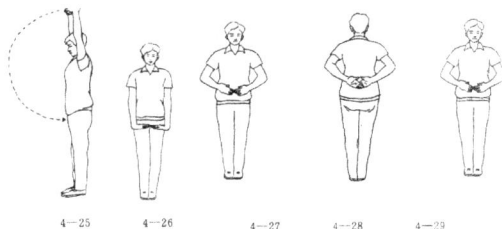

4—25   4—26   4—27   4—28   4—29

3. Ruotare i palmi in modo che siano rivolti verso la schiena e la tocchino; i medi premono *mingmen*. Separare le mani, i palmi rivolti verso i lati del corpo, la punta delle dita in basso, i palmi guardano i punti energetici *zhangmen* e *jingmen*. I palmi guidano le costole, aprendosi a circa 10 cm all'esterno del corpo poi ritornando indietro verso *zhangmen* e *jingmen*. Ripetere tre volte.

4. Muovere le mani in avanti, girando i medi che si uniscono e premono *duqi*. (Fig. 4-29).

5. Spingere i medi in avanti, guidando le dita a connettersi per tutta la loro lunghezza. Riportare le mani indietro con i medi che premono *duqi*. Ripetere questo movimento tre volte.

Punti chiave dei Movimenti e Attività della Mente

L'obiettivo dell'apertura del Cancello Umano è quello di aprire il punto energetico *laogong*. Pertanto occorre continuare a spingere all'esterno il centro dei palmi mentre li si ruotano, e flettere le dita. Spingere in modo continuativo senza tirare indietro e rilassare; utilizzare la propria mente e il *qi* per spingere più lontano che si può e poi usare per continuare a spingere. Quando si ruotano i palmi il movimento dovrebbe essere leggero e costante con la mente all'esterno verso l'orizzonte.

Quando apriamo il Cancello Celeste, mentre si ruota e si preme con le dita, la mente deve andare all'interno del cervello a circa 5 cm. Mentre si ruota nel Cancello Celeste occorre usare i gomiti per spingere i polsi e i polsi per spingere la base delle dita in modo da aumentare la sensazione del *qi*.

Quando si eseguono i movimenti di apertura del Cancello Terrestre, mettere il proprio peso al centro della pianta dei piedi; flettere le dita dei piedi; si ha la sensazione che anche i talloni si tirano in alto. In questo modo sarà facile aprire *yongquan*. Allo stesso tempo spingere il centro dei piedi in basso. Quando si disegna un cerchio con i palmi e le ginocchia, le caviglie sono rilassate e seguono la rotazione delle ginocchia. La forza dalle ginocchia deve andare giù al centro dei piedi.

Quando si usano le mani per premere *mingmen* e premere indietro, la mente pensa a tutti i punti energetici, i pori e le pieghe della schiena che si aprono insieme. Quando si porta indietro, essi si chiudono tutti insieme. Quando le mani si aprono e chiudono ai lati del corpo, occorre pensare a tutti i punti energetici, i pori e le pieghe che si aprono e si chiudono insieme. Quando le mani si connettono al *duqi*, spingono in avanti e chiudono indietro, occorre pensare a tutti i punti energetici, i pori e le pieghe che si aprono e si chiudono insieme.

Benefici
Questa sezione utilizza le posture e l'attività della mente per aprire i cancelli, i punti, i pori e le pieghe per connettere lo *hunyuan qi* interno ed esterno e creare una sensazione di *ren zai qi zhong, qi zai ren zhong* [noi siamo nel *qi*, il *qi* è dentro di noi].

Sezione Tre: la Gru Guarda Intorno, lo Shen all'Interno
*Hè Qǐ Sìgù, Shénshǒu Zhōng Huán*鹤企四顾，神守中寰

4—30   4—31

Requisiti del movimento
1. Chiudere i palmi, sollevarli davanti al Palazzo *Hunyuan*. Aprire i palmi alla larghezza dei capezzoli, chiuderli fino a metà larghezza, aprirli di nuovo alla larghezza dei capezzoli. Aprire e chiudere tre volte. (Fig. 4-30) Ruotare i palmi, il palmo sinistro sopra quello destro, uno di fronte all'altro. Tenere una sfera di *qi*. (Fig. 4-31)

2. Fare un cerchio con la mano destra a sinistra, davanti, destra, dietro e nello stesso tempo con la mano sinistra a destra, indietro, sinistra e avanti con i palmi che massaggiano la sfera di *qi* all'interno e all'esterno. Fare tre cerchi.

3. Separare le mani con la loro sfera di *qi*; allungare il *qi* tra le mani con il palmo sinistro che si abbassa lungo il lato sinistro del corpo e la mano destra che distende il *qi* verso l'alto. Ruotare il palmo all'interno, passare il petto, continuare in alto, ruotandolo gradualmente in avanti, sopra e davanti alla testa. La parte superiore del braccio forma un angolo di 15° avanti mentre l'avambraccio si inclina leggermente indietro con il polso rilassato. Mentre si separano le braccia, sollevare la gamba sinistra finché la coscia non sia parallela al suolo. Rilassare la caviglia, la punta del piede verso il basso. (Fig. 4-32)

4—32   4—33   4—34   4—35

4. Le spalle guidano le braccia a fare spingere/tirare tre volte.

5. Posizionare il tallone sinistro appena sopra l'interno del ginocchio destro. La gamba destra è diritta. Ruotare il corpo a sinistra di 90°. (Fig. 4-33) Tornare indietro; continuare a ruotare di 90° sul lato destro. Il piede sinistro supera il ginocchio destro e si abbassa verso il lato destro del piede destro, il tallone contro la punta del piede ad angolo retto. (Fig. 4-34) Spostare il peso sul piede sinistro, sollevare il piede destro e unire i piedi insieme.

6. Girare la mano destra inclinandola indietro e in basso verso la sommità della testa. Riversare il *qi*. (Fig. 4-35) Abbassare il gomito lungo la parte anteriore del corpo fino al petto. Girare il palmo verso il basso, il gomito all'esterno; abbassarlo fino allo sterno. Mentre il braccio destro di abbassa, ruotare il palmo della mano sinistra all'interno, fino ad arrivare davanti all'addome; girare il palmo in alto; posizionarlo davanti al *duqi*, quindi porre le mani una di fronte all'altra tenendo una sfera di *qi*.

7. Fare un cerchio con la mano sinistra verso destra, avanti, sinistra, indietro la mano destra a sinistra, indietro, destra, avanti. Nello stesso tempo le mani aprono e chiudono massaggiando la sfera di *qi* tre volte mentre si disegnano tre cerchi.

8. Separare le mani con la loro sfera di *qi*, allungare il qi tra le mani con il palmo destro che si abbassa lateralmente al corpo e la mano sinistra che tira il *qi* in alto. Girare il palmo all'interno e passare il petto; continuare verso l'alto, ruotando gradualmente il palmo in avanti, sopra e di fronte la testa. La parte superiore del braccio forma un angolo in avanti di 15° e l'avambraccio si inclina indietro leggermente con il polso rilassato. Mentre si separano le braccia, sollevare la gamba destra fino a che la coscia non sia parallela al suolo. Rilassare la caviglia, la punta del piede rivolta in basso.

9. Le spalle guidano le braccia ad eseguire spingere/tirare per tre volte.

10. Mettere il tallone del piede destro appena sopra la parte interna del ginocchio sinistro. La gamba sinistra è diritta. Ruotare il corpo a destra di 90°, poi tornare indietro; continuare, ruotando a sinistra di 90°. Il piede destro supera il ginocchio sinistro e si abbassa verso il lato sinistro del piede sinistro, il tallone contro la punta del piede in un angolo retto. Spostare il peso sul piede destro, sollevare il piede sinistro e posizionare i piedi vicini.

11. Ruotare la mano sinistra per inclinarla indietro e leggermente in basso verso la sommità della testa. Riversare il *qi*. Abbassare i gomiti lungo la parte anteriore del corpo fino ad arrivare davanti al petto. Ruotare il palmo in basso, il gomito all'esterno; abbassarlo fino allo sterno. Mentre il braccio sinistro si abbassa, girare il palmo della mano destra all'interno fino ad arrivare davanti all'addome; ruotare il palmo in su; posizionarlo davanti al *duqi*, le mani una di fronte all'altra tengono una sfera di *qi*.

Punti Chiave dei Movimenti e dell'Attività della Mente

Questa postura deriva dalla posizione della gru in piedi. Per la pratica di questa sezione occorre rilassare tutto il corpo, tirare su *baihui* con *weilu* appeso in basso. Contrarre *huiyin* e il basso addome. Mentre si sta in piedi su una gamba sola, occorre portare coscienza nei due centri delle piante dei piedi (*yongquan*). Quando si ruota il corpo, la mente è consapevole del vuoto esterno ma non si focalizza su qualcosa in particolare. Rimane all'interno, stabile, consapevole del vuoto esterno e di quello interno. Quando si esegue spingere/tirare, occorre portare il *qi* esterno dentro il Palazzo *Hunyuan*.

Una volta acquisita familiarità con questa sezione allora la si potrà combinare insieme al movimento Testa di Gru del Metodo per l'Integrazione di Corpo e Mente. Se si possono chiudere gli occhi per eseguire questo movimento [su una gamba], si può sollevare il tallone. Se si è in grado di farlo rimanendo in piedi e stabili, allora si può unire a questo la Testa di Gru. Praticando questo movimento si possono creare le fondamenta per il *Qing Gong* (Abilità della Leggerezza).

Benefici

Questa sezione rappresenta un ottimo modo di concentrare la mente per praticare il *jing* [il *qi* interno puro ed efficace]. E' anche un buon modo per raccogliere lo *hunyuan qi* esterno. La Sezione Uno raccoglie principalmente il *qi* esterno nel Palazzo *Hunyuan*; questa sezione parte principalmente dall'interno del corpo per connettersi all'esterno e tirare all'interno il *qi* esterno.

Sezione Quattro: Aprire le Ali per Volare, Rou Chen Tan Chan
*Zhǎnchì Áoxiáng, Róu Chēn Dàn Chàn*展翅翱翔，揉抻弹颤

La seconda serie del nome della sezione, formata da quattro parole, descrive il movimento simile al volo di una gru. "*Rou*" significa ruotare e spingere, come la sensazione di impastare, in questo caso la spinta delle ali della gru contro l'aria. "*Chen*" significa allungare. "*Tan*" espandere e aprire con la forza interna, come una molla compressa rilasciata. "*Chan*" significa brivido.]

Questa sezione comprende i movimenti della gru sia in piedi che in volo. E' suddivisa in due parti, una di apertura delle ali e l'altra del volo.

Requisiti di Movimento
Aprire le ali
1. Ruotare i palmi uno di fronte all'altro. Le mani sono alla larghezza dei capezzoli. Eseguire il movimento di aprire/chiudere per tre volte davanti al Palazzo Hunyuan. Avvicinare i palmi a metà della distanza tra i due capezzoli e poi aprirli alla loro larghezza. (Fig. 4-36)
2. Girare i palmi in su. Sollevare gli avambracci in modo che la parte superiore delle braccia sia vicino alle costole. Sollevare i palmi davanti alle spalle; mantenere i palmi rivolti verso alto. (Fig. 4-37) Ruotare gli avambracci all'esterno senza muovere la parte superiore delle braccia. Nello stesso tempo girare lateralmente la punta delle dita. (Fig. 4-38)

4—36   4—37   4—38

3. La punta delle dita guida le braccia in una spinta all'esterno lungo una linea retta. (Fig.4-39) Ritrarre gli avambracci, abbassare i gomiti, la parte superiore delle braccia accanto alle costole e i palmi verso l'alto come se tenessero qualcosa. (Fig. 4-40)

4—39   4—40   4—41   4—42

4. Ruotare gli avambracci, le mani e le dita in avanti senza muovere la parte superiore delle braccia. (Fig. 4-41) Abbassare gli avambracci fino a formare un angolo di 90° con le braccia, palmi in alto e in linea con gli avambracci. (Fig. 4-42)

5. Girare gli avambracci all'esterno lateralmente, senza muovere la parte superiore delle braccia. (Fig.4-43) Sollevare gli avambracci dai lati fino ad arrivare accanto alle spalle, palmi in alto. I palmi formano un angolo di 90° con gli avambracci. (Fig. 4-44)

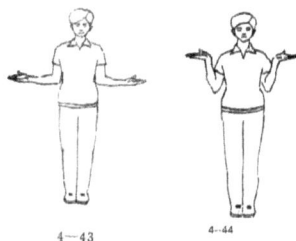

4—43   4—44

6. La punta delle dita guida le braccia in una spinta all'esterno lateralmente lungo una linea retta. (Fig. 4-45) Tirare gli avambracci indietro, abbassare i gomiti accanto alle costole, palmi verso l'alto come se tenessero qualcosa. (Fig.4-46)

170

4—45   4—46

7. Ruotare gli avambracci e le dita avanti senza muovere la parte superiore delle braccia. (Fig. 4-47) Abbassare gli avambracci a 90° con le braccia,i palmi e gli avambracci in linea. (Fig. 4-48)

4—47   4—48

Volare

1. Girare i palmi uno di fronte all'altro. (Fig. 4-49) Fare il movimento di aprire/chiudere per quattro volte. Alla quarta volta le braccia vanno all'esterno in una linea. Quando si aprono le braccia sono i gomiti a condurre il movimento. I gomiti ruotano per guidare le spalle e le mani, andando in basso e all'esterno per aprire, e verso l'alto e all'interno per chiudere. Le braccia si muovono come un serpente. Poi le braccia si fermano in linea con i palmi che guardano in avanti. (Fig. 4-50)

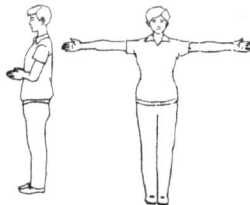

4—49   4—50

171

2. Ruotare le braccia in basso. Chiudere le braccia in avanti, eseguendo un movimento di apertura e chiusura per quattro volte, per raggiungere la larghezza delle spalle. Girare i gomiti per guidare le braccia in avanti, come i movimenti di un serpente. Quando si chiude, i gomiti vanno in basso e all'interno; quando si apre vanno in alto e indietro. Mantenere i palmi verso il basso per tutta la durata di questo movimento. (Fig. 4-51) Quindi guidare con i gomiti l'apertura e chiusura all'esterno dalle spalle in una linea, eseguendo quattro apri/chiudi. Aprire i gomiti in basso e all'esterno, chiuderli in alto e all'interno. L'apertura è più grande della chiusura. I palmi sono rivolti in basso per tutto il tempo. Alla fine, le braccia sono in una linea (fig. 4-52).

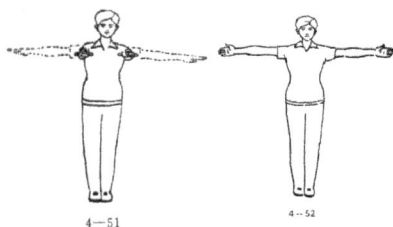

4—51   4‑‑52

3. Ruotare i palmi in avanti. Ritornare davanti al Palazzo *Hunyuan*, eseguendo il movimento di aprire/chiudere con le braccia per quattro volte. (Identico al punto 1) Quando si chiude, i gomiti ruotano e guidano in basso e all'interno; quando si apre, le braccia vanno verso l'alto e indietro. La chiusura è maggiore dell'apertura, le braccia si muovono come un serpente. La parte superiore delle braccia è posta accanto alle costole. Le dita guardano in avanti, chiudere i palmi davanti al Palazzo *Hunyuan*. (Fig. 4-53, 4-54)

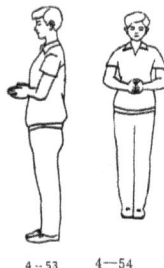

4‑‑53   4—54

Punti chiave dei Movimenti e dell'Attività della Mente.
Aprire le Ali

172

Durante i movimenti di apertura delle ali, i palmi cambiano diverse volte posizione passando dall'essere in linea con gli avambracci all'essere inclinati indietro o in avanti. Un punto chiave è quello di mantenere sempre i palmi in su e i polsi rilassati. La variazione dell'inclinazione dei palmi segue il movimento degli avambracci che cambiano e si flettono indietro e in avanti in modo naturale. Quando gli avambracci e le braccia sono ad angolo retto, la parte superiore delle braccia deve mantenersi attaccata alle costole. Idealmente gli avambracci saranno in linea orizzontale. Il petto deve essere aperto; le scapole devono essere chiuse. Poi quando si sollevano gli avambracci in alto vicino alle spalle, utilizzare la forza interna per continuare a chiudere le scapole. Spingere all'esterno le braccia. Le scapole devono distendersi per aprirli all'esterno.

Volare

Mentre si vola, le spalle, i gomiti e i polsi devono essere rilassati e i movimenti naturali. Occorre notare in particolare che le scapole devono ruotare per seguire le braccia. Anche le spalle si muovono per disegnare un cerchio. Quando si esegue il movimento di apertura/chiusura, i gomiti disegnano un cerchio aprendo un semicerchio e chiudendo un semicerchio. Mentre si spingono e ruotano le braccia, è come un zampillo che gira, spinge e si espande all'esterno. Quando le braccia chiudono, esse ruotano e spingono come contro la resistenza del vento. Il petto dovrebbe andare all'esterno e all'interno con il movimento del braccio e nello stesso tempo anche le gambe seguono nel rilassarsi leggermente in basso e poi allungarsi di nuovo.

Quando si pratica questa sezione si deve porre attenzione alla sua esecuzione. Quando si aprono le ali, occorre essere consapevoli del centro dei palmi. Quando si vola, occorre mettere l'attenzione sul punto energetico *tanzhong* e sull'area tra le scapole. Quando si flettono i palmi davanti o di fianco alle spalle, la mente deve unire le spalle e i palmi come fossero uno. Tutto ciò per unire le tre auree delle spalle e della testa, ed aumenta la sensazione di volare nel *qi*.

Benefici

Questa sezione aumenta l'apertura e la chiusura, la raccolta e la dispersione dello *hunyuan qi* interno e lo fonde in un intero con lo *hunyuan qi* esterno. In questo modo si aumenta la connessione tra gli organi interni e il *qi* esterno. Quando il *qi* interno è sufficiente, le braccia vibrano in modo naturale quando le si muovono, ma non bisogna creare artificialmente questa vibrazione.

Riepilogo delle prime quattro sezioni

La Sezione Uno porta la mente e il *qi* all'interno. La Sezione Due apre soprattutto il *qi* all'esterno. La Sezione Tre porta il *qi* e la mente dall'esterno verso l'interno. La Sezione Quattro serve per portare la mente e il *qi* ad aprirsi all'esterno dall'interno. Attraverso l'apertura e la chiusura di queste quattro sezioni non solo si può fondere insieme la mente e il qi ma anche migliorare l'unione del *qi* interno con quello esterno. Su queste basi si possono ottenere facilmente grandi benefici dalla successiva pratica del *qi* puro dei cinque organi interni e poi della fusione di questo *qi* nel Palazzo *Hunyuan*.

Sezione Cinque: Sorridere con Gioia per Rinforzare il Cuore; Mudra del Cuore su Shangen

      Xǐ   Xiào   Zhù   Xīnshén,   Zhōng   Fēng   Lì   Shāngēn

喜笑助心神，中蜂立山根

Requisiti del Movimento

1. Girare le dita in alto unendo i palmi davanti al petto nel mudra Mani *Heshi*. (Fig. 4-55) Mantenere unite le punte dei medi; separare la base dei palmi e incrociare le altre dita e i pollici all'interno dei palmi. Questo è il Mudra del Cuore. (Fig. 4-56, 4-57) Ruotare la punta delle dita in avanti.

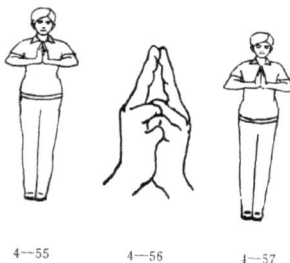

4—55   4—56   4—57

2. Spingere le mani in avanti. Le braccia diritte al livello della spalla. (Fig. 4-58). Le punte dei medi guidano gli avambracci indietro in un arco per premere il punto energetico *shangen* (tra gli angoli interni degli occhi); la testa è leggermente indietro, le dita medie in orizzontale. (Fig. 4-59)

3. Ruotare la base dei palmi a sinistra, in alto, a destra, in basso a disegnare un cerchio e nello stesso tempo dire "*xing*". Inspirare in modo naturale attraverso il naso. Tracciare il cerchio e ripetere "*xing*", in totale per tre volte. Ogni volta che si disegna un cerchio si pronuncia "*xing*". Ruotare poi nella direzione opposta per tre volte mentre si dice "*xing*".

4. Fare scendere il Mudra del Cuore lungo la linea centrale fino al punto energetico *tanzhong*. Premerlo con le punte dei medi in orizzontale

(Fig.4-60). Ruotare la base dei palmi a sinistra, in alto, a destra, in basso a disegnare un cerchio mentre si dice "*xin*". Disegnare tre cerchi, dire "*xin*" tre volte. Ripetere nella direzione opposta per tre volte.

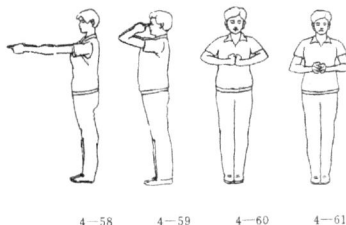

4—58   4—59   4—60   4—61

5.   Ruotare la punta del mudra del Cuore in avanti, ponendo la base dei palmi appena sotto lo sterno. (Fig. 4-61) Ruotare le punte dei medi a sinistra, in alto, a destra, in basso, disegnando un cerchio mentre si dice "*xiang*". Fare tre cerchi mentre si dice "*xiang*" tre volte. Poi ripetere nella direzione opposta.

Punti Chiave dei Movimenti e Attività della Mente

Quando si esegue il Mudra del Cuore, si devono avvicinare quanto più possibile i medi [con le articolazioni diritte]. Le altre dita e i pollici sono incrociati, con le punte che premono il più possibile sul palmo opposto. Chiudere quanto più si può la base dei palmi.

Quando le punte dei medi premono i punti energetici *shangen* e *tanzhong*, occorre mantenere le mani in orizzontale. Il punto chiave è che le scapole vanno in avanti e tirano il petto all'interno, con i gomiti sollevati. Quando si ruota la base dei palmi per disegnare un cerchio, si devono usare i gomiti per spingere le costole e i palmi. Quando si ruotano le punte dei medi alla base dello sterno, non bisogna muovere in tondo la base dei palmi; piuttosto occorre usare la punta delle dita per disegnare un cerchio che sia il più grande possibile.

Eseguire i movimenti e pronunziare i suoni con una sensazione di gioia. Mentre si ripetono i suoni si dovrebbe sperimentare il cambiamento di *qi* in ciascun punto energetico.

Benefici

La pratica di questa sezione può rinforzare le funzioni del cuore nei tre livelli di *jing*, *qi* e *shen*. Può incrementare l'apertura e la chiusura del *qi* del cuore, e tutte le connessioni tra il *qi* del cuore e il Palazzo *Hunyuan*. Il punto energetico *shangen* appartiene al cuore e si connette con il cervello. La

175

pressione di questo punto e la pronunzia del suono "*xing*" può portare ad un aumento della sensazione di consapevolezza e chiarezza.

Sezione Sei: Inarcare la Zona Lombare per Rinforzare la Forza di Volontà dei Reni;
Mingmen Connesso con le Orecchie
Tū   Yāo   Qiáng   Shèn   Zhì,   Mìng   Mén   Lián
*Ěrmén*凸腰强肾志，命门连耳门

Requisiti del Movimento
1. Aprire il Mudra del Cuore e trasformarlo nel Mudra dell'Acqua del Rene. I pollici premono sulle unghie di indici, medi e anulari. I mignoli si raddrizzano. (Fig. 4-62) Connettere la punta dei mignoli, i palmi rivolti verso l'interno. Abbassare fino a *duqi*. Premere l'ombelico con la punta dei mignoli. (Fig. 4-63) Muovere i mignoli intorno alla vita fino al *mingmen*; i mignoli premono *mingmen*. I palmi ruotano all'esterno con i mignoli ancora su *mingmen* (Fig. 4-64).

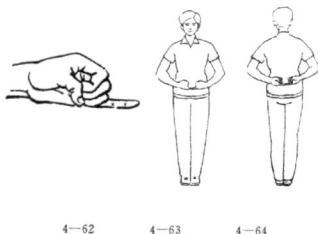

4—62   4—63   4—64

2. Flettere il busto in giù, mantenendolo diritto. La testa è allo stesso livello delle anche, si abbassa l'area del *mingmen* e si solleva la testa con il mento ritratto. Aprire le anche, *weilu* in alto. (Fig. 4-65) Inarcare la zona lombare, sollevare *mingmen*, curvando *weilu* in basso e in avanti. La testa e il petto mantengono la loro posizione. (Fig. 4-66) Ripetere questo movimento cinque volte.

176

4—65   4—66

3. Arcuare la parte bassa della schiena, sollevare gradualmente il busto fino a quando non ritorna dritto. Ruotare i palmi verso l'interno e muovere i mignoli lungo la linea della vita fino all'ombelico. Le punte dei mignoli si uniscono, si preme *duqi*. (Fig. 4-63)

4. Sollevare i mignoli lungo il canale *renmai* fino al petto. Ruotare i palmi in su. Continuare a sollevare fino al punto energetico *xuanji*. Girare la punta dei mignoli in avanti; i mignoli si toccano lateralmente. (Fig. 4-67) Sollevare il Mudra dell'Acqua del Rene fino al punto energetico *shangen*. Si separa la base dei palmi che ruotano verso l'interno, premere delicatamente *shangen* con la punta dei mignoli. (Fig. 4-68)

5. Muovere la punta dei mignoli lungo lo spazio tra gli occhi e le sopracciglia fino alla punta delle orecchie. Portare i mignoli in basso lungo la parte interna delle orecchie poi dentro il canale dell'orecchio. [Facendo una curva senza andare in basso nel bordo esterno dell'orecchio interno; muovere piuttosto dalla sommità della cartilagine alla sua parte bassa, poi lungo la curva della cartilagine interna che guida il dito verso il canale dell'orecchio]. Girare i palmi in avanti. (Fig. 4-69)

6. Inclinare la testa leggermente indietro, *weilu* indietro, mantenere il respiro naturale. (Fig. 4-70) Mentre si riportano la testa e *weilu* nella loro posizione originaria, dire "*ei, yü, ying*". Ripetere cinque volte. Fare vibrare il *qi* interno con i mignoli.

4—67   4—68   4—69   4—70

Punti Chiave dei Movimenti e Attività della Mente

Quando si formano i Mudra dell'Acqua del Rene, i pollici devono coprire, per quanto possibile, completamente le unghie delle tre dita. Il mignolo deve essere attaccato all'anulare.

Quando si flette il corpo in basso muovendo dalle anche, si deve tirare all'interno l'addome, sollevando la testa tenendo però il mento ritratto. Le gambe devono essere diritte. Spostare il peso del corpo sui talloni.

Quando si inarca la parte bassa della schiena e si incurva *mingmen* in alto, bisogna inspirare nel *dantian* inferiore e allo stesso tempo contrarre *huiyin* e curvare *weilu* in basso. Quando si espira, invece, si deve far cadere verso il basso la zona lombare e rilassare *huiyin*. Occorre sentire le mani nella parte bassa della schiena andare su e giù seguendo il proprio respiro.

Quando si solleva il Mudra dell'Acqua del Rene lungo il *renmai*, è necessario che la mente da *mingmen* risalga lungo la colonna vertebrale fino a *baihui*, per poi seguire i mignoli all'interno delle orecchie. Ripetere quindi i suoni con consapevolezza all'interno del *mingmen*. Allo stesso tempo, contrarre e sollevare *huiyin* e i due cancelli *yin* (ano e uretra).

Benefici

Questa sezione può coltivare le funzioni dei reni negli aspetti legati al corpo, al *qi* e alla propria forza di volontà. La pratica di questa sezione può rinforzare il *qi* puro dei reni e farlo alzare in modo forte, migliorandone anche la sua connessione con il Palazzo *Hunyuan*. Le orecchie e i due cancelli *yin* sono connessi ai reni. La pratica di questa sezione può inoltre migliorare la funzione di deposito dei reni. Durante la pratica di questa sezione si dovrebbe visualizzare un'emozione di paura così da aiutare i reni a immagazzinare il *qi* in profondità.

Sezione Sette: Ruotare nel Palazzo Hunyuan; Fondere il Qi dei Quattro Organi

    Chánmián   Zhōng   Gōng   Yì,   Hùn   Yuán   Sì   Zàng   Zhēn
缠绵中宫意，混元四脏真

Requisiti del Movimento

1. Dall'interno delle orecchie portare i mignoli all'esterno. Aprire il Mudra dell'Acqua del Rene. Ruotare le dita in su, palmi verso la testa. Posizionare i palmi ai lati delle orecchie poi sollevarli nella forma Mani *Zhuangfeng* (le mani stese dritte in alto, una di fronte all'altra). Allungare le

braccia, ruotare i palmi in avanti. (Fig.4-71) Abbassarli frontalmente al corpo mentre quest'ultimo si flette e la schiena si inarca in basso fino a quando la testa non sia al livello delle anche. Abbassare le braccia sospendendole in basso (Fig. 4-72).

2. Girare i palmi uno di fronte all'altro. Le mani tirano su una sfera di *qi* dall'interno della Terra fino al Palazzo *Hunyuan*, i palmi guardano il Palazzo *Hunyuan*. [Mentre i palmi sono sollevati si incrociano in modo naturale e guardano verso l'alto.] Sollevare le dita dei piedi. (Le dita dei piedi restano sollevate durante tutta la pratica di questa sezione.) Posizionare il peso nella parte posteriore del piede. Palmi verso l'alto, le braccia si avvolgono l'un l'altra con il *qi*, ruotando all'interno, in alto, all'esterno, in basso. La distanza tra i palmi non deve superare i 10 cm. Le punte delle dita devono essere alla base dei palmi dell'altra mano. Avvolgere per cinque cerchi. (Fig. 4-73)

4—71   4—72   4—73   4—74

3. Portare le mani esternamente di lato per connettere la punta dei medi all'ombelico e la punta dei pollici all'addome. (Fig. 4-74) [Da notare che le fig. 4-74, 4-75 e 4-82 mostrano una figura in posizione diritta ma in realtà i movimenti si eseguono col busto inclinato in avanti]. Muovere le mani in alto lungo la linea centrale. I pollici vanno verso il punto energetico *tiantu*, nell'incavo sopra l'osso alla base del collo. Separare i pollici lungo la clavicola. I medi seguono i pollici nell'aprirsi di fronte le spalle. (Fig. 4-75) Disegnare dei cerchi con i palmi intorno al petto, all'esterno, in basso, in alto, tre volte. Ruotare nel senso inverso per tre volte. Quindi avvicinare i palmi, le punte dei medi si connettono al punto energetico *tiantu*. Abbassare le mani fino a che i medi arrivino appena sotto lo sterno. Aprire i palmi passando *dabao*. (Fig. 4-76) Ruotare i palmi in alto e spingere indietro, aprire all'esterno lateralmente. Continuare, ruotare i palmi in basso e chiudere in avanti fino ad arrivare di fronte la testa. Abbassare le braccia. (Fig.4-77)

4. Girare i palmi uno di fronte all'altro. Portare il *qi* della Terra in alto verso il Palazzo *Hunyuan*. I palmi rivolti verso l'alto, ruotare le mani l'una intorno all'altra, in basso, all'interno, in alto, all'esterno. I palmi non devono essere distanti più di 10 cm. Le punte delle dita dovrebbero essere alla base del palmo dell'altra mano. (Fig. 4.78) Ruotare cinque volte.

5. Portare i palmi lateralmente e poi in avanti per connettere i medi e i pollici. Sollevare fino sotto lo sterno. Aprire le mani, posizionare i palmi ai lati delle costole, fare vibrare delicatamente (Fig. 4-79). Spostare le mani verso la parte bassa della schiena e metterle sopra di essa, i medi premono *mingmen*. Massaggiare la zona lombare con le mani e sentire come l'interno cambi seguendo la respirazione (Fig. 4-80) Riportare le mani indietro sulle costole e fare vibrare delicatamente (Fig. 4-81). Muovere le mani fino ad arrivare appena sotto lo sterno. Connettere le punte dei pollici e le punte dei medi. Abbassare i pollici fino al *duqi*. (Fig. 4-82)

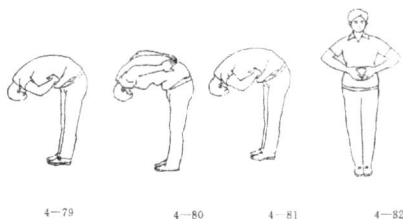

6. Separare le mani, i pollici si muovono lungo la linea della vita verso il punto energetico *zhangmen*, premerlo. Abbassare le dita dei piedi. Formare i mudra della milza. I pollici sono diritti, le dita curvate all'interno con forza (Fig. 4-83). Inspirare nella parte bassa della schiena, espirare e dire "*gang, fu, zhong*" (Fig. 4-84). Ripetere cinque volte. Raddrizzare il corpo lentamente. Ruotare il corpo a sinistra poi a destra delicatamente, tre volte.

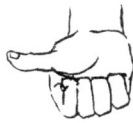 

4—83   4—84

Punti Chiave dei Movimenti e Attività della Mente

In questa sezione è necessario inarcare la zona lombare, tirare all'interno il basso addome e contrarre *huiyin*, mantenendo però la schiena rilassata. Tenere sollevate le dita dei piedi per tutto il tempo. Quando si ruotano le mani l'una intorno all'altra, visualizzare un sottilissimo e continuo filo di seta che ruota. Mentre si ruota, mandare ininterrottamente lo *hunyuan qi* nella profondità del Palazzo *Hunyuan*. Il movimento delle mani in alto e in basso nella parte superiore del corpo lavora per connettere il cuore, i polmoni, il fegato e i reni, così ovunque siano le proprie mani, la mente dovrà penetrare lì, in profondità all'interno.

Quando si pratica questa sezione per le prime volte, occorre pronunziare i suoni stando in piedi diritti. Dopo aver formato il Mudra della Milza, premere il punto energetico *zhangmen* e sollevare lentamente il corpo, poi emettere i suoni. Una volta che si è pratici nel pronunziarli – è possibile percepire una vibrazione all'interno del Palazzo *Hunyuan* quando si pronunciano i suoni – da quel momento si può piegare il corpo in avanti per ripeterli, nel modo indicato precedentemente. Un principiante che pronunzi i suoni mentre è piegato in avanti troverà difficile sentire una qualche vibrazione all'interno del Palazzo *Hunyuan*.

Benefici

La milza controlla la digestione e la trasmissione del *qi* del cibo. Essa può diffondere il *qi* puro nei quattro arti [ossia lungo tutto il corpo]. Una gran parte della pratica del qigong tradizionale lavorava sulla mente pura della milza poiché quest'ultima governa proprio la mente pura (*yi nian*). Il Zhineng Qigong ritiene che la milza sia situata in una parte del Palazzo *Hunyuan*. Quindi il *qi* puro di cuore, polmoni, fegato e reni si fonde e si trasforma con il *qi* del Palazzo *Hunyuan* all'interno di quest'ultimo. Questo processo ha una relazione importante con la milza [ossia essi si influenzano a vicenda]. La pratica di questa sezione lavora principalmente per connettere ripetutamente gli altri quattro organi interni con il Palazzo *Hunyuan* e la milza. Quindi si sottolineano le funzioni della milza al livello di *xing*, *qi* e *shen*. Questa rappresenta la pratica principale per fondere il *qi* puro dei cinque organi interni nello *hunyuan* e trasformarlo in una interezza.

Sezione Otto: Estendere le Braccia per Coprire Riyue; Ruotare gli Occhi per Rinforzare lo
   Shen del Fegato
   Zhǎn   Bì   Hù   Rì   Yuè,   Zhuǎn   Mù   Liàn   Gān
*Hún*展臂护日月，转目炼肝魂

Requisiti del Movimento

1. Aprire i Mudra della Milza. Spingere le mani avanti con i palmi verso l'interno. Portare il *qi* indietro; la mano destra si chiude verso il seno sinistro e la mano sinistra si posiziona sotto il gomito destro. (Fig. 4-85) Portare la mano destra in basso al seno sinistro fino alle costole di destra; posizionarla sui punti energetici *qimen* e *riyue*. Nello stesso tempo, ruotare in su il palmo sinistro. Il palmo sinistro guida l'avambraccio a estendersi davanti al corpo all'altezza delle spalle. Concentrare gli occhi sulla punta del dito indice. Le braccia guidano il busto nel ruotare a sinistra. A 90° formare il mudra del fegato. Utilizzare il pollice per premere le unghie del dito medio, anulare e mignolo. Allungare il dito indice. (Fig. 4-86, 4-87) Continuare; ruotare il corpo a sinistra, il braccio punta verso dietro. Girare il palmo in basso (Fig. 4-88). Puntare il dito verso dietro otto volte. Quindi le braccia guidano il corpo; ritornare verso il lato sinistro. A 90° ruotare il palmo in su. Continuare in avanti poi a destra. A 90° ruotare il palmo in giù. Continuare a ruotare indietro mentre si piega il gomito; il dito punta verso dietro (Fig. 4-89). Tirare indietro il braccio e puntare il dito otto volte. Ritornare col busto verso avanti. A 90° sul lato destro, ruotare il braccio in su. Il braccio sinistro allungato, guida il corpo nel tornare nella posizione frontale.

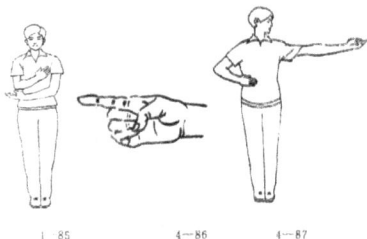

1-85   4—86   4—87

4—88   4—89

2. Portare la mano sinistra indietro davanti al seno destro. Nello stesso tempo la mano destra spinge verso la costola sinistra sotto il gomito sinistro. Ruotare il palmo destro in alto. Aprire il Mudra del Fegato con la mano sinistra. Portare la mano in basso verso le costole a sinistra per coprire i punti energetici *qimen* e *riyue*. Nello stesso tempo spingere ed estendere la mano destra in avanti all'altezza della spalla. Concentrare gli occhi sulla punta del dito indice. Il braccio guida il corpo a ruotare verso destra. A 90° formare il Mudra del Fegato. Continuare, ruotare la parte superiore del corpo indietro, palmi verso dietro. Ruotare i palmi in basso. Il dito indice punta verso dietro per otto volte, mentre il braccio tira indentro e spinge verso l'esterno. Il braccio guida la parte superiore del corpo a ritornare indietro verso il lato destro. A 90°, ruotare i palmi in alto. Continuare, girando avanti, poi verso sinistra. A 90°, girare i palmi in basso. Continuare ruotando il corpo indietro; piegare il gomito. Il dito indice punta verso dietro; ripetere otto volte. Riportare l'avambraccio e il busto indietro; a 90° ruotare i palmi in su, continuare a girare verso la parte anteriore. Abbassare il gomito, posizionare il mudra destro sui punti energetici *qimen* e *riyue*. Formare il mudra con la mano sinistra che si pone sui punti energetici *qimen* e *riyue* di sinistra. L'estremità degli indici è dritta e punta direttamente in basso. La base degli indici è direttamente sotto i capezzoli. (Fig. 4-90).

4—90

3. Inspirare in modo naturale. Dire *"tü, jü, ling"* mentre si espira. Ripetere cinque volte in tutto.

Punti Chiave dei Movimenti e Attività della Mente.

In questa sezione si possono trovare molti movimenti in cui le braccia devono rimanere dritte ma con spalle, gomiti e costole rilassate, non rigide e in cui non si deve usare molta forza. Quando il dito indice tira indietro e poi punta verso l'esterno, si deve contrarre e spingere dalla spalla. Quando la spalla si contrae, l'altra spalla deve raggomitolarsi in avanti, guidando il braccio per premere sulle costole. Quando si spingono le costole, la mente porta il *qi* esterno all'interno per nutrire il fegato. Per puntare all'esterno, rilassare il palmo sulle costole così che la spalla vada indietro e spinga il *qi* attraverso l'altra spalla e lungo il braccio per uscire fuori attraverso il dito del fegato.

La pratica di questa sezione richiede che la mente sia concentrata sulla punta del dito indice cosi come sulla connessione tra i punti energetici *riyue* e *shangxing*. (*Shangxing* è situato sulla linea centrale a circa 1 *cun* o 3 cm sopra l'attaccatura dei capelli.) Quando si esegue il movimento in questo modo si può sentire il cambiamento nel punto energetico *tianmu*. (*Tianmu* si trova sulla linea centrale nel punto d'incontro di un triangolo equilatero, disegnato con la base tra gli angoli degli occhi. E' un altro nome per indicare *yintang*.)

Quando si sposta la mano [quella più in basso] da un lato all'altro delle costole, la mente deve spingere il *qi* del fegato verso il Palazzo *Hunyuan*. Questo è un movimento molto importante, perché unisce insieme il *qi* del fegato con il Palazzo *Hunyuan* e intensifica le funzioni di quest'ultimo; non trascuratelo.

Nella pratica di questa sezione occorre visualizzare l'emozione della rabbia.

Benefici

La Pratica di questa sezione coltiva principalmente le funzioni del fegato a livello di *xing*, *qi* e *shen*. In particolare quando si dice *"ling"* nel Palazzo *Hunyuan* si avverte una leggera vibrazione, che rappresenta il fattore chiave per aprirlo. Dopo che si è in grado di conoscere la posizione del Palazzo *Hunyuan* si può consapevolmente raccogliere il *qi* dei cinque organi al suo interno e trasformarlo in un intero armonioso.

Sezione Nove: Estendere e Contrarre per Aprire il Qi dei Polmoni; il Cuore Triste e

Compassionevole Nutre L'Anima Corporea
*Shēnsuō Kāi Fèi Qì, Bēi Xīn Yì Pò Shēn*伸缩开肺气，悲心益魄身

Requisiti di Movimento

1. Aprire i Mudra del Fegato. Ruotare i palmi in su, trasformarli nel Mudra dei Polmoni. Distendere gli anulari, i pollici premono sulle unghie dell'indice, medio e mignolo per coprire le unghie quanto più possibile. (Fig.4-91) Unire gli anulari davanti allo stomaco, ruotare i palmi in alto. (Fig. 4-92) Sollevare lungo il *renmai* fino a sotto lo sterno. Ruotare i palmi all'interno, sollevare fino al pomo d'Adamo, la parte superiore delle braccia in orizzontale. (Fig. 4-93)

2. Aprire le braccia leggermente verso dietro. Gli avambracci conducono il movimento, aprire all'esterno i mudra dei Polmoni lungo la clavicola fino alle estremità delle spalle. Aprire il petto. Piegare i polsi in alto (4-94). Disegnare un cerchio con gli anulari, all'esterno, in basso, interno, in alto, leggermente più in alto e in fuori rispetto ai seni. Ripetere tre volte, poi nella direzione opposta altre tre volte. La rotazione è guidata dai gomiti. Non abbassare i gomiti; è preferibile mantenerli sempre più alti delle spalle.

4—91   4—92   4—93   4—94   4—95

3. Gli avambracci disegnano un arco per aprire le braccia in una linea. (Fig.4-95) Palmi verso l'alto, contrarre le scapole verso la spina dorsale, curvare i polsi all'interno, mantenere le braccia diritte. Rilassare i polsi, estendere gli anulari per portare le scapole ad aprirsi. Riportare gli avambracci indietro in un arco fino ad arrivare davanti alle spalle (Fig. 4-96). Disegnare un cerchio, in alto, all'interno, in basso, all'esterno tre volte, poi nella direzione opposta per tre volte.

4—96   4—97A   4—97B

4. Spingere le braccia all'esterno diagonalmente con un angolo di 45°, con un movimento di scuotimento. Raddrizzare le braccia palmi in su (Fig. 4-97A, 97B). Girare i palmi uno di fronte all'altro, arrotondare i polsi in modo che gli anulari si puntino a vicenda. Avvicinare le braccia per connettere gli anulari davanti al corpo. La Bocca di Tigre deve essere appena sotto le spalle (Fig. 4-98). Tirare le mani indietro, gli anulari tra i punti energetici *tanzhong* e *yutang* (Fig. 4-99). Sollevare gli anulari verso il pomo di Adamo, la parte superiore delle braccia in orizzontale. (Fig. 4-100)

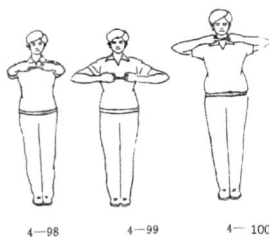

4—98   4—99   4— 100

5. Aprire la parte superiore delle braccia leggermente verso dietro. Gli avambracci guidano il mudra dei polmoni ad aprirsi lungo la clavicola. Aprire il petto. Piegare i polsi, le punte degli anulari vanno verso il punto energetico *yunmen* davanti alle spalle (Fig. 4-101). Premerlo. Le spalle conducono i gomiti, che a loro volta guidano i polsi e i palmi, a disegnare un cerchio, i gomiti ruotano indietro, in basso, in avanti, in alto. Fare quattro cerchi. Mentre si disegna il primo cerchio dire *"sang"*. Con il secondo cerchio dire *"si"*, poi prendere un breve improvviso respiro verso l'interno. Durante il terzo cerchio dire *"song"*. Con il quarto cerchio, respirare in modo naturale. Ripetere di nuovo la sequenza. Poi disegnare i quattro cerchi nella direzione opposta e rifare tutta la sequenza, ripetendola anche due volte. Aprire i Mudra dei Polmoni. Abbassare la parte superiore delle braccia accanto alle costole, le mani e gli avambracci passano la parte anteriore del petto per sedersi naturalmente (a livello dell'ombelico ma verso i lati). Ruotare i palmi in su. (Fig. 4-102)

186

4—101   4—102

Punti Chiave dei Movimenti e Attività della mente

Quando gli anulari disegnano un cerchio in cima ai polmoni, la parte superiore delle braccia non deve abbassarsi e le spalle devono mantenersi rilassate. La mente deve pensare alle dita e ai palmi connessi con il margine esterno delle spalle. Questo è un punto chiave per aprire l'articolazione tra le spalle e la clavicola. Quando il *qi* delle spalle e della sommità dei polmoni è abbondante e fluisce bene, potrebbe apparire una luce di *qi* in cima alle spalle e intorno alla testa. In passato queste auree delle spalle e della testa venivano chiamate i tre Lampi dell'Essere.

Nell'esecuzione del Movimento Tre, quando le scapole si contraggono verso la colonna vertebrale, si dovrebbero arrotondare i polsi all'interno e raddrizzare le dita in alto; il *qi* si muove maggiormente nella parte posteriore delle braccia e si potrebbe avvertire un certo fastidio proprio in questa zona. Nell'esecuzione del Movimento Quattro, quando le braccia si estendono in diagonale e i polsi si flettono all'interno mentre si girano le dita verso l'interno [una di fronte all'altra], e si porta la schiena ad aprirsi nella zona delle scapole, a questo punto il *qi* si muove più nella parte interna delle braccia e lì si può sentire più dolore.

Quando si inspira e si dice "*si*", la punta della lingua deve bloccare i vuoti tra i denti. L'inspirazione dovrebbe essere veloce e corta. Il *dantian* si contrarrà improvvisamente e lo si sentirà forte. Questo è un modo efficace per aumentare il *qi* nel *dantian* inferiore. Quando si dice "*song*" occorre concentrare la mente nell'area del punto energetico *shenzhu*, mentre la mente guida il corpo al rilassamento. Quando si pratica questa sezione si dovrebbe visualizzare l'emozione di un cuore triste e compassionevole, così da aumentare la funzione dei polmoni di portare il *qi* all'interno.

Benefici

La pratica di questa sezione migliora la funzione dei polmoni al livello di *xing*, *qi* e *shen*, e unisce il *qi* dei polmoni con il Palazzo *Hunyuan*. In particolare, inspirare e pronunciare velocemente "*si*" rende il *qi* del polmone forte, e migliora le connessioni e le trasformazioni tra lo *hunyuan qi* degli organi interni e lo *hunyuan qi* del corpo, rendendo abbondante in questo modo il *qi* in tutto il corpo.

Breve riassunto delle sezioni dei cinque organi

Queste cinque precedenti sezioni lavorano su corpo, *qi* e *shen* dei cinque organi interni. Esse iniziano con il cuore perché governa lo *shen*. La pratica di questi cinque organi interni deve per prima cosa allenare lo *shen*, ma si conclude con i polmoni perché essi governano il *qi* e lo mobilitano attraverso tutto il corpo. La prima e l'ultima di queste sezioni allenano quindi lo *shen* e il *qi* insieme.

La prima lavora sul cuore, la seconda sui reni. In passato, unire queste due sezioni insieme veniva descritto come "unire acqua e fuoco per creare l'equilibrio". Le ultime due sezioni allenano i fegati e i polmoni. In passato questo era detto "unire la propria vera natura (*xing*) con le proprie emozioni (*qing*)". La milza è posizionata al centro delle cinque sezioni; manifesta la posizione centrale e lo stato centrale della mente. Questo spiega la sequenza della pratica dei cinque organi interni.

Sezione Dieci: La Gru Cammina per Esercitarsi con Grazia
Yōuyōu Hè Bù Yùn Xíng Qū 悠悠鹤步运形躯

[Il nome di questa sezione descrive lo stato della gru che cammina; è uno stato di quiete, molto rilassato, naturale e tranquillo.]

Le ultime quattro sezioni allenano il corpo e il *qi* per connettere e unificare lo *hunyuan qi* del corpo con quello degli organi interni.

Requisiti di Movimento
1. Spostare il peso del corpo sulla gamba destra, sollevare la gamba sinistra dal ginocchio, quindi spingere il piede e la gamba sinistra in avanti (Fig. 4-103, 4-104). Raddrizzare la gamba, la punta del piede rivolta in basso. Abbassare la gamba sinistra; abbassare prima la punta delle dita verso il suolo, poi tutto il piede. Spostare il peso del corpo sulla gamba sinistra. Sollevare il tallone destro, spingere le braccia in avanti alla larghezza delle spalle con i palmi in alto (Fig. 4-105). Inclinare il corpo in avanti, aprire le braccia all'esterno, sollevare e allungare la gamba destra con la punta del

piede rivolta verso dietro, fino a che la parte superiore del corpo e la gamba destra formino quasi una linea orizzontale. Mentre si esegue questo movimento, aprire le braccia in linea, gradualmente ruotare i palmi verso il basso. Testa in su, aprire il petto. Incavare la zona lombare in basso per mantenere l'equilibrio (Fig. 4-106).

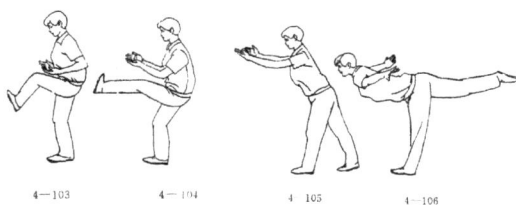

4—103   4—104   4 105   4—106

2. Le braccia continuano ad aprirsi verso dietro. Utilizzando l'anca e il ginocchio, portare la gamba destra in avanti con il centro del piede che guarda in alto. Lentamente sollevare il busto mentre le mani vanno in avanti accanto alle anche (Fig. 4-107). Sollevare completamente il corpo; la coscia e il polpaccio formano quasi un angolo retto. Rilassare la caviglia. Le mani continuano in avanti e in alto, fino ad arrivare accanto alle costole con i palmi rivolti in alto. (Fig. 4-108)

4— 107   4— 108

3. Spingere il piede e la gamba destra in avanti mentre anche le mani spingono in avanti. Quando la gamba è diritta, rivolgere la punta del piede in basso. Lentamente abbassare la gamba destra, prima la punta al suolo poi tutto il piede. Spostare il peso dal piede sinistro al piede destro, sollevare il tallone sinistro. Spingere le braccia in avanti a livello della spalla, palmi in alto. Inclinare il corpo in avanti, aprire le braccia all'esterno, sollevare la gamba sinistra ed estenderla indietro. La punta del piede sinistro è rivolta verso dietro. Il corpo è quasi in orizzontale. Aprire le braccia in linea e allo stesso tempo ruotare i palmi in basso. Testa in su, mento ritratto, aprire il petto. Incavare la schiena per mantenere l'equilibrio.

4. Le mani continuano ad aprirsi dietro. Nello stesso tempo, utilizzando l'anca e il ginocchio, portare la gamba sinistra in avanti con il centro del piede rivolto in alto. Sollevare lentamente la parte superiore del corpo mentre le mani vanno avanti accanto alle anche. Sollevare completamente il corpo, la coscia e il polpaccio quasi a 90°. Rilassare la caviglia. Le mani continuano ad andare avanti e in alto accanto alle costole con i palmi in alto. Abbassare il piede sinistro accanto al piede destro.

Ripetere i suddetti movimenti da 1 a 4.

Punti Chiave dei Movimenti e Attività della Mente

Questa sezione utilizza principalmente la mente per mobilitare il corpo e il *qi*. Si basa sullo stato della gru quando passeggia nell'acqua bassa, per cui quando la si pratica occorre che la mente sia molto tranquilla. Quando si aprono le ali è necessario prestare attenzione ai medi. Quando si porta il ginocchio in avanti si devono contrarre la parte bassa della schiena e i glutei. Quando si spinge la gamba in avanti si deve distenderla delicatamente dall'interno per esprimere le qualità del movimento – flessibile, leggiadro e molto leggero, eppure forte. I movimenti del braccio devono espandersi in modo molto naturale, con le ali spiegate all'esterno. In questo modo si manifesta lo stato di pace della gru. Questo movimento può essere eseguito ripetutamente.

Benefici

Questa sezione aumenta la capacità dello *shen* di controllare e mobilitare il corpo e il *qi*. Non solo può rendere il corpo sano e bello ma è anche un buon modo per integrare la mente nel corpo.

Sezione Undici: Scuotere le Piume con un Cuore Tranquillo, i Quattro Arti Seguono

*Dǒu Líng Xīn Níng Sì Mò Qi*抖翎心宁四末齐

Requisiti di Movimento

1. Le braccia sono sospese in basso in modo naturale. Rilassare tutto il corpo, che si deve mantenere centrato e diritto. Tirare *baihui* verso l'alto, rilassare la vita e le anche, il coccige appeso in basso. Ruotare le ossa pelviche in piccoli archi, un lato va in avanti e l'altro indietro. La parte superiore del corpo e i quattro arti seguono il movimento di scuotimento. Rilassare i piedi, senza muoverli. (Fig. 4-109) Scuotere per due o tre minuti poi fermarsi.

4—109

2. Le braccia sospese in basso, ruotare i palmi indietro con le braccia diritte. I gomiti guidano i polsi a spingere improvvisamente in avanti di 15°. Il dorso delle mani spinge in avanti, i polsi sono piegati verso l'interno con la punta delle dita indietro (Fig. 4-110). Improvvisamente portare le braccia indietro ai lati del corpo, le dita flesse in alto e i palmi in basso (Fig. 4-111). Ripetere tre volte.

3. Mantenere le braccia diritte e i palmi flessi verso l'alto. Corpo centrato, sollevare i talloni in tre movimenti, più in alto che si può. Spostare il peso del corpo nella parte anteriore dei piedi e delle loro dita (Fig. 4-112). Rilassare i piedi, spostare il peso indietro, abbassare i talloni fino a terra improvvisamente ma in modo naturale. Ripetere tre volte.

4—110   4—111   4—112

Punti Chiave dei Movimenti e Attività della Mente

Per scuotere tutto il corpo occorre condurre il movimento dalle anche, non dalle braccia. Un punto chiave, mentre si esegue questo movimento, è quello di rilassare la zona lombare e le spalle. Non si deve eseguire il movimento a destra e a sinistra dai glutei. Le anche guidano nel movimento di scuotimento l'addome, le costole, il petto, poi la parte superiore delle braccia. Inoltre le gambe sono rilassate; anche l'osso pubico conduce il movimento degli arti inferiori. Quando si scuote tutto il corpo, questo dovrebbe essere rilassato con la mente tranquilla e che illumina tutto il corpo.

191

Il Movimento Due richiede un movimento veloce che utilizzi la forza interna. Spingere in avanti con forza dalla parte posteriore degli avambracci e dei polsi. Tirare indietro con forza dalla base dei palmi e dall'interno dei polsi.

Quando nel Movimento Tre si solleva il corpo alzando i talloni, si deve tirare dal *Baihui* per sollevare tutto il corpo. Una volta in alto, curvare le dita dei piedi e rimanere un poco. Poi rilassare dal *baihui*, rilassare le dita dei piedi, spostare il peso indietro in modo che il corpo scenda a livello del suolo in modo naturale. Se il movimento viene eseguito in questo modo si avvertirà una vibrazione molto forte salire nella testa.

Benefici
La vibrazione in questa sezione può mobilitare direttamente lo *hunyuan qi* del *dantian* inferiore per riempire l'intero corpo. Il movimento viene guidato dalla parte laterale delle anche. Poiché queste ultime si connettono con le costole e ne guidano il movimento, ciò permette di far scendere il *qi* degli organi interni dal Palazzo *Hunyuan* al *dantian* inferiore, aumentando così lo *hunyuan qi* del corpo. Se il *qi* del Palazzo *Hunyuan* non è abbondante, quando ci si scuote si potrà percepire dolore nelle costole o nel Palazzo *Hunyuan* e si avvertirà la mancanza di *qi* nel Palazzo *Hunyuan*. La pratica di questa sezione non solo può mobilitare lo *hunyuan qi* di tutto il corpo ma può anche fondere il *qi* del *dantian* inferiore e del Palazzo *Hunyuan*. L'uso di una forza interna di *qi* per spingere le braccia e il sollevare e abbassare i talloni per far vibrare tutto il corpo, possono equilibrare il *qi* di tutto il corpo e guidarlo a penetrare ad un livello più profondo.

Sezione Dodici: Muoversi Liberamente Su e Giù, La Mente Illumina dalla Sommità della
Testa
*Xiāoyáo Qǐluò Shén Guàn Dǐng*逍遥起落神贯顶

Requisiti di Movimento
1. Rilassare il polsi, ruotare i palmi all'interno; chiudere le mani fino ad arrivare davanti al basso addome, palmi rivolti in alto. Connettere le punte dei medi, sollevare fino al Palazzo *Hunyuan*. Nello stesso tempo, spostare il peso del corpo sulla gamba destra. Sollevare la gamba sinistra e il piede in modo tale che solo il quarto e il quinto dito tocchino terra. (Fig. 4-113)
2. Sollevare i palmi in alto fino il punto energetico *xuanji* davanti al petto. Girare le dita in avanti, avvicinare i lati dei mignoli, continuare a sollevare fino ad arrivare davanti al viso. Continuare a sollevare mentre si separano i palmi e si ruotano le dita all'esterno, indietro e poi all'interno, fino

a che le mani sono sopra la testa e le braccia quasi diritte. I palmi rivolti in alto e le dita poste una di fronte all'altra a formare i Palmi *Tuo Tian*. (Fig. 4-114)

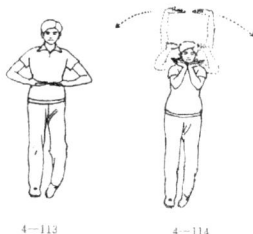

4—113   4—114

3. Abbassare le braccia lateralmente in una linea (Fig. 4-115). Palmi verso il basso, abbassare le braccia senza interrompere il movimento, accovacciarsi fino a che le braccia non formino un angolo di 15° con il corpo. I pollici e i medi formano il Potere della Bocca di Gru (*He Zui Jing*) (detto anche *Nian Hua Zhi* o Tenere le Dita a Fiore) (Fig. 4-116 e 4-117). Sollevare le braccia dai lati, le gambe seguono e si sollevano lentamente. Le braccia in linea, aprire il mudra con i palmi rivolti in basso (Fig. 4-115). Ripeti questo abbassarsi e sollevarsi per tre volte. La quarta volta, abbassare il piede sinistro a terra.

4. Avvicinare e sollevare le mani davanti al basso addome, i palmi verso l'alto. Connettere i mignoli e sollevare le mani in su mentre il corpo si raddrizza, piedi uniti. Sollevare quindi le mani fino al Palazzo *Hunyuan*. Sollevare il tallone destro con soltanto il quarto e quinto dito che toccano il suolo.

5. Alzare i palmi fino al punto energetico *xuanji*. Ruotare le dita in avanti, i lati dei mignoli sono vicini. Continuare sollevando fino davanti al volto, quindi continuare a sollevare mentre si separano i palmi e si ruotano le dita all'esterno, indietro all'interno fino a che le mani non siano sopra la testa e le braccia quasi diritte. I palmi sono rivolti in alto e le punte delle dita sono una di fronte all'altra formando i Palmi *Tuo Tian*.

6. Abbassare le braccia lateralmente in una linea, palmi verso il basso. Continuare ad abbassare le braccia; le gambe seguono; accovacciarsi fino a che le braccia e il corpo non formino un angolo di 15°. Formare *He Zui Jing* con i pollici e i mignoli. Alzare le braccia dai lati; le gambe seguono; sollevarsi lentamente, raddrizzarsi. Braccia in linea, aprire *He Zhui Jing*, i palmi verso il basso. Abbassare e sollevare il corpo tre volte. Abbassare una quarta volta e fare scendere il piede destro al suolo. Avvicinare e sollevare i palmi davanti al basso addome, i palmi verso l'alto. Connettere i mignoli e

sollevarli. Le gambe seguono le braccia nel sollevare e raddrizzare allo stesso tempo il corpo.

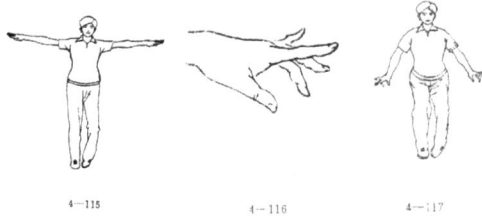

4—115   4—116   4—117

Punti Chiave dei Movimenti e Attività della Mente

Quando il quarto e il quinto dito del piede toccano il suolo, non si deve usare la forza ma piuttosto occorre tenere la gamba delicatamente in su dal ginocchio. Il ginocchio non si apre all'esterno, altrimenti impedirebbe al *qi* di andare verso l'alto.

I Movimenti Due e Cinque sono chiamati i Palmi Spingono il Cancello Celeste. Questo movimento dovrebbe essere eseguito in modo ininterrotto. Quando le mani spingono sopra la testa occorre socchiudere gli occhi e osservare il cielo blu dallo spazio tra le punte dei medi.

I movimenti di sollevare ed abbassare nel punto Tre e Sei devono essere fatti liberamente e in modo naturale. Quando si abbassano le braccia, le spalle e i gomiti devono andare per primi verso il basso, poi i polsi, flessi all'indietro in modo naturale, e i palmi. Quando si sollevano le braccia, rilassare i gomiti e i polsi, senza tenere le braccia rigide e dritte. Quando il corpo continua a sollevarsi, non bisogna utilizzare la forza per spingere in alto dalle gambe. Piuttosto, usare *baihui* per sollevarsi, il mento ritratto, e sollevare anche dalla base delle orecchie per tirare *dazhui*, guidando tutto il corpo poi in basso. "*Shen Guan Ding*" il nome della sezione –Lo *Shen* Illumina dalla Sommità della Testa – si riferisce a questo. Nello stesso tempo, la mente si deve concentrare su *He Zui Jing* (il Potere del becco della Gru).

Benefici

L'obiettivo di questa sezione è di riportare lo *hunyuan qi* di tutto il corpo verso il centro [da *baihui* a *huiyin*] cosi da mobilizzare lo *hunyuan qi* del *dantian* inferiore e centrale per nutrire il *dantian* superiore. Il movimento dei quattro arti ha anche questo obiettivo.

Sezione Tredici: Il Qi di Cielo e Terra Ritorna allo Hunyuan

Hùn Yuán Yīqì Lián Tiāndì 混元一气连天地

Requisiti di Movimento

1. Sollevare le mani verso il Palazzo *Hunyuan*, sovrapporle con la sinistra sulla destra. Le punte dei pollici sono appena connesse. In passato questo mudra veniva chiamato *Ding Yin*. (Fig. 4-118) Sollevare le mani fino a *Tanzhong*, ruotare i palmi verso l'interno e in alto fino ad arrivare davanti alla fronte. Girare i palmi all'esterno sopra la fronte. (Fig. 4-119) Aprire le mani, abbassare lateralmente in una linea. I palmi rivolti in basso, abbassare a livello delle anche. Portare le mani davanti al basso addome. Sovrapporre le mani nel *Ding Yin*. Ripetere questo movimento tre volte. L'ultima volta le mani sovrapposte non formano *Ding Yin* ma formano *Shuang Huan Ding Yin* (Due cerchi *Ding Yin*). (I pollici e gli indici disegnano dei cerchi [come nella Sezione Uno, i Palmi *Ding Tian Li Di*] con le punte dei pollici connessi.) Sollevare quindi fino al Palazzo *Hunyuan*.

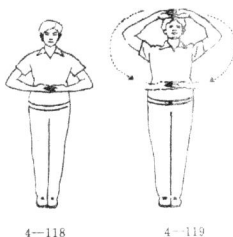

4—118   4—119

2. Ruotare la mano sinistra in alto a guardare il palmo destro. I gomiti guidano le braccia ad aprirsi all'esterno lateralmente con il centro dei palmi uno di fronte all'altro e connessi. Continuare fino a che le braccia non formino una linea e i palmi siano rivolti in basso. Continuare a sollevare le braccia mentre i palmi ruotano in alto e disegnano un arco. Incrociare i polsi sopra la fronte e portarli in basso, la mano destra davanti alla mano sinistra. Continuare ad abbassare davanti alla fronte, il palmo sinistro rivolto verso il destro e il palmo destro che guarda in basso (Fig. 4-120). Abbassare le mani lungo la linea centrale del corpo fino al Palazzo *Hunyuan*, nei Palmi *Ding Tian Li Di*. (Fig. 4-121) Ruotare il palmo destro verso l'alto, abbassare la mano sinistra in modo che il palmo sia rivolto verso il palmo destro. I gomiti guidano i palmi ad aprirsi lateralmente. Ripetere la sequenza del movimento tre volte.

3. Aprire il mudra. Posizionare la mano sinistra sulla mano destra. Portare le mani all'esterno fino a che i medi premono sulla base degli anulari, quindi curvare le dita nelle Mani *Hunyuan*. (Fig. 4-122) Corpo centrato e dritto, inspirare in modo naturale. Mentre si inspira dire "*qing*". Ripetere cinque volte. Separare le mani lateralmente per completare la pratica.

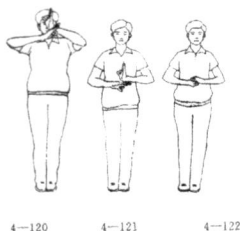

4—120   4—121   4—122

Punti Chiave dei Movimenti e Attività della Mente

Nel Movimento Uno, quando si sollevano le mani *Ding Yin*, i pollici non sono connessi con l'uso di una certa pressione. Nello stesso tempo, occorre porre l'attenzione sul punto di unione delle punte dei pollici. Quando i palmi si aprono all'esterno sopra la fronte, aprire gli occhi e guardare il movimento delle mani mentre si abbassano e si alzano poi passare la parte anteriore del corpo. Quando si sollevano le mani, porre particolare attenzione al loro movimento e alla postura. Fare lo stesso quando si esegue il Movimento Due. Quando le mani vanno davanti alla fronte, porre particolare attenzione ai loro movimenti e posizioni. Se necessario, inclinare la testa leggermente indietro ma non troppo o questo condizionerà il flusso del *qi*. Dicendo "*qing*" si può riportare il *qi* indietro nel Palazzo *Hunyuan*.

Benefici

Questa sezione può far sì che il *qi* fluisca bene e ritorni al Palazzo *Hunyuan*.

Metodo del Ritorno del Qi Puro degli Organi Interni allo Hunyuan
Zhang Zhen Gui Yuan Fa

Piedi uniti, corpo centrato e diritto. Guardare dritto in avanti, portare lo sguardo all'interno, chiudere gli occhi delicatamente. Premere la punta della lingua tra la parte centrale degli incisivi. Rilassare tutto il corpo. (Fig. 4-123) Sollevare i palmi, la punta delle dita in avanti, il centro dei palmi rivolto verso il basso. Premere i palmi in giù, flettere verso l'alto le dita dei piedi. Premere in basso e sollevare per tre volte (Fig. 4-124). Palmi e ginocchia disegnano un cerchio nello stesso momento, davanti, all'esterno, indietro, all'interno, tre volte. Disegnare il cerchio nella direzione inversa per tre volte. Il cerchio deve essere piccolo, omogeneo e lento (fig.4-125). Rilassare i polsi, ruotare i palmi, tenere la sfera di *qi*, sollevarla dalla parte anteriore fino al livello dell'ombelico. Tirare leggermente all'interno il centro dei palmi per guardare l'ombelico. Portare le mani indietro, mandare il *qi* nel *dantian* inferiore (Fig. 4-126).

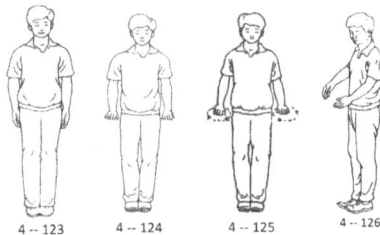

4 -- 123   4 -- 124   4 -- 125   4 -- 126

Avvicinare le mani all'ombelico, ruotare i palmi in su, connettere le punte dei medi. Formare *Hunyuan Zhi Huan* (Cerchio nel Dito dello *Hunyuan*) [come nelle Sezioni Uno e Tredici del Metodo dei Cinque *Hunyuan*]. Sollevare fino al Palazzo *Hunyuan* (Fig. 4-127). Fare tre apri e chiudi circolari mentre le ginocchia seguono per disegnare tre cerchi (muovere le mani e le ginocchia avanti, all'esterno, indietro, all'interno). Ripetere tre volte nella direzione opposta. (Fig. 4-128) Sollevare le mani fino al punto energetico *xuanji*. Aprire il mudra, abbassare la punta dei piedi (Fig. 4-129). Ruotare le dita in avanti (Fig. 4-130). Spingere in avanti all'altezza e larghezza delle spalle, dita in basso. Palmi in avanti, spingere il centro dei palmi in avanti tre volte (Fig. 4-131). Ruotare la punta delle dita all'esterno, in alto, all'interno; spingere in fuori il centro dei palmi per tre volte (Fig. 4-132). Continuare a spingere mentre le braccia si aprono in linea. Spingere all'esterno per tre volte (Fig. 4-133). Ruotare la punta delle dita in alto, indietro e in basso. Spingere il centro dei palmi per tre volte all'esterno (Fig. 4-134). Quindi ruotare la punta delle dita indietro, in alto, in avanti. Continuare a spingere, chiudere le braccia in avanti fino alla larghezza delle spalle (Fig. 4-132).

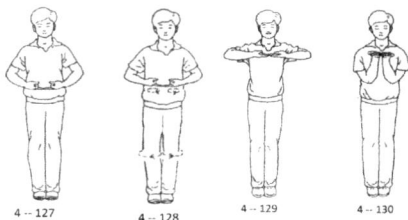

4 -- 127   4 -- 128   4 -- 129   4 -- 130

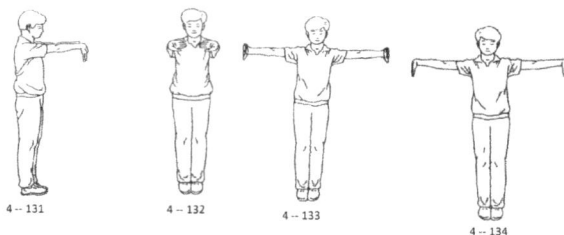

4 -- 131   4 -- 132   4 -- 133   4 -- 134

Rilassare i polsi, girare i palmi uno di fronte l'altro. Continuare ruotando i palmi verso l'alto (Fig.4-135). Tirare indietro gli avambracci fino a posizionarli davanti al petto, chiuderli in modo che la parte laterale dei mignoli si tocchi. Rilassare le spalle, abbassare i gomiti (Fig. 4-136). Sollevare le mani fino a *yintang*. (Fig. 4-137 e 4-138) Fare tre apri e chiudi circolari delle mani e delle ginocchia (in avanti, esterno, indietro e interno). Ripetere tre volte nella direzione opposta (esterno, avanti, interno e indietro).

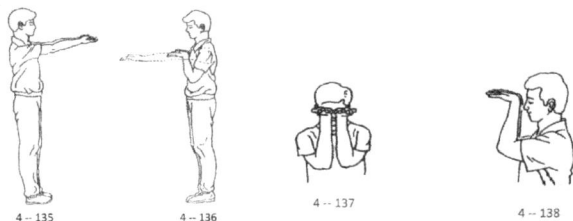

4 -- 135   4 -- 136   4 -- 137   4 -- 138

Aprire i palmi ai lati della testa (Fig. 4-139). Nello stesso tempo, ruotare la punta delle dita indietro con i palmi verso l'alto (Fig. 4-140) spingere le mani in alto come se tenessero il cielo, braccia quasi dritte (Fig. 4-141). I palmi disegnano un cerchio in avanti, esterno, indietro, interno, tre volte, poi nella direzione opposta per tre volte. Ruotare le dita le une di fronte alle altre, spingere in avanti (Fig. 4-142). Unire la punta dei medi, ruotare i palmi verso il basso, abbassare vicino alla sommità della testa. Premere la punta dei medi sul Cancello Celeste, con i dorsi delle dita che si toccano (Fig. 4-143). Ruotare la base delle dita sinistra, avanti, destra, indietro, per disegnare tre cerchi. Girare nella direzione opposta per disegnare tre cerchi. Premere i medi in profondità nella testa.

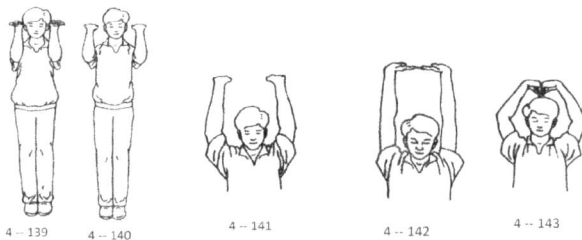

4 – 139   4 – 140   4 – 141   4 – 142   4 – 143

Formare il Mudra del Cuore (curvare l'indice, l'anulare e il mignolo, premere la punta del pollice sulla linea dell'articolazione superiore del dito medio.) (Figg. 4-144 e 4-145) Chiudere i dorsi dei medi, abbassare lungo il canale *dumai*, premere il punto energetico *shangen* (Fig. 4- 146). Ruotare la base dei palmi a sinistra, in alto, destra, in basso disegnando tre cerchi. Nello stesso tempo pronunciare "*xing*" tre volte. Ripetere tre volte nella direzione opposta.

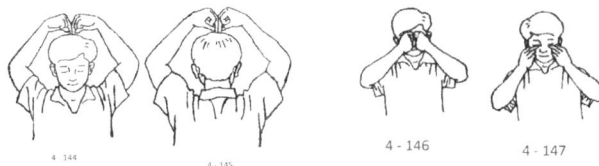

4 - 144   4 - 145   4 - 146   4 - 147

Separare le dita negli angoli interni degli occhi (Fig. 4- 147). Premere delicatamente, disegnare tre cerchi per massaggiare in alto, all'esterno, in basso, all'interno. Ripetere nella direzione opposta per tre volte. Avvicinare i dorsi dei medi fino al punto energetico *shangen*, abbassare verso il punto energetico *suliao* nella punta del naso. Premere tre volte (Fig. 4-148). Separare le dita fino ai punti energetici *yingxiang* ai lati del naso. (Fig. 4-149) Ruotare disegnando tre cerchi [e massaggiare] in alto, esterno, basso, interno. Ripetere nella direzione opposta per tre volte. Chiudere i medi nella punta del naso con i dorsi che si toccano, abbassare fino al punto energetico *renzhong*. Separare le dita sotto le narici (Fig. 4-150). Spingere le dita verso l'alto contro la base della cartilagine centrale. Ruotare le dita per frizionare verso l'esterno nove volte. Poi frizionare dal lato esterno verso l'interno per nove volte.

4 - 148   4 - 149   4 - 150   4 - 151   4 - 152

Chiudere il dorso dei medi, abbassare lungo il canale *renmai* fino a *tanzhong* (Fig. 4-151). Premere la punta delle dita su *tanzhong*, ruotare la base dei palmi a sinistra, in alto, a destra, in basso, tre volte mentre si pronuncia "*xin*", quindi ruotare tre volte nella direzione opposta ripetendo nuovamente "*xin*" tre volte. Abbassare le mani sotto lo sterno (Fig. 4-152). Premere la punta delle dita all'interno, ruotare la base dei palmi a sinistra, in alto, destra, in basso per tre volte mentre si pronuncia "*xiang*" tre volte, ruotare quindi nella direzione opposta pronunciando nuovamente "*xiang*" tre volte.

Separare il Mudra del Cuore e trasformarlo nel Mudra dei Reni. Unire le punte dei medi, abbassare fino al *duqi*, premere. (Fig. 4-153) Muovere le mani lungo la linea della vita fino a *mingmen*, premere. (Fig. 4-154) Ruotare i palmi all'esterno (Fig. 4-155). Dire "*ei yü ying*" cinque volte. Ruotare i palmi verso l'interno, muovere i mignoli intorno alla linea della vita fina all'ombelico, premere. Sollevare la mano sinistra fino a *tanzhong* (Fig. 4-156). La mano sinistra va all'esterno e in basso mentre la mano destra va dritto in alto; la mano sinistra va all'interno e in alto, la mano destra all'esterno e in basso; ripetere questo movimento per disegnare cinque cerchi in tutto. L'ultima volta, abbassare entrambe le dita fino al *duqi*, poi sollevare fino al Palazzo *Hunyuan*.

200

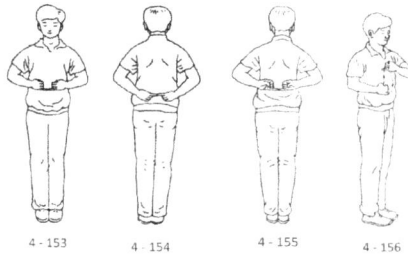

4 - 153   4 - 154   4 - 155   4 - 156

Aprire il Mudra dei Reni, poi formare il Mudra della Milza. Le mani si sovrappongono con la mano sinistra verso l'interno e le dita della destra sul dorso della mano sinistra, con i pollici che premono entrambi sulla base del medio della mano sinistra (Fig. 4-157 e 4-158). Dire "*zhong*" cinque volte. Sollevare la mano sinistra passando da *tanzhong* fino a sopra il seno sinistro, la punta delle dita verso l'alto. Premere il punto energetico *yunmen* con la punta del dito medio. Il gomito sinistro preme sulle costole. La mano destra si muove passando le costole di destra fino alla schiena. Premere *mingmen* con la punta del medio. Il palmo destro preme sul lato destro della zona lombare. Massaggiare in tre cerchi. (Fig. 4-159 e 4-160)

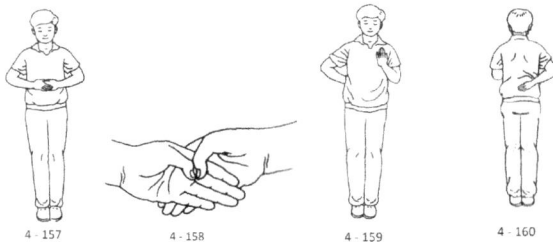

4 - 157   4 - 158   4 - 159   4 - 160

Le mani ritornano nel Palazzo *Hunyuan*, nel Mudra della Milza. Dire "*zhong*" cinque volte (Fig. 4-157) fino al punto energetico *yunmen* destro, la mano sinistra passa le costole di sinistra fino alla schiena, premere *mingmen* con il dito medio. Premere il palmo sul lato sinistro della zona lombare, massaggiare e ruotare per tre volte (Figg. 4-161 e 4-162). Riportare le mani al Palazzo *Hunyuan*.

4 - 161   4 - 162

Cambiare le mani nel Mudra del Fegato. Palmi verso l'interno, unire la punta degli indici (Fig. 4-163). Sollevare le mani alla base dello sterno. Separare le mani ai punti energetici *qimen* e *riyue*. La punta degli indici rivolta in basso. Posizionare la Bocca della Tigre contro le costole (Fig. 4-164). Spingere la mano e il braccio sinistro in avanti all'altezza della spalla, palmi in alto. Piegare il polso verso di sé e puntare il dito indice in alto verso il cielo. Premere il pollice sulla linea dell'articolazione superiore del dito indice (Fig. 4-165). Concentrare gli occhi sulla punta del dito indice. (Fig. 4-166) Dire "*tü, jü*" cinque volte. Abbassare i gomiti, portare la mano sinistra indietro, posizionarla sulle costole di sinistra. (Fig. 4-164)

4 - 163   4 - 164   4 - 165   4 - 166

Aprire il Mudra del Fegato e formare i Mudra del Polmone. (Fig. 4-167) La parte superiore delle braccia è contro le costole. Ruotare i palmi all'interno. Connettere la punta degli anulari. Sollevare le mani in alto lungo il corpo fino al punto energetico *tiantu*, mentre si ruotano le punte delle dita in alto. Aprire all'esterno fino ai punti energetici *yunmen* (Fig.4-168). Piegare i polsi e sollevare le braccia. Ruotare i palmi e le braccia, indietro, in basso, in avanti, in alto; dire "*sang, si, song*" due volte, poi ripetere nella direzione opposta due volte (Fig. 4-169).

202

4 - 167   4 -168   4 - 169

Aprire i Mudra del Polmone. Chiudere le mani fino a sotto il punto energetico *tiantu*. Formare le Mani *Hunyuan* (Fig. 4-170). Abbassare lungo il canale *renmai* fino al punto energetico *guanyuan*. (Fig. 4-171) Ruotare le mani a sinistra, avanti, destra, indietro, disegnando un cerchio tre volte, poi cambiare la direzione e ripetere per tre volte (Fig. 4-172). Sollevare le mani lungo il lato sinistro del corpo fino ad arrivare davanti alla spalla sinistra. (Fig. 4-173)

4 - 170   4 - 171   4 - 172   4 - 173

Muoverle fino ad arrivare davanti alla spalla destra oltrepassando il pomo d'Adamo (Fig. 4-174). Abbassare le mani lungo il lato destro del corpo e fino a *guanyuan*. Disegnare questo cerchio tre volte, terminando nel punto energetico *guanyuan*. Poi ruotare le Mani *Hunyuan* in cerchio a destra, avanti, sinistra, indietro per tre volte, quindi cambiare direzione per tre volte. Sollevare la mani lungo il lato destro del corpo davanti alla spalla destra (Fig. 4-175). Le mani continuano a passare il pomo d'Adamo fino ad arrivare davanti alla spalla sinistra (Fig.4-176). Abbassare lungo il lato sinistro del corpo fino al punto energetico *guanyuan*. Disegnare questo cerchio tre volte terminando in *guanyuan*. Premere il basso addome con il pollice sinistro, tirare il *qi* all'interno del corpo. (Fig. 4-177)

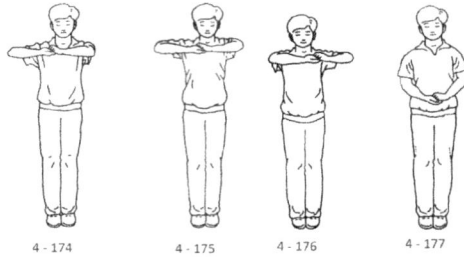

4 - 174   4 - 175   4 - 176   4 - 177

Sollevare le Mani *Hunyuan* fino a *yintang* (Fig. 4-178). Disegnare un arco in avanti, in basso, all'interno appena sopra al *duqi*, in alto fino a *xuanji*. Andare avanti, in basso e all'interno appena sopra il *duqi*, poi sollevare fino ad arrivare appena sotto lo sterno. Andare avanti, in basso e all'interno fino al Palazzo *Hunyuan* (Fig. 4-180). Dire "*qing – he li*" cinque volte. Abbassare le Mani *Hunyuan* fino a *guanyuan* (Fig. 4-181)

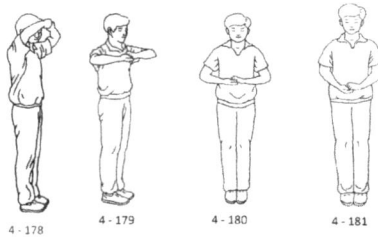

4 - 178   4 - 179   4 - 180   4 - 181

Premere il pollice sinistro su *guanyuan*, mandare il *qi* all'interno. Raccogliere e nutrire in tranquillità il *qi*. Separare le mani lungo i fianchi. Aprire gli occhi lentamente. Fine della pratica.

BREVE RIASSUNTO DEL CAPITOLO QUATTRO

Il Metodo dei Cinque *Hunyuan* contiene una vasta gamma di elementi e materiale.

Il Metodo dei Cinque *Hunyuan* rappresenta il Terzo Livello dei Metodi Dinamici del Zhineng Qigong. La sua pratica è la più completa e il suo contenuto il più complesso tra i metodi del Zhineng Qigong. La pratica comprende l'uso della mente per mobilitare il *qi* per allenare lo *hunyuan* esterno, l'uso del movimento per mobilizzare il *qi* per praticare lo *hunyuan* di corpo e mente, l'uso del suono per praticare lo *hunyuan qi* puro degli organi interni.

Benefici del Metodo dei Cinque Hunyuan:
- Apre i passaggi tra l'uomo e la natura.
- Migliora la trasformazione tra lo *hunyuan qi* del corpo e lo *hunyuan qi* degli organi interni.
- Facilita la trasformazione del *qi* degli organi interni e aumenta la capacità della mente di controllarlo.

I principali requisiti della pratica consistono nel fatto che il corpo debba essere rilassato, la mente concentrata, la postura corretta, la sensazione naturale e rilassata del mudra, il suono chiaro e puro.

Gli elementi importanti del Metodo dei Cinque Hunyuan sono l'utilizzo del suono e del mudra per mobilizzare il qi

Quando si pratica occorre tenere il mudra correttamente e assicurarsi che i suoni siano pronunciati in modo esatto. In particolare, durante la pratica occorre essere consapevoli dell'importanza dell'uso del mudra per premere su un punto energetico, insieme all'uso del suono. Quando si preme il punto energetico, la mente deve penetrare all'interno in profondità e fare esperienza del cambiamento interno mentre si pronuncia il suono. Inizialmente si dovrebbe praticare dicendo i suoni indipendentemente dal metodo stesso. Quando all'inizio si allenano i suoni, è bene non associare questi con il movimento o con il mudra e pronunciarli a voce alta. Una volta che il suono risulti relativamente corretto dal punto di vista della forma della bocca e della pronuncia, occorre recitarlo silenziosamente, assicurandosi di mantenere la corretta forma della bocca senza però emettere alcun suono. Il terzo stadio è l'uso della mente per visualizzare il suono. Una volta che si è raggiunto il secondo livello del recitare in silenzio, si deve unire il suono al movimento. Dopo che si è acquisita l'abilità di combinare il suono al movimento, occorre praticare di nuovo ad alta voce. Dopo un periodo di tempo di pratica fatta in questo modo, si può utilizzare la mente per recitare durante la pratica.

Quando si dice il terzo suono di ciascun organo è necessario utilizzare la mente in modo attivo per pensare al significato e all'effetto della parola, così da mettere in azione la sua efficacia. Nello stesso tempo occorre mobilitare e visualizzare consapevolmente la particolare emozione, e creare lo stato appropriato per quell'organo.

I praticanti devono sviluppare la consapevolezza dell'apertura e chiusura, raccolta e dispersione del qi nel Palazzo Hunyuan.

Il Palazzo *Hunyuan* è, nel qigong tradizionale, uno spazio sottile e profondo, usato per unire la pratica dello *shen* e del *qi*. Anche il Zhineng Qigong utilizza questo luogo per fondere *shen* e *qi*. Pertanto l'esperienza del Palazzo *Hunyuan* è una pratica molto importante. Si dovrebbe sperimentare il Palazzo *Hunyuan* non solo durante la pratica del metodo ma anche nella vita quotidiana attraverso la ripetizione di *"ling"*. Inizialmente tramite la pronuncia di questo suono si sperimenta il luogo della vibrazione, poi si riesce a percepire che quel luogo che vibra all'interno è vuoto senza barriere, molto omogeneo, senza forma. Seguendo questo procedimento, si dovrebbe mobilitare il *qi* esterno per aprire, chiudere, raccogliere e disperdere nel Palazzo *Hunyuan*. Occorre sentire attentamente come il *qi* vada all'interno e all'esterno. Se la mente riesce a connettersi in modo ottimale con il *qi*, si può arrivare direttamente ad un alto livello.

Inoltre, si dovrebbe sperimentare lo stato del *qi* puro dei cinque organi interni che si fondono nel Palazzo *Hunyuan*. Quando si inizia a praticare il Metodo dei Cinque *Hunyuan* si può anche usare la mente per mobilizzare il *qi* per aprire, chiudere, raccogliere e disperdere nel Palazzo *Hunyuan*. Questo è un modo eccellente per raccogliere e integrare il *qi*, può ridurre le reazioni di qigong che vengono fuori dalla pratica, in particolare quelle che derivano dalla pulizia della malattia dal corpo.

Praticare il Metodo dei Cinque Hunyuan senza eseguire prima i livelli 1 e 2

E' possibile praticare direttamente il Livello Tre, il Metodo dei Cinque *Hunyuan*, ma la maggior parte delle persone non può ottenere i benefici sperati. Certamente, delle persone con ottime qualità di corpo e mente possono ottenere benefici apprezzabili poiché la pratica del Metodo dei Cinque *Hunyuan* può mobilitare diversi livelli di *qi*. Le persone il cui *qi* è molto debole troveranno la pratica stancante, ma per alcune persone forti la pratica diretta del Metodo dei Cinque *Hunyuan* può velocizzare il processo di miglioramento. La pratica di Zhineng Qigong può iniziare da qualunque livello ma è più opportuno iniziare con il Metodo del Sollevare il qi e Riversarlo dalla Testa, così come lo è il praticare lo *hunyuan* esterno.

I primi tre livelli dei metodi dinamici di Zhineng contengono molti movimenti che permettono di combinare insieme i cambiamenti della postura, della mente e del *qi*. Da un lato, tutte le posizioni lavorano molto efficacemente per aumentare il *qi* e aiutarlo a fluire bene; dall'altro il movimento del corpo può portare la mente a concentrarsi sul corpo, aiutando la "mente-scimmia" a rimanere focalizzata e tranquilla. Questo porta corpo, *shen*, qi e mente a fondersi insieme verso un livello più alto.

心想事成

Xin xiang shi cheng

Xin significa cuore e mente
Xiang significa pensare o inviare informazione
Shi significa cose o eventi
Cheng significa di successo

Messe insieme queste parole vogliono dire che qualunque cosa si pensi è
ciò che accadrà. Questo significato è celato all'interno della frase
Hun yuan ling tong

CAPITOLO CINQUE

Metodi Statici e Metodi Semplici del Zhineng Qigong

I metodi statici del Zhineng Qigong comprendono posizioni in piedi, da seduti o da sdraiati. Tutti iniziano con movimenti molto semplici volti a regolare il corpo e regolare la postura per mobilitare il *qi*, in un secondo momento la postura diventa statica e si pratica con il solo uso della pura attività della mente. Quindi la pratica dei metodi statici si riferisce principalmente a quei metodi che per praticare utilizzano la mente mantenendo il corpo in posizione statica.

Posizione Statica in Piedi per l'Unione dei Tre Centri
Sān Xīn Bǐng Zhàn Zhuāng

Il Metodo della Fusione dei tre Centri In Piedi è un metodo fondamentale del Zhineng Qigong. Esso è in gran parte una pratica statica ma possiede al suo interno alcuni aspetti dinamici; l'apertura e la chiusura sono dinamici ma la pratica principale è statica.

Requisiti di Movimento e Postura

Frasi importanti per la pratica:

- Chiudere i sette organi di senso; il naso si connette con il cielo.
- Camminare sul *qi*, le mani accanto al punto energetico (l'ombelico) per raccogliere il *qi*.
- I tre centri raccolgono il *qi* per fondersi dove dimora la mente.
- Il corpo è luminoso, il *qi* fluisce bene, un sorriso sul viso.

Preparazione
1. Piedi uniti, corpo centrato e dritto, le mani pendono di fianco in modo naturale. Guardare dritto in avanti verso l'orizzonte. Portare lo sguardo all'interno, chiudere delicatamente gli occhi, chiudere gentilmente la bocca.

Respirare dal naso in modo naturale. Con la mente, connettere il naso ai punti energetici *tongtian* (si trovano a mezzo *cun* davanti al *Baihui* e uno *cun* e mezzo all'esterno della linea centrale, cioè a circa 1.5 cm e 4.5 cm per la persona media). (Fig. 5-1)

2.   Camminare sul *qi*: senza muovere i talloni, aprire le punte dei piedi di 90°. Spostare il peso del corpo sulla punta dei piedi, aprire i talloni all'esterno lungo il pavimento di 90°. Questo movimento permette al *qi* di andare attraverso i canali *yang* della parte esterna delle gambe, mentre i tre canali interni sono rilassati. Inoltre in questo modo il *qi* dei canali yang riesce a fluire in basso e quello dei canali *yin* in alto. In passato questo movimento era chiamato camminare sul *qi*. [L'angolazione dei piedi è stata modificata in un secondo momento. Per i principianti, la distanza tra le punte dei piedi dovrebbe essere un po' più stretta della distanza tra i propri talloni. Più sono aperte le articolazioni sacro iliache, più è possibile angolare i propri piedi.]

3.   Apertura: i movimenti delle mani e l'attività della mente sono uguali a quelli dell'apertura del Metodo di Sollevare il *Qi* in Alto e Riversarlo dalla Testa, fino al punto in cui si uniscono i palmi davanti al petto nella posizioni Mani *Heshi*.(Fig. 5-2 fino a fig.5-9)

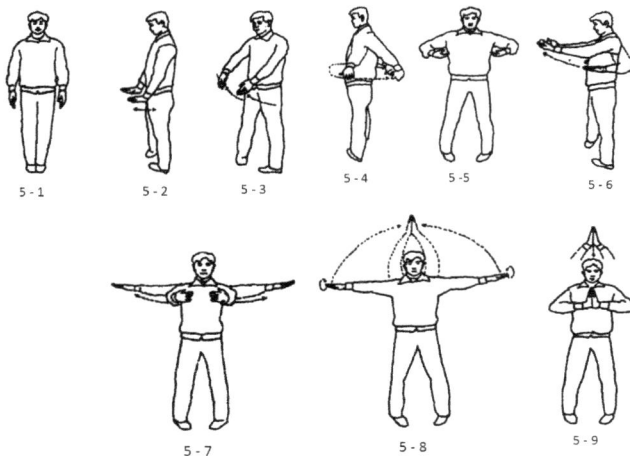

Regolare la Postura nel Metodo dei Tre Centri in Piedi
1.   Aprire la base dei palmi, abbassare le mani davanti all'ombelico. Tenere una mezza sfera di *qi* tra le mani. Separare le dita mantenendole però

quasi unite. Piegare le ginocchia, accovacciarsi, le ginocchia non superano la punta dei piedi. Incassare le articolazioni dell'anca, *mingmen* all'indietro, come se si fosse seduti senza sedersi. (Figg. 5-10 e 5-11) La posizione più alta o bassa dipende dallo stato del corpo del praticante [dipende da come si sente il praticante]. Un principiante dovrebbe praticare per circa mezz'ora, ma più tempo si pratica e migliori saranno i risultati. [Fig. 5-10 e 5-11]

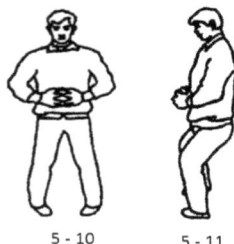

5 - 10   5 - 11

2. Quali sono in dettaglio i requisiti della posizione: la testa deve essere centrata e sollevata, come sospesa nello spazio. Le palpebre chiuse e la base degli occhi in su; lo sguardo e la mente insieme raccolti all'interno. La punta della lingua tocca il palato superiore. Aprire *yintang*. Rilassare le guance, sorridendo ma senza sorridere. Petto leggermente concavo e nello stesso tempo un po' aperto, rilassare il centro del petto. Tirare in alto la parte superiore della schiena dal punto energetico *dazhui* fino a *baihui*, in modo da allungare la colonna vertebrale. Allo stesso tempo, rilassare e abbassare le scapole. L'obiettivo di tirare il petto verso l'interno e allungare la parte superiore del corpo è quello di aprire la cavità del petto e rilassare quest'ultimo e la parte superiore della schiena. Rilassare le spalle, ascelle vuote. I gomiti sono rilassati in basso e sospesi verso l'alto. Nei polsi il punto energetico *shenmen* è aperto, in questo modo la parte anteriore esterna del polso è aperta e il polso è leggermente flesso indietro. Con leggerezza tirare all'interno il centro dei palmi, estendere le dita delicatamente.

Rilassare la schiena, comprese le vertebre lombari, i legamenti e i muscoli. La zona lombare deve andare indietro o essere diritta. Rilassare le anche, incluse le articolazioni dell'anca e quelle sacro iliache. *Weilu* è sospeso in basso e punta verso il suolo. Il coccige dovrebbe cadere al centro di un immaginario triangolo equilatero avente come base la linea che idealmente unisce i talloni e si sviluppa in altezza fino ad un punto dietro i piedi. Chiudere e tirare *huiyin* verso l'alto. Rilassare le ginocchia, piegarle e ruotarle leggermente all'interno. Le rotule dovrebbero essere portate appena verso l'alto. Rilassare le caviglie, le piante dei piedi poggiano in modo uniforme al suolo.

Chiusura

Sollevare il *baihui*, raddrizzarsi lentamente. Chiudere i piedi, camminando sul *qi*. Ruotare le punte delle dita in su, chiudere i palmi e sollevarli davanti al petto in posizione di Mani *Heshi*. Sollevarli sopra la testa; pensare di sollevare i palmi fin nella profondità del cielo. Ruotare i palmi in avanti, farli scendere dallo spazio vuoto fino all'altezza delle spalle; ruotarli in su, chiudere in avanti lungo l'orizzonte fino alla larghezza delle spalle. Tirare un poco all'interno i palmi e le braccia; irradiare *yintang* con la punta dei medi. Abbassare i gomiti, portare le braccia indietro. Premere *dabao* con la punta dei medi, mandare il *qi* al *dantian* centrale. Spingere le mani indietro; aprire la braccia lateralmente; ruotare i palmi in avanti, tirare il *qi* nella parte anteriore, sovrapporre i palmi sul *duqi*. Gli uomini pongono la mano sinistra sull'ombelico, le donne la mano destra. (Fig. da 5-12 a 5-15)

Massaggiare l'addome eseguendo nove cerchi in senso antiorario e poi nove in senso orario. Raccogliere e nutrire il *qi* per un po' in tranquillità. Separare le mani lateralmente, aprire lentamente gli occhi.

5 - 12   5 - 13   5 - 14   5 - 15

Attività della Mente

Quando si pratica questo metodo, occorre mantenere la propria attenzione sul *dantian* inferiore. Ciò si ottiene raccogliendo la mente da tutte le parti del corpo, ovunque, verso il *dantian* inferiore. Dal centro della testa la mente si raccoglie in basso, dal centro dei piedi in alto, dal centro delle mani verso l'interno, tutte queste parti insieme si fondono nel *dantian* inferiore. Per i principianti occorre pensare di raccogliere la mente da ciascuno di questi tre centri uno dopo l'altro, per fonderli nel *dantian* inferiore; dopo la fusione nel *dantian* inferiore, occorre rilassare e mantenere la mente tranquilla. Quando questa si allontana dal *dantian* inferiore, bisogna nuovamente visualizzare l'unione dei tre centri nel *dantian* inferiore.

Benefici

La pratica di questo metodo mobiliterà velocemente il *qi* interno permettendo di rinforzare il corpo. Alcune persone potranno avere quasi immediatamente delle reazioni, come ad esempio la sensazione del corpo che si agita o vibra, sensazione di calore, sensazione che vi sia una forza tra le mani che ne impedisce la loro apertura e chiusura, ecc. La Forma in Piedi non è soltanto un ottimo metodo di pratica per i pazienti, ma costituisce anche un lavoro fondamentale per i praticanti di arti marziali. E' una scorciatoia per rilassare e aprire la zona lombare, le articolazioni sacro-iliache e *weilu*. Durante la pratica potrebbero manifestarsi un leggero tremore o una certa vibrazione. Occorre sapere che si tratta di manifestazioni del corpo che si rilassa e che differiscono da quelle che si verificano con i metodi del movimento spontaneo. Se la propria postura è corretta non si potranno sviluppare movimenti spontanei, ma è necessario averne conoscenza per evitare di concentrarsi su ogni tremore o vibrazione che verrebbero altrimenti intensificati dalla mente causando in questo modo il movimento spontaneo.

Come Praticare bene il Metodo dei Tre Centri in Piedi

Comprendere ed esercitare correttamente le frasi

Utilizzare le frasi per regolare lo stato della mente ed entrare in un buono stato di pratica. Questo stato dovrebbe essere mantenuto durante tutta la pratica. Le frasi sono:

- Chiudere i sette organi di senso, il naso è connesso con il cielo.
- Camminare sul *qi*, le mani accanto al punto energetico (l'ombelico) per raccogliere il *qi*.
- I tre centri raccolgono il *qi* per fondersi dove risiede la mente.
- Il corpo è leggero, il *qi* fluisce bene, un sorriso sul viso.
- Dal centro della testa giù nel *dantian*;
- Dal centro delle mani all'interno nel *dantian*;
- Dal centro dei piedi su nel *dantian*;
- I tre centri si fondono nel *dantian* inferiore

Quando si inizia la pratica è necessario che il corpo sia centrato e diritto, completamente rilassato. Guardare dritto in avanti verso l'orizzonte. Chiudere gli occhi delicatamente, portare lo sguardo uniformemente all'interno. Guardare e udire all'interno. Occhi, orecchie, naso, bocca seguono la mente per concentrarsi all'interno. Portare lo sguardo all'interno nell'intersezione tra *baihui* e *yintang*. Le orecchie non sentono i suoni esterni ma ascoltano, guardano e percepiscono i cambiamenti in questo luogo d'incontro. La punta della lingua tocca il palato superiore. Chiudere leggermente i denti e le labbra. Come fa il naso ad andare verso l'interno? Occorre usare la mente per andare dal naso verso *huiyin*, poi da *huiyin* passare *weilu* e salire lungo tutta la colonna vertebrale fino alla testa. Quindi tirare gli occhi, le orecchie e la lingua insieme verso i punti energetici *tongtian* e da li portarli all'esterno come due antenne che si uniscono sopra la testa e poi ritornano all'interno di essa. In questo modo si può portare lo *shen* nella testa e rendere abbondante il *qi* e il sangue. Questo è il significato di "chiudere i sette organi di senso, il naso connesso con il cielo".

Camminare sul *qi* si riferisce ai piedi che camminano sul *qi* quando si separano alla larghezza delle spalle, i talloni un po' più ampi rispetto alla parte anteriore dei piedi. Questa posizione dei piedi può permettere al *qi* di scendere lungo i canali *yang* della parte esterna delle gambe e di salire su dai canali *yin* nella parte interna delle gambe. Questo rende il *qi* delle gambe abbondanti e libero di fluire. Inoltre permette di connettere anche il *qi* della testa e dei piedi in modo che si muova attraverso tutto il corpo per formare un equilibrio olistico.

Le mani sono al centro del corpo come una sfera sull'ombelico, per facilitare la raccolta di *qi*. Il Zhineng Qigong lavora principalmente sul *dantian* centrale e superiore, ma poiché nella vita quotidiana noi formiamo un equilibrio ordinario tra *jing*, *qi*, *shen*, se si trascura il *dantian* inferiore allenando solo il *dantian* centrale e superiore, il *qi* del *dantian* inferiore non potrà conservare il *jing* (essenza). Quindi all'inizio si posizionano i palmi davanti all'ombelico, si connettono la testa e i piedi, si usa la mente per raccogliere nel *dantian* inferiore il *qi* dalla testa, dalle mani, dai piedi e da tutte le direzioni. Il *qi* si fonde nel *dantian* inferiore dalle tre direzioni. Parlando in generale, il movimento di fusione dovrebbe iniziare dal centro della testa per combinarsi nel dantian inferiore. Il praticante pensa alla sommità della testa, poi pensa direttamente all'interno del *dantian* inferiore come una torcia che illumina in basso. Non si deve pensare al tragitto preciso che percorre il *qi*, perché in questo modo si possono causare dei problemi. In altre parole, quando pratichiamo qigong occorre focalizzarsi solo sulla mente e non porre attenzione al *qi*. In questo modo si può raccogliere il puro *hunyuan qi* e non il *qi* impuro acquisito.

Per il movimento di fusione nel *dantian* inferiore dal centro dei palmi, i principianti possono incavare leggermente il centro dei palmi e poi pensare velocemente all'interno del *dantian* inferiore. Ciò permette di integrare la mente e il *qi* del corpo attraverso le braccia e di andare direttamente nel *dantian* inferiore. La mente non deve andare dallo spazio tra i palmi e l'ombelico all'interno del *dantian* inferiore. [Occorre usare la mente per andare attraverso le braccia direttamente al *duqi*]. I principianti possono pensare a una mano e poi all'altra. Una volta pratici nell'esercizio, si può pensare dai centri di entrambe le mani insieme nel *dantian* inferiore.

"Dal centro dei piedi" segue lo stesso principio del centro delle mani. Una volta divenuti familiari con la pratica, occorre espandere dal centro della testa, delle mani e dei piedi verso il vuoto infinito. Tirare il *qi* dal vuoto infinito verso il *dantian* inferiore.

Il *dantian* è posizionato nello spazio tra *duqi* e *mingmen*. Quando si pratica il Metodo della Fusione dei Tre Centri si mantiene la mente nel *dantian* inferiore, tirando al suo interno il *qi* esterno. Quando la postura è corretta il *qi* fluisce bene senza pensieri distraenti, si è consapevoli del *dantian* inferiore, il corpo si sente a proprio agio e il cuore è felice, con un sorriso che appare sul viso in modo naturale. Questo è il significato della quarta frase: "il corpo è luminoso, il *qi* fluisce bene, un sorriso sul volto".

Ci sono tre metodi di fusione dai tre centri nel *dantian* inferiore. Il primo è lo *hunyuan* interno che si unisce dentro il *dantian* inferiore direttamente dai tre centri. Il secondo è l'uso dello *hunyuan* esterno. Il secondo modo consiste nel pensare che una colonna di *qi* dai tre centri si espanda lontano nello spazio infinito, poi dallo spazio vada attraverso le cinque colonne di *qi* e si fonda nel dantian inferiore. Il terzo modo è l'uso del proprio respiro. Inspirare dai tre centri e fondersi nel dantian inferiore, espirare dal dantian inferiore verso i tre centri. Questo può essere unito in combinazione con uno dei primi due modi.

La propria posizione è diversa a seconda dei diversi stadi di pratica. Quando si inizia la pratica del Metodo dei Cinque *Hunyuan*, i tre centri dovrebbero fondersi nel Palazzo *Hunyuan*. Quando si pratica il canale centrale (Livello Quattro) i tre centri dovrebbero fondersi nel centro del cervello.

La corretta postura è la base per praticare bene il Metodo della Fusione dei Tre Centri.
L'aspetto più importante dei requisiti della postura è la sistemazione della zona lombare e del *weilu*. Ne parleremo nuovamente adesso in dettaglio.

- Rilassare e aprire la parte bassa della schiena. Rilassare e aprire le vertebre lombari, i tendini, i legamenti, i muscoli e l'area della parte inferiore della schiena. Sollevare il *baihui* su e sospendere *weilu* in basso per allungare e aprire la zona lombare. Nello stesso tempo spingere delicatamente indietro dalla parte interna del *dantian* inferiore. Senza contrarre l'addome. In generale, se il proprio *qi* nel *dantian* inferiore è abbondante, allora si è forti e la propria schiena è dritta. Se il *qi* nel *dantian* inferiore è debole, anche il corpo lo è e la parte inferiore della schiena si inclina maggiormente in avanti perché, mancando del *qi* che supporti la colonna vertebrale, non può mantenere il corpo dritto. Quindi se la propria pratica rende il *qi* abbondante nel *dantian* inferiore, la schiena assumerà una postura naturalmente dritta.

Il Metodo Della Fusione dei Tre Centri in Piedi è un buon modo per rilassare e aprire la zona lombare. L'Accovacciata a Muro può essere utilizzata insieme ad esso come un modo ausiliario per farlo. La punta dei piedi vicina alla parete, piedi uniti, rilassare la zona lombare indietro, portare il petto all'interno, accovacciarsi quanto più possibile. Tirando su il *baihui*, raddrizzare il corpo.

La pratica del qigong deve rilassare e aprire la parte bassa della schiena in modo che il *qi* di tutto il corpo possa fluire bene. Se non si riesce a rilassare e aprire la zona lombare, il *qi yang* del corpo si solleverà troppo e si abbasserà troppo poco. Questo può portare ad una pressione del sangue alta, emorragia cerebrale, emiplegia, etc. Il *qi* innato è ospitato all'interno della zona lombare; esso supporta e nutre tutto il corpo. [E' il *qi* ereditato dai propri genitori al momento del concepimento in aggiunta a quello che viene dalla madre durante la gravidanza. Dopo la nascita continua ad aumentare attraverso la trasformazione del *qi* acquisito.] Inoltre, la parte inferiore della schiena è il supporto principale per il peso di tutto il corpo. Quindi il rilassamento e l'apertura della zona lombare è un aspetto molto importante del Metodo della Fusione dei Tre Centri in Piedi.

- Il rilassamento di *weilu* è un altro importante requisito nel Metodo della Fusione dei Tre Centri in Piedi. Normalmente la gente comune, che non pratica qigong, presenta diverse curve nella propria colonna vertebrale; le vertebre cervicali infatti si curvano in avanti, il petto indietro, la zona lombare si curva in avanti, il sacro indietro, il coccige in avanti e la punta del coccige indietro. Nelle persone più deboli il *qi* nel *dantian* inferiore risulta insufficiente. Di conseguenza la loro schiena è più inclinata in avanti, perché nel dantian inferiore mancano del *qi* necessario per supportare il corpo e mantenersi in equilibrio. La pratica della Fusione dei Tre Centri può correggere le curve anomale, permettere al *qi* di fluire bene e al corpo di essere forte.

Weilu deve essere sospeso in basso. Separare i piedi larghezza delle spalle, i talloni un po' più ampi della parte anteriore dei piedi. *Weilu* punta verso il centro di un triangolo equilatero immaginario disegnato dietro il corpo a partire dai talloni. I principianti che praticano la Forma in Piedi possono mantenere una posizione piuttosto sollevata. Se la punta del coccige indica il centro del triangolo, le natiche possono curvarsi indietro. Una volta che la parte bassa della schiena è completamente rilassata e capace di muoversi indietro, le natiche non si curvano più indietro. Occorre portare le articolazioni dell'anca indietro e assumere una posizione da seduti senza sedersi. Questo permette all'intero corpo di rilassarsi in basso.

Se la zona lombare non è rilassata e aperta, è difficile che *weilu* possa puntare in basso come richiesto. Nello stesso tempo, è necessario anche aprire le articolazioni sacro-iliache. La rotazione all'interno dei piedi permette alle articolazioni dell'anca di ruotare all'esterno e indietro. Questa posizione trasmette il *qi* e la forza interna in modo da aprire le articolazioni sacro-iliache. Lo stesso effetto si ha anche con la Sezione Sette del Metodo per l'Integrazione di Corpo e Mente. Il movimento di *weilu* non può essere libero finché le articolazioni sacro-iliache non sono rilassate e aperte. Ecco che, nuovamente, la parte inferiore della schiena e *weilu* assumono importanza nella Forma in Piedi.

Coloro i quali desiderano eseguire correttamente la Forma in Piedi devono risolvere due contraddizioni.
- Si deve spingere indietro la parte bassa della schiena ma senza contrarre i muscoli del basso addome.
- Le articolazioni dell'anca vanno indietro e *weilu* punta verso il centro del triangolo, ma i glutei non sono curvati indietro. La soluzione per queste contraddizioni è quella di sollevare il *baihui* in alto mentre *weilu* pende verso il basso, e allungare la colonna vertebrale dalla sommità della testa ai glutei per raddrizzarla. Utilizzare il *qi* del *dantian* inferiore per spingere la zona lombare ad andare indietro e rilassare. Muovere i glutei un po' indietro, incassare le anche, allungare la spina dorsale. Contrarre e sollevare l'ano mentre il coccige è rivolto verso il basso, per evitare che il *qi* discenda troppo e causando vene varicose o un ernia.

I Quattro Passi per Rilassare e Aprire *Weilu* nei Metodi in Piedi
Il movimento di *weilu* permette di mobilitare il *qi yang* di tutto il corpo. Se il coccige non è rilassato e bene aperto il suo *qi* non può fluire pienamente e liberamente. C'è un punto energetico tra il coccige e il sacro chiamato

yaoshu, che è il luogo dal quale il *qi* viene inviato dalla parte superiore del corpo a quella inferiore. Questo è un motivo per cui occorre aprire *weilu*. Tutti i Maestri dicevano che non era possibile aprire la zona lombare e le articolazioni sacro-iliache se si trascurava il coccige. I quattro passi per aprire *weilu* sono descritti di seguito.

- *Sospendere weilu verso il basso*

Come descritto sopra, nel Metodo della Fusione dei Tre Centri in Piedi il coccige è sospeso in basso quando si è seduti senza essere seduti. Il punto chiave nel posizionare correttamente *weilu* è che la punta del coccige indichi in basso il centro del triangolo. Per i principianti, poiché riescono ad accovacciare poco il corpo, *weilu* si connette con il centro del triangolo ad un angolo. Gradualmente man mano che ci si accovaccia sempre di più, la linea ideale da *weilu* dal centro del triangolo diventa sempre più vicina alla verticale. Una volta che arriva alla verticale, si inizia a praticare il secondo passo.

- Aprire i glutei, piedi paralleli alla larghezza delle spalle. Mantenere il corpo stabile, ruotare le ginocchia leggermente all'interno. Rilassare la parte interna delle anche e nello stesso tempo ruotarne all'interno le articolazioni e spingerle all'esterno dall'interno. Tramite questo movimento la forza si trasmetterà in modo naturale alle articolazioni sacro-iliache aprendole. I glutei vanno indietro ma non sono curvati in alto. Le persone comuni non riescono muovere le loro articolazioni sacro-iliache tranne che in gravidanza avanzata. Una volta che si possono muovere le articolazioni sacro-iliache, si inizia la pratica del terzo passo.

- *Curvare weilu*

Non appena le articolazioni sacro-iliache saranno bene aperte e ci si potrà accovacciare sempre più in basso, *weilu* non punterà più a lungo verticalmente in basso nel punto centrale del triangolo. Piuttosto punterà in modo naturale più in avanti fino a che infine punterà verso il centro della linea che unisce i talloni. Quando le cosce sono parallele con il suolo si può iniziare a praticare il quarto passo.

- *Ruotare weilu o Weilu disegna un cerchio*

Aprire la punta dei piediappena più rispetto ai talloni. Spingere le mani in avanti o lateralmente in una linea. Per prima cosa *weilu* disegna un arco avanti e indietro. Dopo un certo periodo di pratica, cambia per disegnare un arco a sinistra e destra. Il terzo stadio è quello di disegnare un cerchio con il coccige. Questo differisce dalla Sezione Sei del Metodo per l'Integrazione di Corpo e Mente: Ruotare la Vita, Oscillare le Anche utilizza la forza interna per spingere il corpo e ruotare tutto l'osso pubico. Invece in questa pratica il *qi* del *dantian* si muove ma la rotazione è solo nel coccige. In passato i praticanti usavano ricorrere all'analogia con il pendolo di un orologio per descrivere correttamente questo movimento. Ciò dimostra quanto *weilu* fosse considerato importante, nei tempi passati, importanza però tenuta segreta.

Questo stadio rappresenta la pratica che segue l'apertura delle articolazioni sacro-iliache e della parte bassa della schiena. *Weilu* si muove liberamente e il *qi* fluisce bene senza blocchi in ogni parte del corpo, unificati come uno. La mente si fonde nel *qi* e nel corpo per diventare una interezza. Questo è totalmente diverso dal solo uso della mente per mobilitare il *qi*.

PRATICHE DA SEDUTI E SDRAIATI

Metodo del Sedersi in modo Naturale
Il nome di questo metodo si riferisce al fatto che ci si può sedere in modo naturale senza pensare a niente. Precedentemente questo metodo era conosciuto come "Sedere Stupidamente e Aspettare Tranquillamente". Esso rappresenta una base del metodo da seduti del Zhineng Qigong.

Postura
Può essere utilizzata qualunque posizione da seduti. Si rilassa tutto il corpo, la testa è rilassata in modo naturale in avanti e in basso. Chiudere i denti e la bocca. La lingua è nella sua posizione naturale, può toccare il palato superiore o lo spazio tra i denti. Portare il petto leggermente all'interno. La schiena si muove leggermente indietro, naturalmente rilassata. Le mani possono essere mantenute nella posizione del mudra *Hunyuan* o le si possono lasciare in una posizione naturale.

Attività della Mente
Connettere la mente con il vuoto; non pensare a niente. Non si deve però portare la mente completamente all'esterno, occorre che una parte di essa sia posta nel Palazzo *Hunyuan*. All'interno il Palazzo *Hunyuan* è vuoto; dal Palazzo *Hunyuan* ci si unisce con il vuoto. Poi si va fuori dal Palazzo *Hunyuan*, come quando si tiene un aquilone. Vale a dire che la mente si connette con il vuoto, senza pensare a niente ma senza dimenticare il Palazzo *Hunyuan*. Il Palazzo *Hunyuan* è il centro del vuoto.

Benefici
Questo metodo rappresentava il livello più alto nella pratica del qigong tradizionale. E' una pratica molto sicura. I praticanti che possiedono buone

qualità possono raggiungere direttamente la sorgente [cioè comprendere il vero Sé e lo *hunyuan qi* originale] Essi potranno sperimentare inoltre lo stato del Palazzo *Hunyuan* vuoto, eterno, infinito, molto puro, molto omogeneo. Se si riesce a mantenere la propria mente stabile, si può fare esperienza dello *hunyuan qi* vuoto esterno che entra nel Palazzo *Hunyuan*. Se si riesce ad utilizzare in modo attivo la mente per portare lo *hunyuan qi* esterno a fondersi con lo *shen* e il *qi* del Palazzo *Hunyuan*, allora si potrà raggiungere direttamente un livello alto.

In generale, se si rilassa il corpo e si tranquillizza la mente, il *qi* interno comincerà a fluire bene in modo naturale e diventerà abbondante. In breve tempo si emetterà un suono dalla gola simile al russare, come se si dormisse, ma la mente e il cuore non sono addormentati. Nel momento in cui si diventa consapevoli di questo suono, anche la mente entrerà in uno stato di attenzione. Occorre concentrare immediatamente la propria mente su questo stato vigile e rimanere li. Nei tempi antichi la gente diceva: "mantieni quello stato con rispetto, non perderlo". In questo modo è possibile migliorare il proprio livello di *gongfu*.

La maggior parte delle persone non è in grado di mantenere questo stato ma se ne può tuttavia trarre dei benefici. La sua pratica costante per un periodo di tempo renderà il *qi* interno abbondante e la parte superiore del corpo e la testa si raddrizzeranno in modo naturale. Seguendo questo cambiamento ci si dovrà sedere dritti e si potrà allora iniziare la pratica del Metodo dello *Hunyuan* da Seduti.

Chiusura
Utilizzare la mente per mandare a se stessi precise istruzioni: "concludere la pratica, concludere la pratica". Osservare all'interno di tutto il corpo, ovunque; quindi, lentamente aprire gli occhi e terminare la pratica.

Metodo dello *Hunyuan* da Seduti
Rappresenta la pratica principale dei metodi statici di Zhineng ed ha tre stadi: *hunyuan* esterno, *hunyuan* interno e *hunyuan* centrale. I metodi dinamici possiedono pratiche diverse a seconda dei vari livelli, ma nel qigong statico la sola differenza è che la mente è regolata in maniera diversa a seconda dei livelli.

Postura
Preparazione
Può essere utilizzata qualunque posizione da seduti. Seduti diritti, sollevare *baihui*, ritrarre il mento. Chiudere gli occhi o lasciarne aperta solo una fessura. Portare il petto all'interno, tirare su la parte superiore della

schiena mentre la parte bassa va in avanti. Posizionare il mudra delle mani *Hunyuan* davanti all'addome. [Figura 4-8]. Dopo avere regolato il corpo, ripetere silenziosamente "inizia la pratica, inizia la pratica".

Forma delle Mani Ding Tian Li Di
Aprire le Mani *Hunyuan*, palmi uno di fronte all'altro. Spingere le braccia in avanti fino a che non siano quasi dritte. Sollevare il *qi* in alto sopra la testa, rimanere sopra la testa per una respiro completo, la mente riversa il *qi* in basso; mentre si fa questo, sentire se vi sia una pulsazione sulla sommità della testa. Se non si ha alcuna sensazione, si possono contrarre diverse volte i tessuti sopra la testa per creare una sensazione di *qi*. Poi abbassare le mani davanti alla fronte, incrociare i polsi, il palmo sinistro sopra la mano destra e rivolto verso il lato destro, la mano destra guarda verso il basso. Quindi formare il Mudra *Hunyuan Zhi Huan* [vedi figura 4-6] e abbassare lungo la linea centrale. L'anello formato da indice e pollice della mano destra è davanti al Palazzo *Hunyuan*, quello della sinistra è davanti *tanzhong*. Questo è la forma Mani *Ding Tian Li Di* [vedi fig. 4-7].

Battere i denti, mescolare con la lingua
Dapprima battere i denti davanti nove volte, poi quelli di sinistra nove volte, quindi quelli di destra nove volte, poi di nuovo quelli davanti. La punta della lingua dal punto centrale dei denti dell'arcata superiore si sposta posteriormente e lungo i denti di sinistra, poi in basso dietro e lungo i denti inferiori di sinistra, lungo la parte destra dei denti inferiori e poi nei denti in alto a destra, e di nuovo al centro dei denti dell'arcata superiore. Ruotare disegnando tre cerchi. Poi ripetere i tre cerchi nella direzione inversa. La punta della lingua preme il palato superiore per tre volte, sul palato inferiore per tre volte, nello spazio tra i denti davanti tre volte. Rilassare la lingua in modo naturale nella bocca. Tirare la punta della lingua leggermente in basso; nella propria mente la punta della lingua punta verso il Palazzo *Hunyuan*. Quindi si entra nello stato della pratica statica.

Attività della Mente
Pratica dello Hunyuan esterno
Utilizzare il proprio respiro per mobilizzare il *qi* interno in modo che vada all'esterno e il *qi* esterno perché si raccolga all'interno. Ci sono due modi per farlo:

Mobilizzare da due direzioni:
Il movimento del *qi* prende luogo da due direzioni. Per il *qi* interno, inspirare; il *qi* si apre e va verso l'alto; espirare, il *qi* si chiude e va in basso. Per il *qi* esterno, inspirare, il *qi* penetra all'interno; espirare, il *qi* si apre

all'esterno. In questa pratica, nella mobilizzazione del *qi* interno ed esterno insieme in entrambi i modi, si utilizza la respirazione addominale. Quando si inspira si aprono il petto e l'addome. La mente si espande dal Palazzo *Hunyuan* verso la pelle del busto. Quando si diventa più esperti con la pratica si può estendere l'espansione ai quattro arti. Nello stesso tempo, pensare allo *hunyuan qi* esterno che si raccoglie nella pelle. Quando si espira, il petto e l'addome si contraggono, la mente segue e dalla pelle si raccoglie all'interno del Palazzo *Hunyuan*. Nello stesso tempo pensare allo *hunyuan qi* che si disperde dalla pelle verso il vuoto. In questo modo il *qi* andrà contemporaneamente nelle due direzioni opposte. Quando si inspira, la mente guida il *qi* interno ad aprirsi verso la superficie della pelle e guida anche lo *hunyuan qi* esterno a raccogliersi verso la superficie della pelle. Quando si espira, il *qi* del corpo si raccoglie all'interno in profondità e il *qi* intorno a noi si apre all'esterno. Praticando in questo modo non solo si rende il *qi* della propria pelle abbondante, ma si migliora anche il processo di raccolta del qi all'interno e di espansione all'esterno. Ma questo non è un metodo facile da padroneggiare.

Mobilizzare in una direzione:
Quando si inspira, la mente va dal vuoto all'interno del Palazzo *Hunyuan*. Quando si espira la mente va dal Palazzo *Hunyuan* al vuoto nelle sei direzioni. [Ossia in tutte le direzioni]

Pratica dello *Hunyuan* Interno

Quando si pratica lo *hunyuan* esterno si può sentire il *qi* seguire la mente, andare all'esterno e tornare all'interno attraverso la superficie della pelle. Una volta che si è in grado di percepirlo, si può iniziare la pratica dello *hunyuan* interno. Di seguito verrà descritta l'attività della mente.

Usare la mente per contrarre e sollevare *huiyin*. Questo processo è detto "chiudere il pavimento dell'oceano". Non si deve usare la forza, piuttosto occorre adoperare solo la mente in modo da illuminare delicatamente quel punto. Mentre si inspira, utilizzare la respirazione addominale, aprire i punti energetici *daimai* (posizionati sotto l'estremità dell'11ma costola al livello dell'ombelico) e connetterli con *huiyin* in modo da formare un triangolo. Espirare dai punti energetici *daimai*, raccogliendo nel Palazzo *Hunyuan*. Fare tre respiri in questo modo.

Inspirare per aprire i punti energetici *dabao*, per unirli al palazzo *Hunyuan* e aprirlo. Espirare da *dabao*, raccogliere nel pomo d'Adamo. Ripetere tre volte. Quindi inspirare, aprire la punta delle orecchie e i vicini punti energetici *tianchong* per unirli con il centro del palato superiore dove il palato duro e molle si incontrano e aprirlo. Espirare dai punti *tianchong* e chiudere verso il Cancello Celeste. [I punti energetici *tianchong* si trovano a due *cun* sopra e dietro le orecchie]. Ripetere tre volte.

Inspirare, la mente dal Palazzo *Hunyuan* si apre al centro di testa, mani e piedi. Espirare da questi e chiudere nel Palazzo di *Hunyuan*. Praticarlo ininterrottamente. In alcune persone il respiro si fermerà dopo aver praticato per un po': non bisogna preoccuparsi né farci caso, occorre seguire questo cambiamento naturale. Dopo un po' il respiro cambierà di nuovo in modo naturale, oppure avrà inizio la respirazione fetale.

(La pratica dello *hunyuan* centrale non è ancora stata insegnata)

Chiusura
Ruotare le mani dalla forma *Ding Tian Li Di* alla forma Mani *Hunyuan*. Recitare silenziosamente" finire la pratica, finire la pratica, *hun yuan ling tong*". Quindi ruotare le pupille per osservare tutto il corpo all'interno. Passare dalla forma delle Mani *Hunyuan* a quella di Mani *Heshi*, sollevarle di fronte alla testa. Separare le mani, ruotare i palmi all'interno e sollevarli lungo il viso, fronte, sopra e poi dietro la testa, in basso dietro le orecchie poi ai lati del collo. Continuare in basso verso il petto; i palmi guardano verso il petto, si abbassano e ruotano in modo tale che le punte delle dita si posizionano le une di fronte alle altre; abbassare verso l'ombelico. Separare le mani ai lati, aprire gli occhi, terminare la pratica.

Metodo da Sdraiati

I metodi da sdraiati solitamente vengono eseguiti coricati sulla propria schiena. Utilizzare un cuscino sottile con uno spessore di circa 3 *cun*.

Postura
Sdraiarsi supini su un letto. Posizionare le braccia accanto alla testa, i palmi sopra la testa e un po' all'esterno, il centro dei palmi rivolto verso la sommità della testa, come quando si riversa il *qi* nel Metodo del Sollevare il Qi in Alto Riversarlo dalla Testa. Piegare leggermente le gambe, le piante dei piedi una di fronte all'altra a circa 15 cm di distanza.

Attività della Mente
• Usare la mente per rilassare tutto il corpo. La sequenza è: testa, collo, spalle, gomiti, polsi, palmi, dita. Ritornare alla testa, poi collo, petto, dorso, addome, parte bassa della schiena, pelvi, anche, ginocchia, polpacci,

piedi, dita. Ripetere tre volte in modo da rilassare tutto il corpo.

- Ci sono due modi per usare l'attività della mente nella pratica dello *hunyuan* esterno:

1. Pensare allo spazio vuoto infinito e allo stesso tempo pensare alla profondità del Palazzo *Hunyuan*. Unirli insieme. Alcune persone potranno avvertire come se si potesse pensare e percepire il vuoto infinito dalla profondità del Palazzo *Hunyuan*. In questo modo si potrà sperimentare il vuoto e sottile stato del Palazzo. E' uno stato di alto livello. Ma non si deve cercare e creare – la mente infatti non lavorerà in modo appropriato se comparirà al suo interno un tale desiderio.

Questo metodo può essere eseguito utilizzando qualsiasi posizione, non solo con la postura da sdraiati.

2. Utilizzare un modo particolare per connettere l'interno con l'esterno in modo che diventino uno. Usare la mente per unire il Palazzo *Hunyuan* con la Stella del Nord (Polare). Recitare silenziosamente "*ling, xing*". Espirare mentre si dice *ling* e pensare al Palazzo *Hunyuan*. Mentre si dice *xing*, inspirare e pensare alla Stella del Nord. La respirazione dovrebbe essere naturale e senza forzatura.

- La pratica dello *Hunyuan* interno presenta una attività della mente complicata. La mente necessita di andare lungo i 14 punti energetici uno alla volta: il centro delle mani, i punti centrali delle articolazioni dei gomiti, il pomo d'Adamo, il punto energetico *ruzhong*, il punto energetico *fushe*, *huiyin*, il punto centrale di ciascun ginocchio, il centro dei piedi. Questi diversi punti energetici sono usati in quattro diverse combinazioni di sequenze.
- Sequenza della Mano Sinistra: (1) centro del palmo sinistro; (2) centro dell'articolazione del gomito sinistro; (3) pomo d' Adamo; (4) *ruzhong* destro; (5) *ruzhong* sinistro; (6) *fushe* sinistro; (7) *fushe* destro.
- Sequenza della Mano Destra: (1) centro del palmo destro; (2) centro dell'articolazione del gomito destro; (3) pomo d'Adamo; (4) *ruzhong* sinistro; (5) *ruzhong* destro; (6) *fushe* destro; (7) *fushe* sinistro.
- Sequenza del Piede Sinistro: (1) centro del piede sinistro; (2) centro del ginocchio sinistro; (3) *huiyin*; (4) *fushe* destro; (5) *fushe* sinistro; (6) *ruzhong* sinistro; (7) *ruzhong* destro.
- Sequenza del Piede Destro: (1) centro del piede destro; (2) centro del ginocchio destro; (3) *huiyin*; (4) *fushe* sinistro; (5) *fushe* destro; (6) *ruzhong* destro; (7) *ruzhong* sinistro.

Ogni sequenza è come le sette stelle. Quando si pratica la mente scorre lungo la sequenza dei punti e impartisce le istruzioni di rilassare l'area di quel punto, mentre nello stesso tempo conta silenziosamente il suo numero. Per esempio, quando la mente si concentra e rilassa il centro del palmo sinistro, in silenzio occorre dirsi "uno". All'interno del gomito sinistro, occorre concentrarsi e rilassarsi in quell'area dicendo "due" e così via per gli altri punti. La pratica di ogni sequenza deve essere eseguita in maniera indipendente. Si inizia dalle braccia per poi passare alle gambe. Gli uomini iniziano dalla mano sinistra, le donne dalla destra.

La sequenza per gli uomini è la seguente, partendo dalla mano sinistra: 1, 2, 3, 3, 2, 1, 1, 2, 3, 4, 5, 6, 7, 7, 6, 5 4, 3, 2, 1. Questo rappresenta un ciclo e in totale ne vanno eseguiti tre. Eseguire quindi la sequenza cominciando con la mano destra. Eseguirla per tre volte. Successivamente iniziare con il piede sinistro, per tre volte, poi con il piede destro tre volte, usando le sequenze riportate sopra. Dopo aver eseguito le quattro sequenze, si osserva in quiete e si sentono questi quattordici punti.

[Per le donne l'ordine da seguire è: mano destra, mano sinistra, piede destro e piede sinistro, con le stesse sequenze come sopra, ognuna per tre volte].

Se si pratica questo metodo prima di dormire non si possono completare le quattro ripetizioni senza addormentarsi. Non bisogna preoccuparsi di chiudere il campo se ci si addormenta durante la pratica. Se si desidera chiudere il campo di *qi* è sufficiente concentrare la mente nel palazzo *Hunyuan* per un momento, pensando semplicemente di chiudere il campo di *qi*.

INTRODUZIONE AD ALCUNI METODI SEMPLICI

Posizione seduta premendo su *Weilu* (coccige)

Postura
• Seduti diritti. Chiudere delicatamente la bocca e i denti. La punta della lingua tocca la fessura trai denti posti frontalmente;

• Scegliere una posizione tra: gambe incrociate, mezzo loto o loto completo;

• Utilizzare un oggetto rotondo della dimensione di una pallina da ping pong. Posizionarlo sotto il punto energetico *changqiang* (dietro l'ano e contro *weilu*).

• La punta del pollice della mano sinistra preme la punta del dito medio, mentre il pollice della mano destra preme sulla linea alla base dell'anulare della mano sinistra. Poggiare le mani davanti al basso ventre o sulle proprie gambe (Fig. 5-16)

Si può anche praticare questo esercizio da seduti sulla sedia. La parte alta del corpo deve stare come descritto sopra, le gambe sono alla larghezza delle spalle, i piedi poggiati a terra con le cosce parallele e i polpacci in verticale. Sedere con la punta del coccige sull'angolo della sedia. Il coccige dovrebbe supportare il peso della parte superiore del corpo (Fig. 5-17). I principianti non devono sedere in questo modo troppo a lungo: occorre iniziare con uno o due minuti e andare aumentando gradualmente. Se si mantiene la posizione per troppo tempo il dolore nel coccige renderà difficile la continuazione dell'esercizio. Praticarlo ripetutamente ogni giorno, quando viene in mente.

Attività mentale
Mantenere la mente consapevole dei punti energetici *changqiang*.

Benefici
Questo metodo è eccellente per costruire lo *yang qi* puro. La pressione del punto energetico *changqiang* attiva la salita del *qi yang*. La mancanza dell'uso del mudra può portare a movimenti spontanei. Questo è un buon metodo per curare alcuni problemi di svuotamento del *qi*.

Metodo *Roufu* da Sdraiati (Metodo del Massaggio dell'addome da sdraiati)
Postura
• Sdraiati supini sul letto con le gambe distese;

• Porre la propria mano destra sulla parte alta dell'addome, la mano sinistra sul dorso della destra.

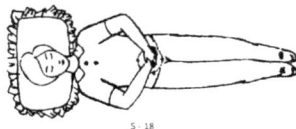

5 - 18

• Ruotare le mani in senso orario, destra, su, sinistra, giù, massaggiando la parte alta dell'addome. Le mani devono rimanere incollate alla parte superiore dell'addome e devono muovere la pelle. Aumentare gradualmente la pressione delle mani, da leggera a forte. Il movimento deve essere lento e uniforme, invariato. L'area interessata dal movimento all'inizio è più piccola, via via diventa più grande (Fig. 5-18).

Attività della mente

La mente segue la rotazione delle mani. Rimanere consapevoli sia del movimento che dell'interno dell'addome; sentire la rotazione nell'addome.

Benefici

La pratica di questo metodo aumenta il *qi* centrale. Nel gongfu Shaolin rappresenta un metodo importante per migliorare il *qi* delle membrane. Si usa nelle arti marziali per costruire la forza interna. Dopo aver praticato per una settimana è possibile sentire il *qi* che segue le mani nella rotazione nell'addome. Dopo un periodo di pratica da uno a tre mesi il *qi* centrale aumenterà molto e si sentirà il *qi* interno abbondante e vigoroso. La voce sarà più potente, provenendo con forza dal *dantian* centrale. La parte alta dell'addome diventerà arrotondata e i muscoli si fonderanno in un insieme. Questo è il risultato della crescita e della fusione delle membrane insieme.

Questo è un buon metodo per chi ha problemi allo stomaco e all'intestino, per costruire il *qi* centrale, e per i praticanti di arti marziali che vogliono costruire la forza interna.

Dun Qian Gong (Accovacciate al muro)
Requisiti del movimento

Ci si posiziona davanti al muro. Unire i piedi (i principianti possono separare i piedi alla larghezza delle spalle). Le punte dei piedi sono vicine al muro o lo toccano. Il corpo centrato e dritto, le braccia pendono in modo naturale, rilassare tutto il corpo quindi accovacciarsi. Quando ci si accovaccia, le spalle vanno in avanti mentre si porta il petto all'interno, il proprio naso vicino al muro –non si deve tenere indietro la testa. Spingere indietro e non in avanti la parte lombare della schiena. Accovacciarsi fino a che le cosce non siano orizzontali; se lo si desidera ci si può fermare a questa altezza per un poco, poi si continua ad accovacciarsi il più in basso possibile. Lentamente ci si alza, sollevandosi dal *bǎihuì*百会. La zona lombare deve andare indietro. Ripetere questo movimento, più volte è meglio.

Quando il corpo scende, la mente è nel *dantian* inferiore. Per alzarsi, sollevare dal *baihui* con la mente nel *baihui*.

Benefici

L'Accovacciata al Muro è una pratica segreta utile per rilassare e aprire la zona lombare. Una volta che la zona lombare è aperta, il *qi* e il sangue di tutto il corpo possono scorrere fluidamente e bene. Questo metodo non solo rafforza il corpo ma rappresenta un buon modo per regolare l'equilibrio generale del *qi* del corpo e risolvere condizioni causate da disarmonie del *qi* [*qi* distribuito nel corpo in modo anormale]. Ovunque il *qi* sia bloccato si può usare questo metodo per regolarlo. Se si pratica quotidianamente è necessario fare 100 ripetizioni di seguito. Questo risolve problemi di ogni genere, ad eccezione della malattia mentale.

I Traduttori

Quando iniziai a lavorare con gli occidentali mi accorsi che vi era soltanto una piccola quantità di materiale tradotto in inglese. Il mio lavoro in Europa mi ha reso consapevole soprattutto del bisogno e del desiderio dei popoli occidentali di avere informazioni chiare sui metodi del Zhineng Qigong. Sebbene questo libro sia soprattutto sui metodi io spero vivamente che i praticanti possano apprendere la teoria del Zhineng Qigong, per andare oltre il livello tecnico e comprendere la scienza del Zhineng Qigong, la sua cultura e i suoi obiettivi.

Fortunatamente ho incontrato Patricia, che ha una buona comprensione del Zhineng Qigong e la capacità di renderlo in inglese. Grazie Patricia. Gli insegnamenti del Dottor Pang durante la classe biennale mi hanno aiutato a comprendere molte cose e lo ringrazio dal profondo del mio cuore per tutto quello che mi ha dato. Liu Jianshe mi ha dato l'opportunità di migliorare il mio inglese, ed anche i primi libri degli altri insegnanti di Zhineng Qigong hanno aiutato il mio inglese, soprattutto Liu Yuantong e Mingtong Gu. Ringrazio inoltre tutti gli studenti occidentali che mi hanno incoraggiato a fare questo lavoro. Grazie anche a mia moglie, l'Insegnante Huang Yu Le, per il suo sostegno in tutto il mio lavoro.

Wei Qi Feng

La mia parte in questo libro viene fuori da un desiderio a lungo coltivato di una migliore comprensione delle teorie sulle quali si basa il Zhineng Qigong, e sulla amicizia che si è creata tra Wei e me. Una passione comune volta a rendere le opere del Dottor Pang fruibili in inglese ha condotto la nostra collaborazione su questo libro.

Desidero ringraziare il mio insegnante Wei per tutto quello che ho imparato da lui, per il suo sostegno e per la sua ispirazione. Ringrazio inoltre il mio primo insegnante di Zhineng Qigong, Fan Baozhen per avere instillato in me un rispetto profondo per il Dottor Pang e il desiderio di approfondire la conoscenza dei suoi insegnamenti.

Patricia Fraser

Questa traduzione e il testo che la accompagna ha inoltre beneficiato del contributo di un certo numero di praticanti di alto livello. Durante i primi tre mesi spesi lavorando intensamente insieme nel 2011 vi erano diversi diplomati della classe biennale che stavano insieme a noi. Su un totale di sedici, nove erano diplomati provenienti dalle prime due ammissioni nelle classi biennali di addestramento per insegnanti, tenute approfonditamente dal Dottor Pang in persona. Siamo grati per il loro aiuto nella garanzia della qualità di questa pubblicazione. Apprezziamo in particolar modo l'assistenza editoriale successivamente fornita da Huang Yu Le.

Biografie

Wei Qi Feng è superbamente qualificato per intraprendere questa traduzione dei *Metodi della Scienza del Zhineng Qigong*. La sua comprensione di questa materia è basata su più di venti anni di pratica dedicata e di insegnamento, unitamente ad uno studio profondo delle teorie sottostanti ai metodi.

Wei è stato uno degli 800 studenti che hanno preso parte al corso intensivo biennale di addestramento per insegnanti tenuto dal Dottor Pang nel 1992. Faceva parte della seconda ammissione, quindi molto fortunato perché è stato il Dottor Pang stesso a insegnargli. Durante le sue abituali lezioni di mezza giornata il Dottor Pang passava a questi studenti informazioni considerevoli (sia tramite il parlare che tramite l'uso delle abilità extraordinarie) che non vennero registrate e rimasero largamente inaccessibili agli altri.

Dopo il diploma Wei si unì allo staff del Centro Huaxia di Zhineng Qigong. Grazie alla qualità del suo lavoro scritto fu assegnato al Dipartimento Editoriale. Egli inoltre fu uno dei soli tre insegnanti scelti per guidare la pratica giornaliera dello staff di 500-600 persone inclusi gli insegnanti. Durante i suoi anni nel Dipartimento Editoriale, proprio per le sue capacità egli generalmente conduceva sia la pratica del mattino che quella serale (1995-1999). Durante questo periodo inoltre fece parte di un piccolo gruppo scelto per insegnare i nuovi metodi e le modifiche ad essi che erano state sviluppate dal Dottor Pang. Questo significa che Wei è stato in grado di incorporare questi cambiamenti all'interno di questa traduzione.

Wei dedica la sua vita al Zhineng Qigong sin da quanto ha iniziato ad apprenderlo nel 1991 all'età di 17 anni (quando questo qigong era conosciuto come Forma della gru che Vola). Qualche anno fa ha maturato il desiderio di diffondere il Zhineng Qigong in modo più ampio e ha iniziato a insegnarlo in inglese. Nel 2010 ha fondato il suo centro di qigong ai piedi delle Montagne del Wudang luogo in cui prese vita il taiji. Wei tiene ritiri nelle Montagne del Wudang e al Centro, insieme ai suoi compagni, insegnanti di alto livello che si sono raccolti intorno a lui. Tiene inoltre seminari internazionali.

Patricia Fraser

Patricia ha scoperto il Zhineng Qigong nel 1999 e da allora è diventato un elemento centrale della sua vita. Sin dall'inizio ha provato un forte desiderio di comprendere la teoria sottostante alla pratica, in un momento in cui era stato scritto molto poco sul Zhineng Qigong. Ha colto ogni opportunità per aumentare la sua conoscenza dei metodi e della teoria del Zhineng Qigong sia in Nuova Zelanda che in Cina. Negli ultimi sette anni si è recata in Cina sei volte per studiare e praticare.

Patricia possiede una Laurea in Sociologia presa all'Università di Canterbury. La sua tesi è stata sull'insegnamento e sull'educazione dei bambini in Cina. La sua laurea include una specializzazione negli Studi Religiosi con un particolare interesse nel Buddismo e nelle credenze religiose e filosofiche cinesi. La Medicina Tradizionale Cinese è stata la sua principale forma di medicina dal 1976 e l'ha condotta alla pratica del qigong.

Harmonious Big Family e il Zhineng Qigong

Il Dott. Pang, fondatore del Zhineng Qigong, ha utilizzato le sue straordinarie abilità per sperimentare e ricercare gli elementi essenziali di molte religioni e filosofie, di diversi tipi di qigong, arti marziali, medicina Cinese e Occidentale, e scienza moderna.

Egli prese da questi ciò che gli sembrava di maggior valore ed usò la propria comprensione per sviluppare un sistema teorico integrato che chiamò Teoria Olistica *Hunyuan*. Questa teoria illustra in modo diretto e semplice le leggi della vita. Queste ultime includono le leggi della vita umana individuale e le leggi delle relazioni tra le vite individuali e il mondo naturale e tra gli individui e la società. La teoria Olistica *Hunyuan* mette in luce soprattutto le leggi della consapevolezza. La loro conoscenza può aiutare le persone ad andare oltre la fede cieca, le superstizioni e l'ignoranza, per sviluppare una chiara comprensione scientifica.

Alla fine del 20° secolo, il Dott. Pang annunciò che il 21° secolo sarebbe stato il secolo in cui le coscienze umane si sarebbero risvegliate. Egli disse che gli obiettivi della gente sarebbero cambiati dal collezionare bei materiali a lavorare attivamente per conoscere, comprendere e ricostruire la propria consapevolezza. Gli individui elimineranno l'egoismo e l'avidità per diventare sani e liberi maestri di se stessi.

La teoria scientifica del Dott. Pang e il lavoro che egli ha intrapreso anticiperà notevolmente la libertà e la liberazione dell'umanità. Alla fine degli anni 90 il Dott. Pang tenne diverse importanti lezioni sulla cultura dell'armonia e su come creare un mondo armonioso. In esso egli descrisse il nuovo modo di vita, la nuova coscienza e il nuovo modello di produzione necessari per creare tale mondo. Questo è un obiettivo comune e il sogno dell'umanità: un mondo felice, in pace, equo e sano, pieno di amore universale. A quel tempo, per realizzare questo grande ideale, il Dott. Pang aveva iniziato la costruzione della Città del Qigong a Pechino. L'intenzione era quella di ricevere in questa Città del Qigong persone di razze e paesi diversi per creare un modello di mondo armonioso.

Sebbene la costruzione di questa Città del Qigong sia stata fermata, le idee del Dott. Pang e la causa che egli promosse si sono diffuse in tutto il mondo, portando salute al corpo e alla mente di molte persone. Le persone possono anche non essere consapevoli che il Dott. Pang stia facendo qualcosa per loro, il suo spirito va oltre il tempo e lo spazio, mandando potenti informazioni a tutti i praticanti di Zhineng Qigong. Attraverso questo e attraverso la diffusione della sua conoscenza e dei suoi metodi, il campo di *qi* del Zhineng Qigong in tutto il mondo è integrato in uno e diventa più forte.

Nel 2007, il Maestro Wei e diversi amici di qigong hanno avuto l'idea di creare una grande famiglia armoniosa basata sulle idee di Dr. Pang. Un luogo dove persone di diverse nazionalità, razze e paesi possano essere benvenute, accolte per vivere come una grande famiglia, in una condivisione felice della vita e delle esperienze, come in un piccolo villaggio internazionale.

Un posto dove i principianti possano imparare i metodi per rendere il loro corpo più forte e sviluppare le loro abilità. Dove i praticanti più esperti possano sperimentare una pratica ancora più profonda. Dove infine ognuno possa camminare sul sentiero della liberazione e della libertà nella vita, diventando come dei santi o saggi – ossia maestri delle leggi che portano pace, felicità, salute, purezza, uguaglianza, potere e saggezza in ogni momento.

Per poter realizzare tutto ciò è stato costituito un centro di qigong ai piedi delle Montagne Wudang, in modo da preparare tutto ciò che possa essere necessario incluso un gruppo base, dei fondi e un bellissimo luogo. Una volta che il modello della Harmonious Big Family avrà successo, altri centri verranno costruiti in tutto il mondo.

Noi crediamo che questa grande causa ci porterà verso un nuovo livello. Fintanto che noi lavoreremo duro sugli ideali di liberazione e libertà dell'umanità, fintanto che noi agiremo secondo le leggi scientifiche della vita, i nostri desideri sicuramente si realizzeranno.

La Harmonious Big Family organizza ritiri nelle Montagne Wudang, inclusi ritiri di guarigione e di insegnamento dei diversi metodi. Gli insegnanti possono anche viaggiare a livello internazionale per tenere dei seminari. Ulteriori informazioni sono disponibili al daohearts.com o sulla pagina Facebook (http:/www.facebook.com/pages/ Harmonious-Big-Family/158633647485019) e sul blog (http://harmoniousbigfamily.wordpress.com)

Diagrammi

view from back

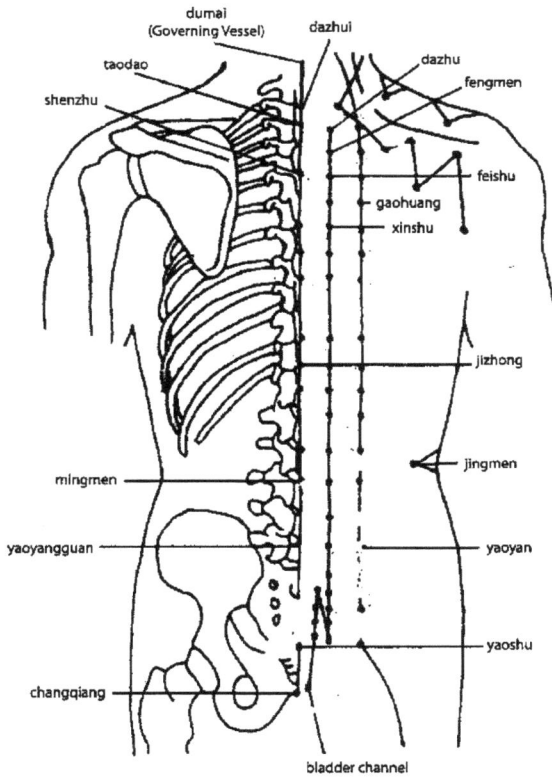

view from back

dumai (Governing Vessel)
dazhui
taodao
dazhu
shenzhu
fengmen
feishu
gaohuang
xinshu
jizhong
jingmen
mingmen
yaoyangguan
yaoyan
yaoshu
changqiang
bladder channel

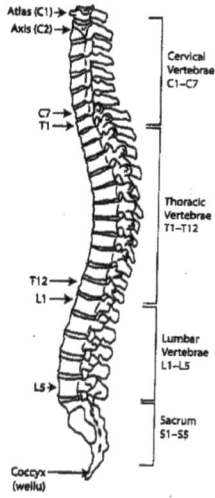

view from front

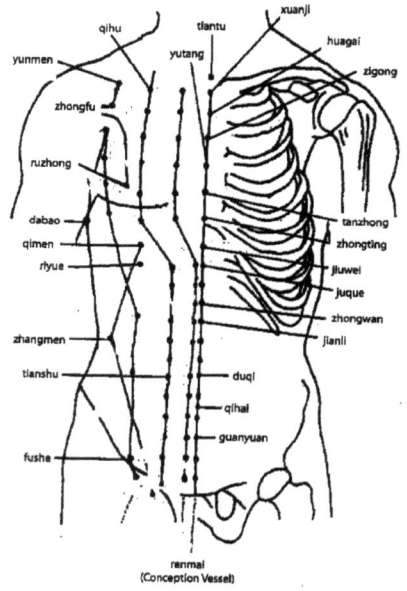

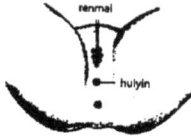

Atlas (C1)
Axis (C2)

Cervical
Vertebrae
C1–C7

C7
T1

Thoracic
Vertebrae
T1–T12

T12
L1

Lumbar
Vertebrae
L1–L5

L5

Sacrum
S1–S5

Coccyx
(weilu)

qihu
yunmen
zhongfu
ruzhong
dabao
qimen
riyue
zhangmen
tianshu
fushe

tiantu
yutang

xuanji
huagai
zigong

tanzhong
zhongting
jiuwei
juque
zhongwan
jianli

duqi
qihai
guanyuan

renmai
(Conception Vessel)

renmai
huiyin

236

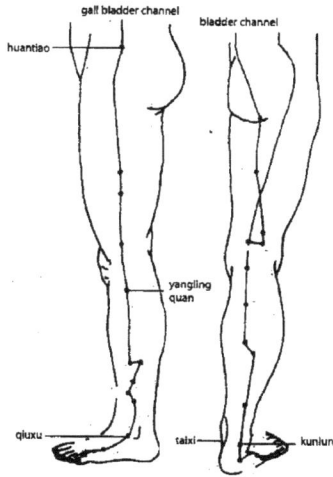

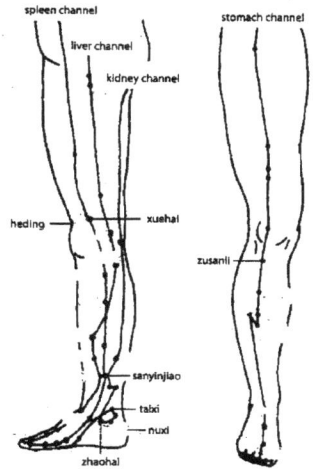

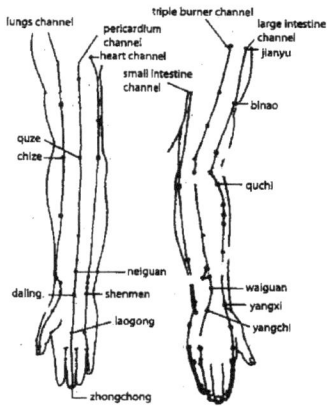

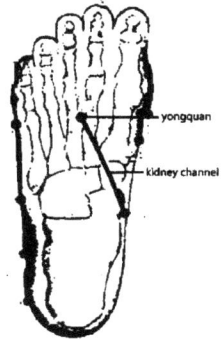

sole of foot

237

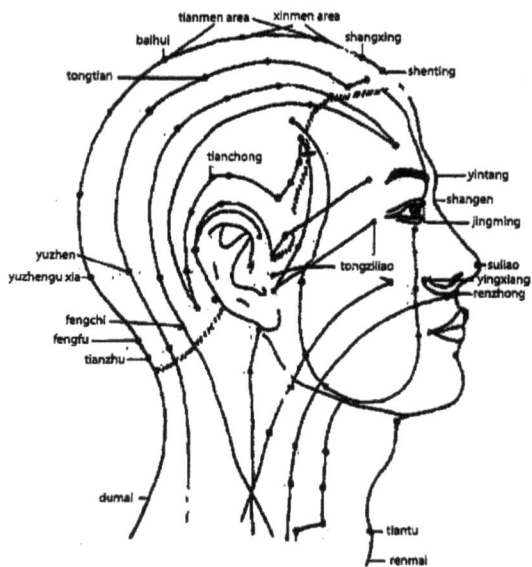

tianmen area — xinmen area
baihui — shangxing
tongtian — shenting
tianchong
yintang
shangen
jingming
yuzhen — tongziliao — suliao
yuzhengu xia — yingxiang
renzhong
fengchi
fengfu
tianzhu
dumai
tiantu
renmai

foot from above

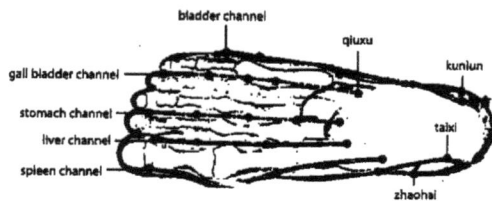

bladder channel — qiuxu
kunlun
gall bladder channel
stomach channel
liver channel — taixi
spleen channel
zhaohai

Punti Energetici

(Nota: **Cùn** – (pron. Tsun) = una unità di misura tradizionale Cinese. Uno *Cun* standard corrisponde 3.3 cm. Lo *cun* tradizionale consente di misurare le diverse parti del corpo ed è ancora utilizzato nel qigong e per tracciare i punti di agopuntura. Per misurare il proprio corpo, piegare le articolazioni del dito medio. Uno *cun* è la distanza tra le estremità delle linee che vanno verso l'alto ai lati del proprio dito dall'interno delle articolazioni).

Bǎihuì 百会 (GV20) – andare su dalla sommità delle orecchie verso la linea centrale del corpo, poi indietro di 1 cm

Bìnào 臂臑 (LI14) – all'estremità dei muscoli del deltoide (che scorre lungo le spalle in un triangolo invertito) poi verso l'interno del braccio

Chángqiáng 长强 (GV1) – tra l'ano e il coccige, opposto al coccige

Chǐzé 尺澤 (LU5) – fossetta che può essere percepita sulla parte esterna del gomito interno proprio sul punto

Dàbāo 大包 (SP21) – sotto le ascelle sulla linea dei lati del corpo tra la 6° e 7° costola; con il braccio sospeso in basso, inserire quattro dita sotto l'ascella e dabao è direttamente sotto.

Dàimài 带脉 meridiano della cintura – sotto le estremità dell'undicesima costola al livello dell'ombelico

Dàlíng 大陵(PC7) – il punto centrale della linea che corre lungo la base dei palmi nel punto del polso

Dàzhù 大杼(UB11) – Tra T1 e T2, 1cun e mezzo all'esterno dalla linea centrale

Dàzhuī 大椎 – tra C7 e T1 (i.e. 7° vertebra cervicale e la prima toracica; C7 è l'osso più sporgente alla base del collo)

Dùqí 肚脐- ombelico

Fèishù 肺俞 (UB13) - tra T3 e T4, 1 *cun* e mezzo di lato

Fēngfǔ 风府 (GV16) – nell'incavo sopra C1 appena sotto il cranio

Fēngmén 风门 (UB12) – tra la seconda C2 e C3, 1cun e mezzo di lato

Fǔshě 府舍 (SP13) – sotto l'ombelico di 4 *cun* e ai lati 4 *cun* vicino l'inguine

Gāohuāng 膏肓 (UB43) – tra T4 e T5, 3 *cun* di lato

Guānyuán 关元 (CV4) – 3 *cun* sotto l'ombelico

Hèdǐng 鹤顶 (EX) – avvallamento nel punto centrale appena sopra la rotula

Huágài华盖(CV20) – sulla linea centrale del petto a livello delle prime costole

Huāngshù 肓俞 (KI16) – circa mezzo *cun* di lato all'ombelico

Huántiào 环跳 (GB30) – sui glutei, nel foro dietro all'articolazione dell'anca

Huìyīn 会阴 (CV1) – a metà strada tra i due orifizi *yin* (ano e uretra), 1cun e mezzo in su dalla pelle del perineo

Jiànlǐ 建里 (CV11) – 3 *cun* sopra l'ombelico

Jiānliáo 肩髎 (TB14) – a circa 1 *cun* dietro *jianyu*

Jiānjǐng 肩井(GB21) – a metà strada tra *dazhui* e il bordo dell'osso della spalla appena dietro la clavicola

Jiānyú 肩髃(LI15) – sulla sommità della spalla nella linea centrale della parte esterna del braccio, appena sotto l'articolazione, un foro può essere percepito quando il braccio è in orizzontale

Jīngmén 京门 (GB25) – appena sotto l'estremità della dodicesima costola

Jīngmíng 睛明 (UB1) – nei angoli interni degli occhi

Jízhōng 脊中 (GV6) – tra T11 e T12

Jùquē 巨阙 (CV14) – 6 *cun* sopra l'ombelico

Jiūwěi 鸠尾 (CV15) – nella linea centrale 1 *cun* sotto la base dello sterno

Láogōng 劳宫 (PC8) – chiudendo il pugno, il punto si trova dove la punta del dito medio tocca il palmo

Mìngmén 命门 (GV4) – tra la seconda e la terza vertebra lombare

Nǚxī女膝 (EX)– appena sotto al punto in cui il tendine di Achille si connette con il tallone

Nèiguān 内关 (PC6) – dal centro della linea alla base del palmo risalendo di 2 *cun* su tra i tendini

Qìhǎi 气海(CV6) – 1cun e mezzo sotto *duqi*

Qìhū 气户 (ST13) – appena sotto il centro della clavicola, sopra i capezzoli

Qīmén 期门(LR14) – sotto i capezzoli tra la sesta e la settima costola

Qiūxū 丘墟 (GB40) – sul piede in basso davanti l'osso esterno del polpaccio e in alto tra i tendini del quarto e quinto dito, nella fossetta appena sotto l'articolazione

Qūchí 曲池 (LI11) – con il braccio e l'avambraccio a 90°, esso è sul lato esterno del braccio nella fossetta all'interno dell'osso del gomito

Quēpén 缺盆 (ST12) – al centro delle fossette sopra le clavicole

Qūzé 曲泽 (PC3) – verso il centro del lato interno del braccio nella piega del gomito, appena all'interno del tendine

Rìyùe 日月 (GB24) – sotto i capezzoli tra la settima e l'ottava costola

Rǔzhōng 乳中 (ST17) – al centro dei capezzoli nell'uomo, tra la quarta e quinta costola

Rénzhōng 人中 (GV26) – sulla linea centrale 1/3 sotto dalla base del raso al labbro superiore

Shāngēn 山根 – sulla linea centrale, nel punto centrale tra *yintang* e la linea che passa tra gli angoli interni degli occhi

Shàngxīng 上星 (GV23) – sulla linea centrale della fronte 1 *cun* sopra la linea dei capelli di una persona media

Shénmén 神门 (HT7) – sul lato interno del polso, all'interno del tendine del mignolo, proprio sull'articolazione

Shénquē 神阙 (CV8) – ombelico

Shéntíng 神庭 – sulla linea centrale della fronte ½ *cun* sopra la linea dei capelli di una persona media

Shēnzhù 身柱 – tra T3 e T4 (sotto il bordo di T3)

Sùliáo 素髎 (GV25) – il punto centrale della punta del naso

Shānzhōng 膻中 (CV17) – il punto centrale tra i capezzoli nell'uomo, tra la quarta e la quinta costola

Táodào 陶道 (GV13) – tra T1 e T2

Tiānchōng 天衝 (GB9) – salire su dal retro dell'orecchio, dove si congiunge con il cuoio capelluto, 2 *cun* dalla linea dell'attaccatura dei capelli

Tiānmén 天门 – zona sulla sommità della testa, da *xinmen* fino a *baihui*; *tianmen* significa Cancello Celeste

Tiānmù 天目 – sulla linea centrale nel punto d'incontro di un triangolo equilatero disegnato con la base tra gli angoli degli occhi, anche chiamato *yintang* (ma nel Zhineng Qigong qualche volta è localizzato più in profondità nella testa)

Tiānshū 天枢 (ST25) – 2 *cun* ai lati dell'ombelico

Tōngtiān 通天 (UB7) – 4 *cun* sopra la linea di attaccatura dei capelli di una persona media, 1 ½ cun da entrambi i lati della linea centrale

Tiāntū 天突 (CV22) – la fossetta alla base del collo nel punto centrale tra le clavicole

Tiānzù 天柱 (UB10) – dietro il collo nella linea dei capelli, 1.3 *cun* dai lati della linea centrale, appena all'esterno del tendine che scorre accanto alle vertebre cervicali

Tongziliao 瞳子髎 (GB1) – accanto agli angoli esterni degli occhi

Wàiguān 外关 (TB5) – nella parte posteriore dell'avambraccio 2 *cun* in su dalla linea del polso sull'articolazione tra le due ossa.

Xiàwǎn 下脘 (CV10) – 2 *cun* sopra l'ombelico

Xìnhuì 囟会 (GV22) – 3 *cun* davanti a baihui

Xìnmén 囟门 – l'area della fontanella

Xīnshù 心俞 (UB15) – tra C5 e C6, 1 *cun* e ½ da entrambi i lati

Xuánjī 璇玑 (CV21) – 1 *cun* sotto *tiantu* (che è nella fossetta alla base del collo nel punto centrale tra le clavicole)

Xuèhǎi 血海 (SP10) – sulla coscia 2 *cun* sopra l'estremità interna della rotula

Yángchí阳池(TB4) – il punto centrale della parte posteriore del polso sull'articolazione

Yángxī 阳溪 (LI5) – nella parte posteriore dell'articolazione del polso nella fossetta che si forma quando si solleva il pollice, tra i tendini del pollice

Yāoshù 腰俞(GV2) – tra il coccige e l'osso sacro

Yāoyǎn 腰眼 (EX) – tra L4 e L5, 3 *cun* e ½ lateralmente

Yāoyángguān 腰阳关 (GV3) – tra L3 e L5

Yìntáng 印堂(EX) – sulla linea centrale nel punto d'incontro di un triangolo equilatero disegnato con la base che unisce gli angoli degli occhi

Yíngxiāng 迎香 (LI20) – alla base del naso, appena accanto alla base delle narici

Yǒngquán 涌泉 (KI1) – il centro della fossetta alla base del piede, 1/3 della distanza che c'è tra la base del secondo e del terzo dito e il tallone

Yúnmén 云门 (LU2) – sotto la clavicola all'esterno da qihu sull'altro lato della fossetta contro l'osso della spalla

Yùtáng 玉堂 (CV18) – al centro del petto, tra la terza e quarta costola

Yùzhěn 玉枕 (UB9) – andare in su 2 ½ *cun* dalla linea dei capelli dietro la testa, poi all'esterno della linea centrale di 1.3 *cun*

Yùzhěngǔ玉枕骨 – l'osso che sporge dalla parte posteriore bassa del cuoio capelluto (nella Sequenza *Peng Qi Guan Ding Fa* si preme il punto appena sotto l'osso, circa allo stesso livello di *yintang*.)

Zhāngmén 章门(LV13) – al livello dell'ombelico appena sotto l'estremità dell'undicesima costola

Zhàohǎi 照海 (KI6) – una fossetta direttamente sotto l'osso interno del polpaccio

Zhōngchōng 中衝 (PC9) – il punto centrale dell'estremità del dito medio

Zhōngfǔ 中府(LU1) – tra la prima e la seconda costola, seguendo la linea che dall'avambraccio sale verso il braccio

Zhōngkuí 中魁 (EX) - al centro dell'articolazione centrale dei diti medi sul lato del palmo

Zhōngtíng 中庭 (CV16) – 1.6 *cun* sotto *tanzhong*

Zhōngwǎn 中脘 – 4 *cun* sopra *duqi*, nel punto centrale tra *duqi* e la base dello sterno

Zhǒuliáo 肘髎 (LI12) – 1 *cun* sopra *quchi*

Zǐgōng 紫宫 (CV19) – sulla linea centrale del petto tra la seconda e la terza costola

Glossario

Parole e concetti cinesi importanti

Toni cinesi – Nel Cinese Mandarino esistono quattro toni: 1° alto..... 2° crescente .... 3° calante poi crescente... 4° calante. Nel Zhineng Qigong alcuni suoni usati per lavorare sul corpo, il *qi* e lo *shen* possono cambiare nei toni o possono essere detti in modo diverso dal solito. E' importante imparare questi suoni da un insegnante a cui sono stati insegnati correttamente.

Cùn 寸 – unità di misura tradizionale cinese. Uno *cun* di norma corrisponde a 3.3 cm. Tuttavia lo cun tradizionale è personale ed è ancora utilizzato nel qigong e per tracciare i punti di agopuntura. Per misurare il vostro corpo, piegate le articolazioni del dito medio. Uno *cun* è la distanza tra i punti finali delle linee che salgono ai lati del dito da dentro le articolazioni.

Dāntián 丹田 – i maggiori centri di *qi* nel corpo dove il *qi* si raccoglie. Ci sono tre *dantian* nel corpo: basso, centrale, superiore, che hanno diverse funzioni e livelli di *qi*.

Dantian inferiore – il centro in cui lo *hunyuan qi* del corpo si raccoglie, posizionato tra *duqi* e *mingmen*

Dantian centrale – nel qigong tradizionale si trova all'interno del petto dietro *tanzhong*. Quando si preme *dabao* nel metodo di Sollevare il Qi per Riversarlo dalla Testa, si manda il *qi* li. Il Zhineng Qigong posiziona il *dantian* centrale in basso e lo chiama Palazzo *Hunyuan*.

Dantian superiore – il centro in cui lo *hunyuan qi* dello *shen* si raccoglie, situato tra *yintang* e *yuzhen*.

Hùn Huà 混化 – *hun* significa fondere e *hua* trasformare.

Hùnyuán 混元 (nome) – *hunyuan qi* di cui si è scritto nel Capitolo Uno.

Hùnyuán 混元 (verbo) fondere e trasformare per diventare uno.

Hùnyuánqiào混元窍– Palazzo *Hunyuan* (*qiao* significa Palazzo); il centro dello *hunyuan qi* degli organi interni, situato tra i punti energetici *zhongwan* e *jizhong* dietro lo stomaco.

Informazione – un termine usato in un modo specifico nel Zhineng Qigong, come menzionato nella introduzione di questa traduzione.

Jīng 精– un antico termine Cinese con parecchi significati:
 □ l'essenza di una persona, utilizzato nella pratica Daoista e nella Medicina Tradizionale Cinese; principalmente si riferisce ai fluidi sessuali, ormoni, sperma e ovuli;
 □ il corpo fisico, visibile (chiamato anche *xíng* 形);
 □ *qi* molto puro.

Jīngmài 经脉– i canali energetici principali del corpo, attraverso cui il *qi* fluisce.

Luòmài 络脉– i canali collaterali, che collegano ai canali principali.

Mudra – un termine indiano per le posizioni delle mani usate nella pratica personale per attivare il *qi* interno e regolare lo stato della mente e del cuore. I Cinesi hanno diversi termini per il mudra, che sono utilizzati nelle pratiche Daoiste e Buddiste e nel qigong.

Persone comuni – un termine usato spesso in Cina per descrivere i non praticanti; si riferisce alla maggior parte della gente, che si concentra sul mondo materiale, che non pratica qigong o altre discipline simili, e che non hanno abilità straordinarie, né esperienza del qi e della mente, etc.

Qì 气– in un senso più ampio questo si riferisce a tutta l'esistenza nell'universo perché ogni cosa è una forma di *qi*; in un senso più stretto si riferisce al *qi* invisibile al livello che comprende l'energia.

Shén 神– qualche volta è utilizzato per indicare la mente ma di solito si riferisce all'anima o allo spirito. In questo libro qualche volta si riferisce a una integrazione dei due. Dove il significato è solamente la mente, noi abbiamo usato questa parola, altrimenti abbiamo fatto riferimento alla parola Cinese originale.

Palazzo di Shénjī神机 – il centro della testa; il centro del *dantian* superiore; se si pronuncia "*shenjī*" si può avvertire una leggera vibrazione in quel punto, attraverso la quale si può sperimentare quel posto.

Bocca della Tigre –lo spazio indice e pollice quando li teniamo aperti

Xíng 形– il corpo fisico (chiamato anche *jīng* 精).

Yìshí 意识– la mente e/o la coscienza.

Yìyuántǐ 意元体– un termine creato dal Dr Pang e usato nel Zhineng Qigong per riferirsi alla sorgente di *yishi*.

RINGRAZIAMENTI

Questo lavoro di traduzione del testo inglese ha rappresentato per chi scrive un vero e proprio percorso di vita, iniziato cinque anni fa, portato avanti nonostante tanti momenti di forti cambiamenti, finalmente conclusosi quest'anno. L'averlo portato a termine è stato un momento di crescita enorme.

Ringrazio innanzi tutto le mie compagne di avventura Licia Quartararo, con cui abbiamo trascorso interi pomeriggi a tradurre e cercare di esprimere nel modo migliore concetti nuovi per la maggior parte del pubblico italiano, e Amanda Carloni, che è stata fondamentale perché questo progetto avesse un suo punto finale.

Grazie a Ramon Testa, che ha permesso che ci si aprisse ad una conoscenza più approfondita del Zhineng Qigong e ha portato il Maestro Wei Qi Feng in Italia. Grazie anche per essere stato sempre pronto a gettare luce su passaggi che sembravano piuttosto oscuri ad una prima lettura.

Grazie al mio Maestro, Wei Qi Feng, per avermi concesso l'onore e l'onere di tradurre il suo libro perché potesse essere di aiuto a tutti i praticanti italiani che nutrono il desiderio di approfondire la conoscenza di questa Scienza.

Grazie a tutti i miei Maestri che dal 2007 ad oggi mi hanno permesso di conoscere, praticare e approfondire il Zhineng Qigong cambiando e arricchendo la mia vita.

Un grazie speciale al Dottor Pang He Ming per avere dato vita a questa Scienza permettendo a tutti gli esseri umani di avere gli strumenti per migliorarsi e migliorare il mondo di cui tutti facciamo parte.

Delia Trezza

9 780244 465698